A sacralidade da pessoa

FUNDAÇÃO EDITORA DA UNESP

Presidente do Conselho Curador
Mário Sérgio Vasconcelos

Diretor-Presidente
José Castilho Marques Neto

Editor-Executivo
Jézio Hernani Bomfim Gutierre

Assessor Editorial
João Luís Ceccantini

Conselho Editorial Acadêmico
Alberto Tsuyoshi Ikeda
Áureo Busetto
Célia Aparecida Ferreira Tolentino
Eda Maria Góes
Elisabete Maniglia
Elisabeth Criscuolo Urbinati
Ildeberto Muniz de Almeida
Maria de Lourdes Ortiz Gandini Baldan
Nilson Ghirardello
Vicente Pleitez

Editores-Assistentes
Anderson Nobara
Fabiana Mioto
Jorge Pereira Filho

Hans Joas

A sacralidade da pessoa
nova genealogia dos direitos humanos

Tradução
Nélio Schneider

© 2012 da tradução brasileira
© 2011 Suhrkamp Verlag Berlin
Todos os direitos reservados ou controlados por Suhrkamp Verlag Berlin
Título original: *Die Sakralität der Person: Eine neue Genealogie der Menschenrechte*

Direitos de publicação reservados à:
Fundação Editora da Unesp (FEU)
Praça da Sé, 108
01001-900 – São Paulo – SP
Tel.: (0xx11) 3242-7171
Fax: (0xx11) 3242-7172
www.editoraunesp.com.br
www.livrariaunesp.com.br
feu@editora.unesp.br

CIP – Brasil. Catalogação na fonte
Sindicato Nacional dos Editores de Livros, RJ

J58s

Joas, Hans
A sacralidade da pessoa: nova genealogia dos direitos humanos / Hans Joas; tradução Nélio Schneider. – São Paulo: Editora Unesp, 2012.

Tradução de: Die Sakralität der Person
Inclui bibliografia
ISBN 978-85-393-0365-6

1. Direitos humanos – História.   2. Direitos humanos – Aspectos religiosos.   I. Título.

12-7167.
CDD: 323.09
CDU: 342.7

Editora afiliada:

Asociación de Editoriales Universitarias
de América Latina y el Caribe

Associação Brasileira de
Editoras Universitárias

Para
Bettina Hollstein
Matthias Jung
Wolfgang Knöbl
com grata estima.

Sumário

Prefácio 9

Introdução 13

I. O carisma da razão?
A gênese dos direitos humanos 23

II. Punição e respeito
A sacralização da pessoa e as ameaças a ela 61

III. Violência e dignidade humana
Como as experiências se convertem em direitos 105

IV. Nem Kant nem Nietzsche
O que é genealogia afirmativa? 143

V. Alma e dom
Imagem fiel de Deus e filiação divina 201

VI. Generalização de valores
A Declaração Universal dos Direitos Humanos e a pluralidade
das culturas 247

Referências bibliográficas 277

Índice onomástico 301

Prefácio

Uma breve informação sobre a longa e difícil história do surgimento deste livro talvez ajude a compreendê-lo. A ideia básica foi gestada em conexão direta com os dois livros que escrevi na segunda metade da década de 1990 (*Die Entstehung der Werten – A gênese dos valores* – e *Kriege und Werte – Guerras e valores*). Desejei testar num sistema axiológico específico a teoria da gênese de adesões a valores de toda espécie proposta no primeiro livro; deveria ser um sistema axiológico que se encontrasse em conexão efetiva com a história da violência à qual é dedicado o segundo livro mencionado. A história dos direitos humanos pareceu prestar-se de modo ideal à execução desse plano.

No entanto, durante a execução deparei-me com um problema que apresentou dificuldades muito maiores do que eu esperava. Tomar conhecimento de uma vasta bibliografia histórica e entrar em discussão com múltiplas contribuições filosóficas e teológicas de fundamentação dos direitos humanos, além de ser uma tarefa incontornável, demandou uma enormidade de tempo. Mas isso era de se esperar. À medida que eu avançava, foi ficando cada vez mais incerto como eu deveria entender positivamente a minha própria contribuição, que eu não pretendia que fosse formulada nos termos da ciência histórica, nem nos da filosofia ou da teologia. Com certeza, os capítulos individuais deste livro têm uma ligação muito forte com grandes sociólogos e suas teorias: o capítulo 1 com Max Weber, o capítulo 2 com Émile Durkheim, os capítulos 5 e 6 com Talcott Parsons. Porém, o cerne do meu modo de proceder não consiste simplesmente na explicação sociocientífica de processos históricos da mudança de valores, mas numa conexão dessa explicação com um aporte sobre a discussão da legitimidade dos próprios valores. Esse modo de proceder, todavia, não é óbvio, tanto que precisa ser detalhadamente fundamentado. Essa é a razão pela qual tive de acrescentar às partes histórico-sociológicas um capítulo visando a metodologia. Para esse fim, adquiriu importância central um autor que, como nenhum outro, refletiu em profundidade e amplitude os problemas na interseção de uma ciência histórica sociologicamente esclarecida e uma discussão teológico-filosófica dos valores: o teólogo protestante Ernst Troeltsch, que também poderia ser chamado de pioneiro de uma sociologia histórica do cristianismo. De qualquer modo, durante o processo fui sendo cada vez mais assaltado pelo temor de que não seria capaz de manejar a contento os estudos feitos e de integrá-los num todo coerente.

Extremamente úteis para o progresso e a finalização exitosa, enfim, desse programa de trabalho se mostraram os diversos convites que recebi para expor esses argumentos e colocá-los em discussão. Sinto-me muito grato por todas essas oportunidades, mas posso mencionar aqui apenas as mais importantes.

Na fase inicial, foi de grande ajuda o convite da dra. Susanna Schmidt, então diretora da Academia Católica em Berlim, para ministrar as *Guardini Lectures* na Universidade Humboldt de Berlim, o que me permitiu dar uma primeira organização às minhas ideias. Por isso, devo muito a ela e aos quatro debatedores das quatro preleções (Wolfgang Huber, Herfried Münkler, Michael Bongardt e Wilhelm Schmidt-Biggemann). De grande importância se revestiu, em fevereiro de 2009, o convite do Instituto de Pesquisa em Filosofia, de Hannover, para ministrar um assim chamado curso filosófico de mestrado sobre o tema deste livro. Eu gostaria de agradecer especialmente ao professor dr. Gerhard Kruip, então diretor do instituto, e aos participantes desse curso pela oportunidade de afiar a minha argumentação. Importante para a forma final do livro foi, enfim, o convite do Centro Berkley para Religião, Paz e Questões Mundiais, na Universidade de Georgetown, Washington, D.C., para realizar uma série de conferências públicas sobre o tema no outono de 2009. Isso me permitiu adelgaçar uma concepção que ameaçava sair dos eixos. Rendo minha gratidão aos diretores do Centro, professor Thomas Banchoff e José Casanova. Em capítulos individuais, recorro a formulações já utilizadas por mim em publicações de ensaios, o que foi devidamente registrado em cada caso.

Nos últimos anos, tive o privilégio de ser convidado como *fellow* do Colegiado Sueco para Estudos Avançados, de Uppsala, do Conselho Científico de Berlim e do Instituto Stellenbosch para Estudos Avançados, da África do Sul. Além de trabalhar em outros projetos de livros, também tirei proveito da participação nesses colegiados para este livro. Às direções dessas instituições e aos co*fellows*, agradeço de coração pela excelente atmosfera de trabalho.

Bettina Hollstein, Wolfgang Knöbl e Christian Polke leram todo o manuscrito e fizeram comentários muito úteis. É bom ter amigos e colegas assim. Gostaria de dedicar este livro a três deles, que acompanharam de modo especialmente intenso o meu período de trabalho como coordenador do Colegiado de Ciências Sociais e Culturais Max Weber de Erfurt. Agradeço também a todos os demais parceiros de diálogo no Colegiado Max Weber pelo trabalho conjunto. Eva Gilmer, da Suhrkamp, acompanhou a produção deste livro com grande esmero; também a ela meu cordial agradecimento.

E, por fim, agradeço a Alma Melchers e Jonas Wegerer, que, após a minha mudança para o Instituto de Estudos Avançados de Freiburg (Frias), fizeram com competência as revisões necessárias e elaboraram o índice onomástico.

Freiburg, junho de 2011.

Introdução

Este livro trata da história dos direitos humanos e da questão de sua fundamentação. Mas ele não oferece uma história abrangente das ideias ou do direito, nem uma nova fundamentação filosófica da ideia da dignidade humana universal e dos direitos humanos baseados nessa ideia. Essas duas possíveis expectativas não serão contempladas aqui, e isto não por razões triviais senão que, para escrever uma história abrangente dos direitos humanos, seria necessário expandir ainda mais a pesquisa e ir além dos imponentes trabalhos preparatórios já realizados ou de uma das fundamentações filosóficas de que já dispomos, como, por exemplo, a de Kant, Rawls ou Habermas, sem o que toda nova tentativa se tornaria supérflua. Com efeito, o aspecto característico do caminho encetado aqui é um modo específico de conexão entre argumentos fundamentadores e reflexão histórica, que, nessa forma, não se acha nas histórias dos direitos humanos ou nas abordagens filosóficas, nem costuma ser visado nelas. As ambiciosas tentativas de fundamentação filosófica conseguem passar sem a história. Elas constroem seus argumentos a partir do (suposto) caráter da razão prática e do dever moral, das condições de um experimento ideal sobre a organização de sistemas comunitários ou dos traços básicos de um discurso idealizado. A relação dessas construções com a história contém necessariamente um estranho elemento de tensão. Pois, a partir dessa perspectiva, forçosamente parece estranho que, na história da humanidade, tão raramente se tenha identificado como tal aquilo que tem validade atemporal. A história das ideias é convertida assim em mero guia que conduz à descoberta propriamente dita, em história prévia que consiste de tentativas tateantes e imperfeitas; a história real se transforma em mero sobe e desce das aproximações e dos distanciamentos em relação ao ideal, na medida em que um modelo de progresso ainda não permite conceber uma aproximação gradativa ao passado e uma realização continuada no futuro.

A historiografia, por sua vez, frequentemente estará consciente ou inconscientemente impregnada de representações sobre a fundamentação filosófica; pode igualmente conter uma história de todas as diferentes argumentações e discussões filosóficas, políticas e religiosas sobre direitos humanos e dignidade humana. Mas, como ciência, ela precisa restringir suas pretensões ao plano empírico da reconstrução objetiva e concreta dos processos históricos. Na sua divisão de tarefas, a ciência histórica e a filosofia reforçam assim a diferenciação entre gênese e validade, que por muitos é tida como fundamento de todo tratamento honesto de questões normativas. Segundo essa maneira de pensar, ou está em discussão a pretensão de validade das proposições normativas, ou nos interessamos por sua origem histórica. Nessa perspectiva, o saber histórico não pode contribuir, em todo caso, com nada decisivo para uma tomada de decisão sobre a pretensão de validade normativa.

Experimento neste livro um procedimento fundamentalmente diferente do mencionado; a sociologia de orientação histórica, à qual reiteradamente recorrerei, talvez seja o meio adequado para superar o fosso descrito entre a filosofia de um lado e a história de

A sacralidade da pessoa

outro. A razão pela qual esse outro procedimento pode ser descrito, num primeiro momento, em termos negativos é que não acredito na possibilidade de uma fundamentação puramente racional de valores últimos. A formulação da tarefa já me parece estar em contradição em si própria. Se realmente se pretende tratar de valores últimos, a que pode ainda recorrer uma fundamentação racional? O que poderia ser ainda mais profundo que esses valores últimos e possuir em si mesmo caráter axiológico? Ou, então, os valores últimos devem ser mesmo derivados de fatos? Obviamente essas perguntas só conseguem conferir uma plausibilidade bem rudimentar ao meu ceticismo frente às tentativas de fundamentação filosófica; estas formulações não têm a pretensão de fazer jus, nesse momento, às grandiosas construções intelectuais erigidas com o fim de fundamentar racionalmente a moral universalista. No entanto, também quem acha justificado o ceticismo que confessei aqui talvez recue frente às consequências, por supor que a renúncia a uma fundamentação racional última escancare as portas para um relativismo histórico e cultural ou para a voluntariedade (supostamente) pós-moderna. Todavia, no caso dos direitos humanos e da dignidade humana universal, trata-se de um ponto tão sensível que dificilmente alguém se limitaria a dar de ombros ou brincar com ele. Mas a dispensa da fundamentação racional última realmente nos obriga ao relativismo? É justamente essa preocupação que continua a estar na base do esquema intelectual da separabilidade clara de gênese e validade. Neste livro, porém, trata-se exatamente do questionamento ativo desse esquema. Se, no caso dos valores, as questões de gênese e validade não devem ser separadas com tanto rigor, então já é possível formular em termos positivos o nosso objetivo. Nesse caso, com efeito, a própria história da gênese e da disseminação dos valores pode ser configurada de tal maneira que, nela, a narrativa e a fundamentação estão imbricadas de modo específico. Sendo narrativa, essa exposição nos torna conscientes de que nossa ligação a valores e nossa representação do que é valioso brotam de experiências e de seu processamento; desse modo, os valores podem ser identificados como contingentes, ou seja, não necessários. Os valores assim não aparecem mais como algo já dado que apenas tivesse de ser descoberto ou talvez restaurado. Mas, ao expor o fato de que nossos valores são individualidades históricas, essa narrativa de modo algum precisa enfraquecer ou desfazer nossa ligação com tais valores. Diferentemente de Nietzsche, não suponho que a descoberta da gênese dos valores nos permita ver repentinamente que até agora só acreditamos em meros ídolos. Se junto com Nietzsche quisermos fazer jus à imbricação de gênese e validade numa "genealogia", esta pode, então, ser perfeitamente uma *genealogia afirmativa*, e não precisa ser uma história dissolutiva da gênese.

Portanto, este livro trata de uma genealogia afirmativa do universalismo dos valores. Visto que a cada passo de um projeto desse porte pairam objeções no ar, na metade da obra (no capítulo 4), numa análise metodológica intermediária, procuro justificar o caminho escolhido. Com efeito, deve ser aclarado que existem valores universalistas, o que é uma genealogia em geral e uma genealogia afirmativa em particular e muitas outras coisas. Neste ponto, deve-se registrar primeiramente que o conceito "gênese dos valores", extraído de um livro anterior ao qual o atual se vincula como "aplicação" concretizante no plano histórico, encontra-se equidistante dos conceitos "construção" e "descoberta". Enquanto o conceito da descoberta dá a entender que se poderia partir de um reino preexistente dos valores ou de um direito natural objetivamente dado, o termo "construção" soa como uma produção voluntarista, da qual, então, dificilmente emanariam efeitos vinculantes; poderia tratar-se, em todo caso, apenas de vínculos do tipo que alguém elege para si mesmo. O conceito da gênese, em contraposição, visa caracterizar a inovação histórica autêntica representada pelos direitos humanos como inovação, preservando simultaneamente o caráter de evidência que tal inovação também pode ter para os envolvidos. Para as pessoas que se sentem ligadas a valores, é evidente que esses valores representam o bem, e

A sacralidade da pessoa

não porque tenham decidido isso ou porque tivessem chegado a um consenso a esse respeito. A metáfora do nascimento também poderia ser adequada para expressar como um novo início no plano histórico pode adquirir incondicionalidade. Nesse sentido, trata-se aqui, portanto, do "nascimento", da "gênese" de um complexo central de valores universalistas e de sua codificação legal.

A gênese justamente desse complexo de valores tornou-se reiteradamente objeto de acalorados debates no mais tardar desde o final do século XIX. Um dos debates mais frequentes, mas também um dos mais infrutíferos, gira em torno da questão se os direitos humanos remontam a origens religiosas ou, antes, a origens humanistas seculares. Uma visão convencional, não tanto da pesquisa, mas da opinião pública de modo geral, assume que os direitos humanos teriam se originado do espírito da Revolução Francesa, esta tendo sido, por sua vez, a expressão política do Iluminismo francês, que, ao menos, era anticlerical, quando não abertamente anticristão ou hostil à religião. Nesse modo de ver, os direitos humanos claramente não são fruto de alguma tradição religiosa, mas sobretudo uma manifestação de resistência contra a aliança de poder entre Estado e Igreja (Católica) ou contra o cristianismo como um todo.

Há certa afinidade eletiva entre essa visão convencional e um humanismo secular, assim como entre as convicções de pensadores cristãos, principalmente católicos, do século XX, e uma metanarrativa alternativa. Os defensores dessa visão das coisas se concentram em tradições religiosas e intelectuais de longo prazo. Para eles, o caminho até os direitos humanos foi preparado pela compreensão de pessoa humana que se manifesta a nós a partir dos evangelhos e da elaboração filosófica dessa inspiração religiosa em conexão com um conceito personalista de Deus que já vem desde a época da filosofia medieval. Essa narrativa surgiu quando, no decorrer do século XX, a Igreja Católica voltou as costas para a condenação original dos direitos humanos como forma de individualismo liberalista e adotou até mesmo demonstrativamente uma postura de defesa dos direitos humanos.

Obviamente, os dois quadros históricos mencionados não são os únicos, nem simplesmente se contrapõem o humanismo secular e uma compreensão autossuficiente e triunfalista do cristianismo católico. Existe uma espécie de posição intermediária quando se afirma que até pode ser que o Iluminismo tenha adotado um entendimento anticristão, mas que os seus motivos mais profundos não são nada além de consequência da ênfase cristã na individualidade, na retidão e no amor ao próximo (ou na compaixão). Porém, sobre isso, não interessa a enumeração de outras variantes de matiz nacional ou confessional. Trata-se, antes, de abrir um novo caminho que extrapole esse debate que deve ser qualificado como infecundo. Esse caminho é necessário não só porque até agora a troca de opiniões nesse campo praticamente não levou a modificações recíprocas das argumentações originais, mas sobretudo porque ambas as posições mencionadas são insustentáveis. A narrativa humanista secular convencional não se sustenta por razões empíricas. Isso ficará evidente de múltiplos modos neste livro. No entanto, embora distorça a realidade histórica, sobretudo do século XVIII, essa narrativa possui o mérito de se propor a explicar uma inovação cultural a partir das condições justamente do período histórico em que essa inovação de fato ocorreu. A história alternativa, em contrapartida, não consegue explicar de modo convincente por que, de súbito, um determinado elemento da doutrina cristã, que durante séculos se coadunou com os regimes políticos mais díspares, nenhum deles fundado na ideia dos direitos humanos, teria se convertido em força dinâmica na institucionalização dos direitos humanos. Maturação por séculos não constitui uma categoria sociológica, e mesmo que passemos da enumeração de precursores na história do pensamento para o plano das tradições institucionais, no qual a tese ganha mais plausibilidade, não devemos esquecer que tradições não se perpetuam por si mesmas, mas só pelas ações humanas. Mesmo que aceitemos pelo menos retrospectivamente que a ideia dos direitos humanos possa

A sacralidade da pessoa

ser concebida até certo ponto como rearticulação moderna do *éthos* cristão, devemos ser capazes de responder à pergunta: por que demorou 1700 anos até que o evangelho fosse traduzido nesse aspecto para uma forma juridicamente codificada? Além disso, desconfio muito da posição intermediária mencionada. Parece-se um pouco um truque de ilusionismo pelo qual algo que, no momento de seu surgimento, foi condenado por representantes de certa tradição agora passasse a ser reivindicado como conquista dessa mesma tradição. A mensagem deste livro tem o seguinte teor: há uma alternativa fundamental para toda essa mixórdia de narrativas. A palavra-chave para essa alternativa é "sacralidade/santidade". Proponho conceber a crença nos direitos humanos e na dignidade humana universal como resultado de um processo específico de sacralização – processo durante o qual cada ser humano individual, gradativamente e com motivação e sensibilização cada vez mais intensas, foi passando a ser entendido como sagrado, e essa compreensão foi institucionalizada no direito. O termo "sacralização" não deve ser concebido como se tivesse exclusivamente um significado religioso. Os conteúdos seculares também podem assumir as qualidades características da sacralidade: evidência subjetiva e intensidade afetiva. A sacralidade pode ser atribuída a novos conteúdos; ela pode migrar ou ser transferida, e até mesmo todo o sistema de sacralização válido num culto pode ser revolucionado. A ideia-chave deste livro é, portanto, que a história dos direitos humanos constitui uma história de sacralização desse tipo, mais precisamente uma história da sacralização da pessoa.

Assim sendo, estão designados os dois motivos básicos entretecidos deste livro ("sacralização" e "genealogia afirmativa"). Entretecidos porque a argumentação genealógica específica se faz necessária caso se pretenda que as fundamentações sejam adequadas ao fenômeno da sacralidade. Quando a adesão a valores não brota de ponderações racionais, as argumentações puramente racionais talvez podem tornar inseguras as adesões a valores ou provocar a reinterpretação de imagens existentes do mundo e de si mesmo, mas elas próprias não conseguem gerar a força contida nas adesões a valores. Para isso, há necessidade de uma genealogia afirmativa. O livro começa com três capítulos de cunho sociológico-histórico. No primeiro capítulo, trata-se da questão da gênese da primeira Declaração dos Direitos Humanos no final do século XVIII. Nele, é posta à prova a visão convencional das origens "iluministas", e especialmente a tese de Max Weber, de que os direitos humanos constituem uma "carismatização" (ou até sacralização) da razão. No segundo capítulo, é fundamentada, com o auxílio do fato da eliminação ou ampla marginalização da tortura na Europa do século XVIII, uma visão alternativa à narrativa tipicamente iluminista e também à narrativa foucaultiana, a saber, a visão da sacralização da pessoa. Correspondentemente, esse capítulo contém uma aclaração mais detalhada de como isso deve ser entendido.

Já a gênese dos direitos humanos, e mais ainda sua continuada disseminação e a intensificação da adesão a eles, não devem ser entendidas como processo de difusão cultural. Os direitos humanos poderiam ter desaparecido logo após o seu surgimento. Nesse caso, hoje talvez estivéssemos apenas fazendo pouco caso deles como curiosidade do século XVIII, à semelhança do "mesmerismo". O terceiro capítulo trata de um segmento dessa história, a saber, da importância das experiências de violência para a preservação e a difusão dos direitos humanos. O caso histórico a que se recorre aí é o movimento antiescravista (estadunidense) do século XIX. Com certeza, esse movimento, com o qual se propõe um modelo de transformação de experiências de violência em mobilização a favor de valores universalistas e, de modo geral, com a ênfase nas experiências de violência, visualiza apenas um dos fios da meada. Porém, em conexão com a teoria da sacralização da pessoa, deve despertar interesse especial saber como não só as experiências positivas, constitutivas de valores, mas também as experiências negativas, abaladoras, traumatizantes, de sofrimento próprio e alheio, podem levar à adesão a valores universalistas.

A esse capítulo sociológico-histórico segue-se um de autorreflexão metodológica. Nesse último, fundamenta-se detalhadamente o que nesta introdução apenas se afirma, ou seja, que, no caso de valores fundamentais até há uma fundamentação filosófica que pode manifestar pretensões universais incondicionais à parte de toda história, e que isso tampouco nos obriga a adotar uma visão relativista, segundo a qual todos os valores não passariam de asserções subjetivas de indivíduos ou culturas. Aqui se defende, em ampla conexão com o "historismo existencial" de Ernst Troeltsch, uma alternativa a Kant e Nietzsche, como se poderia dizer com o auxílio de uma fórmula breve, mas também a Hegel, Marx e Max Weber. Com essa análise metodológica intermediária chega-se a um ponto de mutação no curso da exposição. Até ali foram tratados os traços básicos de uma genealogia afirmativa dos direitos humanos como sacralização da pessoa; agora o olhar volta-se para elementos básicos da tradição cristã (judaico-cristã em sua maior parte), em relação aos quais frequentemente se afirmou que prepararam os direitos humanos e seriam indispensáveis à sua sustentação. Os dois elementos fundamentais são a concepção da alma imortal de cada ser humano como núcleo sagrado de cada pessoa e a concepção da vida do indivíduo como dom do qual resultam deveres que limitam o direito de autodeterminação da nossa vida. Esses dois elementos, todavia, não são introduzidos como "genitores" históricos dos direitos humanos, visto que a relação entre cristianismo e direitos humanos – como mostram os capítulos de cunho sociológico-histórico – é essencialmente mais ambígua do que muitas vezes pinta uma retrospectiva em tons róseos. Esse capítulo serve ao propósito de ir ao encalço da questão referente a como se pode, em termos gerais, conferir uma nova plausibilidade a esses dois elementos da visão cristã do ser humano sob o signo dos direitos humanos e de pressupostos do pensamento atual. Essa tentativa representa exemplarmente a nova tarefa de rearticulação de uma tradição religiosa em vista de uma mudança dramática de valores.

Desse modo, também se prepara o terreno para o capítulo conclusivo. Com efeito, se os direitos humanos de fato recorrem a tradições como a cristã, mas pressionam essas tradições na direção de uma nova articulação, então valores como o da dignidade humana são universais e direitos como os direitos humanos não estão "trancafiados" numa determinada tradição. Eles também estarão acessíveis a partir de outras tradições e sob novas condições, na medida em que lograrem uma reinterpretação criativa similar desses direitos e valores, como a que a tradição cristã sem dúvida conseguiu amplamente. Em consequência disso, tais tradições religiosas ou culturais também podem encontrar novos aspectos em comum, sem romper consigo mesmas. Essa é a finalidade do conceito, a ser aclarado nesse capítulo, da generalização de valores, que nesse ponto é transposto da teoria sociológica da transformação social para uma temática de cunho mais filosófico. Por fim, com a ajuda desse conceito, será descrito o processo da gênese da Declaração dos Direitos Humanos da ONU, de 1948, como um processo bem--sucedido de generalização de valores.

Assim, a genealogia afirmativa dos direitos humanos visada poderia ter assumido forma. Dois processos de gênese de "declarações" dos direitos humanos temporalmente condensados – no final do século XVIII e após a Segunda Guerra Mundial – e dois processos de longa duração de eliminação de algo que contradiz a sacralidade da pessoa – tortura e escravidão – serão visualizados a título de exemplo para conferir plausibilidade a um determinado procedimento. Nesse procedimento e, de modo correspondente, na estruturação deste livro, argumentação e narrativa histórica estão imbricadas. A pura narração ou a pura argumentação teriam vida mais fácil. Porém, a genealogia afirmativa exige em termos lógicos e até estéticos uma forma que não seja nem puramente cronológica nem puramente lógica. Entretanto, a verdadeira força de persuasão do programa esboçado nesses termos só poderá brotar de sua própria execução.

I. O carisma da razão?
A gênese dos direitos humanos

Quando se olha para a imensa bibliografia sobre a pré-história e a história dos direitos humanos, a fórmula que melhor sintetiza a impressão dominante é esta: o êxito tem muitos pais. Indubitavelmente, a marcha triunfal dos direitos humanos representa uma das grandes histórias de sucesso no âmbito dos valores e das normas, e mesmo quem tende para apreciações mais céticas porque o uso retórico ou até cínico e legitimador não poderiam ser ignorados poderá identificar em tal hipocrisia, de acordo com um ditado antigo, ao mesmo tempo um cumprimento à moral e à sua posição firme. A marcha triunfal dos direitos humanos desmente todos aqueles que querem se limitar a interpretar o presente ou os processos de modernização de modo geral sob o signo da decadência dos valores e da perda dos valores comuns. Mas justamente esse triunfo lança luz sobre "visões" mais antigas, sobre germes ou raízes dos direitos humanos em tradições individuais ou em todas as tradições religiosas e culturais. Assim sendo, há tentativas de compilar, em todas as grandes religiões – no hinduísmo, judaísmo, budismo, confucionismo, cristianismo e islamismo –, posicionamentos enfáticos a favor da dignidade do ser humano, de todos os seres humanos, e a favor do dever de ajudar os sofredores, seja quem forem, e de declarar esses posicionamentos como origem dos direitos humanos.[1] Ao menos todas essas religiões chamadas "mundiais" de fato comportam enunciados a favor da santidade da vida humana, de um *éthos* do amor e da reverência universal. De cada uma dessas tradições – basta pensar em Mahatma Gandhi e Dalai Lama – provêm, também em nossa época, pensadores e ativistas que, motivados por esse *éthos*, intervêm nas lutas da atualidade e aspiram a uma articulação adequada ao nosso tempo dos conteúdos significativos de sua convicção religiosa.

Porém, a tais tentativas bem-intencionadas de apresentar os direitos humanos como o destino histórico para o qual desde sempre correu a história das religiões, é fácil contrapor uma compilação igualmente plausível da constante circunscrição da moral e das representações da dignidade humana à vida interior de comunidades religiosas ou políticas. Com efeito, não faltam declarações oriundas de todas as tradições religiosas ou apenas das individuais que levam a afirmar que os nobres princípios não deveriam ser aplicados "a estrangeiros, bárbaros, inimigos, descrentes, escravos e trabalhadores",[2] que eles não deveriam ser aplicados fundamentalmente ou pelo menos não a um determinado caso naquele momento. Nem mesmo a religião cristã, à qual se atribui com especial frequência o papel da preparação de longo prazo para os direitos humanos, está realmente imune a tal cerceamento do seu potencial universalista nem a sua instrumentalização visando à obtenção de poder político.

Mas o fato de ser possível constatar um potencial universalista e um cerceamento particularista em todas essas tradições indica que um debate geral visando comparar essas tradições dificilmente

---

1 Isso é muito claro, por exemplo, em Lauren, *The Evolution of International Human Rights. Visions Seen*, sobretudo o capítulo 1.

2 Troeltsch, Politik, Patriotismus, Religion, p.85.

A sacralidade da pessoa

será fecundo. É necessário, então, delimitar radicalmente o objeto histórico a ser explicado, caso contrário tudo e cada coisa podem facilmente ser provados com citações escolhidas de maneira inteligente. No caso do tema "direitos humanos", somos compelidos a fixar no fim do século XVIII o ponto no tempo para o qual a pergunta pela gênese deve ser dirigida. Foi naquele tempo que se deram as primeiras declarações solenes pelos direitos humanos na França e, já antes disso, na América do Norte. Essa delimitação temporal à gênese das primeiras declarações codificadas dos direitos humanos está vinculada a uma delimitação espacial e, de certo modo, cultural. Nesse caso, trata-se, com efeito, da questão atinente aos motivos e às tradições culturais, a partir das quais devem ser explicados esses casos, a saber, as "declarações" francesa e norte-americana. Sendo assim, poucas das grandes religiões, talvez até nenhuma delas, nem sequer entram em cogitação para esse fim, se é que de fato foi um humanismo secular que norteou essa questão, como geralmente dá a entender a frequente alusão ao "Iluminismo" ou a precursores e preparações filosóficos ou jurídicos de longo prazo. O que foi dito – friso expressamente mais uma vez –, porém, não significa de modo algum que se esteja privilegiando por princípio uma tradição específica ou até fazendo algum enunciado sobre as limitações fundamentais do potencial de todas as demais religiões e cosmovisões. O que ocorre é apenas isto: a inovação de uma declaração de amplas consequências jurídicas aconteceu pela primeira vez numa determinada constelação histórica e, por essa razão, a questão da gênese deve ser direcionada para esse caso. Com isso não se está depreciando todos os casos posteriores; eles, porém, supostamente sempre terão algo a ver com a recepção desse primeiro caso. Nesse tocante, as condições culturais próprias de cada caso para a apropriação das ideias dos direitos humanos desempenham um papel importante.

No entanto, a menção da França e da América do Norte já suscita uma problemática que se mostra incontornável, mesmo que a questão da gênese tenha sofrido uma delimitação radical. Como podemos explicar esses dois casos? Que papel desempenharam motivos religiosos ou antirreligiosos nas respectivas constelações? Mencionei a imagem convencional que se tem disso na introdução a este livro, sobretudo porque ela equivale a uma espécie de imagem oposta à visão que será defendida aqui. Uma caracterização compacta das minhas teses sobre a gênese dos direitos humanos diz que estes de modo algum surgiram na França, mas na América do Norte; que o espírito do Iluminismo foi essencial para essa gênese, mas de nenhuma maneira foi necessário no sentido de uma aclaração hostil à religião; e que a filosofia de Kant não representa a fundamentação racional incontornável dos direitos humanos, mas que ela é a forma de expressão talvez mais imponente de uma mudança cultural que, no entanto, tem nela um registro bastante problemático. Para fundamentar essas antíteses e, desse modo, traçar um quadro da gênese dos direitos humanos, recorreremos aqui a um debate que já dura mais de 100 anos. Isso é necessário para trazer à tona a problemática de um modo de ver a história dos direitos humanos que tem como guia a ideia de um *carisma da razão*.[3]

Duas fortes razões empíricas se contrapõem a considerar a concepção convencional como imagem adequada da realidade histórica do século XVIII. O primeiro pressuposto para uma correção dessa imagem consiste em livrar-nos do mito do caráter antirreligioso da Revolução Francesa; o segundo consiste em dar uma atenção maior ao caso norte-americano e aos seus traços específicos.

Os direitos humanos e a Revolução Francesa

O mito do caráter antirreligioso da Revolução Francesa tornou-se um componente da imagem de mundo humanista-secular, junto com a representação que lhe dá sustentação, a saber, que a Revolu-

---

3 As questões que surgem em conexão com a filosofia de Kant não serão tratadas aqui, mas no capítulo 4.

A sacralidade da pessoa

ção teria sido inspirada por uma filosofia que poderia ser concebida como paganismo moderno – como consta no subtítulo do renomado livro de Peter Gay.[4] Entretanto, esse modo de ver as coisas deve ter tido origem, antes, na polêmica movida contra a Revolução por clérigos reacionários, aristocratas e intelectuais aliados a eles. Em relação à fase inicial da Revolução – e é desta que se origina a Declaração dos Direitos Humanos –, não se pode falar de uma orientação anticristã. Muito vívida é a alusão a que, na fase inicial da Revolução, "nenhum encontro poderia ser realizado sem a invocação do céu, que cada êxito alcançado deveria ser secundado por um *Te Deum*, que cada símbolo que fosse aceito deveria ser abençoado".[5] Os laços demasiado apertados que uniam o trono e o altar foram primeiro afrouxados e depois rasgados pela Revolução; mas disso justamente não resulta a diminuição da intensidade religiosa. A participação nos cultos divinos parece ter aumentado e não diminuído durante os primeiros anos da Revolução, visto que começara a se estabelecer um novo laço entre a Revolução e o altar:

> A festa com que anualmente era comemorada a Queda da Bastilha tinha uma moldura ritual-religiosa. As procissões e os dias festivos e católicos tradicionais foram celebrados com grande participação pelo menos até o verão de 1793, tanto em Paris como na província. Até essa data, de fato, as tentativas feitas por certos radicais para deter procissões em Paris foram profundamente rejeitadas pela própria população.[6]

Porém, a intenção dessas indicações naturalmente não é negar que, no seu decurso, a Revolução Francesa levou ao primeiro ataque patrocinado pelo Estado ao cristianismo na Europa desde os primórdios do período imperial romano.[7] O que poderia ter provocado essa

---

4 Gay, *The Enlightenment: An Interpretation*, v.1.
5 Reinhard, *Paris pendant la Révolution*, v.1, p.196 apud McLeod, *Religion and the People of Western Europe 1789-1989*, p.1.
6 Tackett, The French Revolution and Religion to 1794, p.550 (nesse artigo também se encontra a alusão ao número de frequentadores dos cultos divinos).
7 Ibid., p.536.

Hans Joas

escalada, se a discrepância da Igreja em relação aos motivos originais dos revolucionários foi muito maior do que permite supor a visão convencional? A ideia decisiva foi formulada já em 1856 por Alexis de Tocqueville, quando ele, em sua retrospectiva sobre o *Ancien Régime* e a Revolução, escreveu que o cristianismo

> não havia inflamado esse ódio raivoso enquanto doutrina religiosa, mas, muito antes, enquanto instituição política [...], não porque os sacerdotes se atreviam a regulamentar os assuntos do outro mundo, mas por serem proprietários de terras, senhores feudais, senhores do dízimo, administradores neste mundo; não porque a Igreja não pudesse achar um lugar na nova sociedade que se pretendia fundar, mas porque, naquela época, ela ocupava o posto mais privilegiado e fortificado na velha sociedade que deveria ser transformada em pó.[8]

De fato, a estreita ligação entre trono e altar na ordem pré-revolucionária foi decisiva para o andamento posterior. A ligação não era só do tipo político e cultural, na medida em que o Estado protegia a Igreja também contra concorrentes religiosas e em contrapartida esta prestava àqueles serviços educacionais. Ela também era do tipo diretamente econômico. Em algumas partes da França, a Igreja era a maior proprietária de terras. Da renda auferida eram concedidos créditos ao Estado cronicamente subfinanciado. A Igreja oferecia à prole aristocrática possibilidades privilegiadas de fazer carreira e dinheiro fácil. Essas relações, que justamente na perspectiva da fé cristã só podem ser qualificadas como abusos, tinham suscitado, no século XVIII mesmo, tensões entre o baixo clero e o alto clero e gerado múltiplas formas de anticlericalismo popular, que obviamente deve ser diferenciado com clareza da inimizade contra o cristianismo.

Os primeiros passos da Revolução no âmbito da política eclesiástica consistiram na supressão total das obrigações tributárias ("dízimo") para com a Igreja sem direito à indenização e à eliminação dos direitos feudais da Igreja. Essas medidas foram extremamente bem

---

8 Tocqueville, *Der alte Staat und die Revolution*, p.24.

A sacralidade da pessoa

recebidas pela população e também foram apoiadas pelos numerosos deputados da Assembleia Nacional pertencentes ao baixo clero. Poucos meses depois foi decidido, principalmente por motivos econômicos, o confisco das propriedades de terra da Igreja e de fato realizado, ainda que com alguma protelação. Na proibição e dissolução das ordens religiosas, parece que prevaleceram igualmente os motivos econômicos. Como primeira etapa de uma política para assuntos eclesiásticos que degenerou em opressão religiosa destacam-se retrospectivamente a introdução de uma regulação estatal para assuntos clericais e, sobretudo, a introdução de um juramento de lealdade política para sacerdotes. O pano de fundo dessas intervenções foi, primeiramente, que, sem posse eclesiástica, o clero precisaria de outra fonte de financiamento. Os revolucionários, inspirados pela visão de uma nacionalização da Igreja Católica, tomaram isso como ensejo para vincular a remuneração pública de sacerdotes e bispos com disposições sobre sua eleição pelas comunidades e a rejeição do papel de Roma. Nesse processo, esteve completamente ausente o respeito pelo direito canônico e pelas tradições eclesiais; a ideia da soberania nacional pesou mais que qualquer concepção de autonomia institucional. Desse modo, porém, a lealdade tanto do clero como dos crentes para com a Revolução sofreu um forte abalo. A exigência de um juramento de lealdade que, ademais, deveria ser prestado publicamente em conexão com a santa missa e cuja execução correta deveria ser certificada pelas comunidades locais levou à cisão da Igreja. O clero se dividiu entre aqueles que estavam dispostos a prestar o juramento de lealdade à nação e aqueles que o encararam como um rompimento com o seu voto sacerdotal. Os respectivos contingentes eram extremamente distintos no nível regional, o que pelo visto dependeu da situação religiosa anterior à Revolução e das posturas da população em relação ao processo revolucionário em termos gerais. Os que se recusavam a prestar o juramento eram alvo de crescente hostilidade por parte dos ativistas revolucionários, que se agravou ainda mais quando os que se recusaram a prestar

Hans Joas

o juramento, por sua vez, contestaram a validade dos sacramentos administrados pelos sacerdotes leais à Revolução. Esses conflitos político-religiosos comportam uma causa essencial da escalada da Revolução rumo à sua fase terrorista; portanto, não corresponde aos fatos dizer que tal processo teria apenas prejudicado a religião.[9] Em tempos de guerra (a partir de 1792), a hostilidade contra os que se recusaram a prestar o juramento muitas vezes assumiu caráter mortal, visto que se acrescentou a imputação de cumplicidade com o inimigo externo (Áustria), fazendo com que o ódio descambasse para a histeria. Os que se recusaram a prestar o juramento passaram a ser deportados, presos e executados ou forçados a emigrar. Igrejas foram fechadas, objetos de culto profanados ou destruídos, uma reforma do calendário deveria suprimir toda reminiscência cristã da contagem do tempo. Também os sacerdotes fundamentalmente leais foram obrigados a casar e importunados de múltiplas maneiras. Embora o objeto do ódio dos ativistas revolucionários tenha sido antes de tudo a Igreja Católica, não foram poupados nem os pastores e os prédios das igrejas protestantes nem os rabinos e as sinagogas.[10]

É controvertido determinar quem teriam sido exatamente os atores nessas ações violentas que geralmente não eram bem-vistas pela população. Com certeza, militantes locais desempenharam algum papel, mas isso parece ter sido preponderantemente obra de revolucionários itinerantes e de representantes diretos do governo.[11] O certo é que foi necessária a incitação quase milenarista do período da guerra para que

determinadas posições antirreligiosas ou ateístas agressivas, posições defendidas apenas por um grupo pequeno e marginal de filósofos do século XVIII e, na fase

---

9 Escreve sobre isso, de modo muito vívido, Van Kley, Christianity as Casualty and Chrysalis of Modernity. The Problem of Dechristianization in the French Revolution, *American Historical Review*, sobretudo a p.1098.

10 Hunt, Introduction: The Revolutionary Origins of Human Rights, p.23.

11 Ozouf, Dechristianisierung., v.1, p.27-48. Sobre o tema "religião revolucionária", cf. ibid., v.2, p.833-49.

A sacralidade da pessoa

inicial da Revolução, apenas por uma ínfima minoria de intelectuais parisienses, conseguissem conquistar temporariamente um número substancialmente maior de adeptos.[12]

A respeito desses ativistas, Tocqueville já disse que só é possível entender seu furor e ímpeto conversor quando se considera a sua convicção como uma espécie de nova religião, "todavia uma religião incompleta, sem deus, sem culto e sem vida futura, mas que, apesar disso, inundou, a exemplo do islamismo, toda a Terra com seus soldados, seus apóstolos e seus mártires".[13]

A vida religiosa teve continuidade inclusive durante o auge dos esforços de descristianização, ainda que tenha sido empurrada para a clandestinidade. Foram celebradas missas sem sacerdotes, batismos foram realizados pelos fiéis, a literatura religiosa foi comercializada ilegalmente. As mulheres, especialmente, defenderam as igrejas e os objetos de culto contra os vândalos. Cada vez mais a defesa da religião se tornou um laço de união de todos os que se sentiram ameaçados pelos excessos da Revolução. Isso valia em especial para as regiões fronteiriças da França e para os Estados vizinhos ocupados pelos exércitos revolucionários. Uma das principais razões da resistência popular às reformas trazidas pelos franceses estava nesse campo. Sobretudo na sociedade francesa, isso desencadeou uma polarização entre o cristianismo católico e os valores da Revolução, que ainda mostraria seus efeitos muito tempo depois da derrocada da forma mais extremada do domínio revolucionário. Um dos resultados trágicos dessa escalada em espiral foi que o papa Pio VI interveio no conflito após longo tempo de hesitação. Mas, seguindo o exemplo dos revolucionários franceses, ele não se reportou ao valor da liberdade religiosa. Muito antes, em seu breve intitulado *Quod aliquantum*, de 10 de março de 1791, ele con-

---

12 Tackett, The French Revolution to 1794, p.552.

13 Tocqueville, *Der alte Staat und die Revolution*, p.29. Não quero discutir neste ponto a justeza do paralelo com o islamismo.

denou a Revolução de cabo a rabo e qualificou os princípios por ela proclamados, incluindo os direitos humanos, de blasfemos, heréticos e cismáticos. A polarização suscitou tentativas, de ambos os lados, de aumentar a própria legitimidade por meio de narrativas históricas que partem de um antagonismo fundamental entre fé e revolução, o qual não se pode afirmar em relação à verdadeira história da Revolução. A escalada e polarização foram em grande medida contingentes. A campanha de hostilização da religião nos anos 1793-1794 não pode ser tomada nem positiva nem negativamente como representativa da Revolução e de todos os seus passos, como, por exemplo, a declaração dos direitos humanos.

Porém, se essa escalada foi apenas contingente e se a dinâmica da Revolução não se explica a partir de uma imagem de mundo coesa, mas a partir de motivos e encadeamentos de ações econômico--políticas, então a próxima etapa da correção do quadro histórico aqui chamado "modo convencional de ver as coisas" perde consideravelmente importância. Por essa razão, é suficiente abordar bem brevemente a pergunta se o Iluminismo teria sido antirreligioso e se um conflito renhido entre Iluminismo e cristianismo teria propiciado a preparação ideológica para o acirramento das lutas religiosas da Revolução. Quanto mais o Iluminismo foi investigado pelas pesquisas das últimas décadas também em países distintos da França, tanto mais se dissipou a imagem da arreligiosidade ou da antirreligiosidade constitutiva do Iluminismo.[14] Evidencia-se que, na maioria dos países europeus, é melhor conceber o Iluminismo como um movimento que buscava uma reforma religiosa em vez de uma tentativa de superação ou eliminação da religião. Quando aprendemos a perceber motivos centrais da história do pensamento e da religião do século XVIII sem a imputação de uma hostilidade fun-

---

14 Dentre a extensa bibliografia, menciono dois títulos que julgo especialmente importantes: Sheehan, Enlightenment, Religion, and the Enigma of Secularization, *American Historical Review*; Sorkin, *The Religious Enlightenment. Protestants, Jews, and Catholics from London to Vienna.*

damental à religião, eles se revelam, muito antes, como partes de uma história de aprendizado intracristã ou intrajudaica, da qual pensadores isolados deduziram motivos para um distanciamento fundamental em relação ao cristianismo e ao judaísmo.

Porém, a contingência da história da escalada do conflito político-religioso da Revolução Francesa não altera só o ângulo de visão a partir do qual se divisa o Iluminismo. Também a história do cristianismo na França do século XVIII surge numa luz diferente de quando é concebida como mera preparação para a Revolução. O catolicismo francês anterior à Revolução aparece, então, mais como "a colheita dos propósitos e ideais do catolicismo reformista em vez de decadência que anuncia uma revolução que tomará um rumo anticatólico".[15] Então, o século XVIII se evidencia, em muitos aspectos, antes como uma era em que, sobretudo na área rural, o conhecimento da fé por parte do clero e dos crentes comuns atingiu um nível sem precedentes e em que houve avanços na sua interiorização e individualização. Por mais importante que tenha sido a aliança de trono e altar para o destino político do cristianismo na Revolução, esse aspecto político não esgota a dinâmica religiosa antes, durante e depois da Revolução.

A Declaração dos Direitos do Homem e do Cidadão francesa, de 26 de agosto de 1789, é inconfundivelmente um produto da fase bem inicial da Revolução. O texto que se tornou historicamente influente chegou a ser rejeitado nas fases mais radicais e várias vezes foi substituído por outro. Se examinarmos com sobriedade a versão de que dispomos e que gradativamente foi assumindo uma aura de validade supra-histórica veremos que ela é afetada por muitas casualidades de sua gênese. Os debates foram interrompidos após poucos dias, sem terem sido realmente concluídos. Isso levou a que até hoje a porta esteja escancarada a especulações sobre o

---

15 Van Kley, Christianity as Casualty and Chrysalis of Modernity. The Problem of Dechristianization in the French Revolution, *American Historical Review*, p.1090.

que mais teria sido acolhido no catálogo dos direitos, como, por exemplo, os direitos sociais, caso os debates prosseguissem, como previsto. Por essa razão, a exaltação desse texto à condição de "centro espiritual, no qual se encontram todas as multifacetadas aspirações de renovação moral e de reforma política e social e no qual elas encontram sua unidade ideal",[16] de fato não é totalmente plausível.

Um estudo superficial do teor da Declaração mostra que não se pode falar de uma inclinação antirreligiosa, que é a questão que nos norteia aqui. Não é só porque o preâmbulo contém o anúncio de que a Assembleia Nacional reconhece e declara, "na presença e sob os auspícios do Ser Supremo", os direitos do homem e do cidadão a serem explicitados individualmente em seguida. Os direitos humanos como tais também são designados como "sagrados"; no artigo XVII, a propriedade é chamada especialmente de "direito inviolável e sagrado". Um só dentre os artigos disponíveis tem a ver, embora mais indiretamente, com a garantia da liberdade religiosa. Com efeito, o artigo X declara que "ninguém deve ser importunado por suas opiniões, incluindo as opiniões religiosas, desde que sua expressão não perturbe a ordem pública estabelecida pela lei". Essa disposição sucinta, que faz da liberdade religiosa um aspecto subordinado à liberdade de opinião, não chega a excluir a possibilidade de um regime Igreja-Estado, nem assegura direitos específicos às comunidades religiosas. Mas, de qualquer modo, com certeza não é possível conferir a essa determinação uma interpretação antirreligiosa.

O cerne propriamente dito desse texto é a declaração dos direitos humanos naturais, inalienáveis e sagrados visando o estabelecimento de um critério supratemporal para a apreciação de instituições e ações estatais, "a fim de que os atos dos poderes Legislativo e Executivo possam a todo momento ser cotejados com o fim último de cada instituição política e, por essa via, possam ser mais respei-

---

16 Cassirer, *Die Philosophie der Aufklärung* [1932], p.260.

A sacralidade da pessoa

tados". Como fim último de toda agremiação política figura, por sua vez (no artigo II), justamente "a conservação dos direitos humanos naturais e imprescritíveis", sendo citados como tais "a liberdade, a propriedade, a segurança e a resistência à opressão". O tema dos direitos que antecedem ao Estado e que estão ordenados acima dele tem uma longa e abrangente pré-história, de um lado na filosofia, de outro no discurso político do *Ancien Régime*. Sem essa pré-história, os membros da Assembleia Nacional seguramente não teriam sido capazes de produzir essa declaração em poucos dias. Porém, decisivo não é a pré-história, mas o fato de que, a partir da soma de ponderações filosoficamente sofisticadas e articulações espontâneas ou tradicionais de sentimentos de injustiça, não só surgiu um todo coerente, mas também se derivou a exigência de refundar o próprio Estado. Para muitos, é essa exigência que coloca acima de qualquer dúvida o caráter epocal desse documento da história política.

No entanto, a situação é mais complexa em dois aspectos. Especialmente as pesquisas que não tomam o documento simplesmente como algo pronto e acabado, mas reconstituem as discussões que levaram a cada uma das formulações,[17] mostram com clareza mais que suficiente que o *páthos* rousseauniano que deriva a soberania exclusivamente da nação, conforme declara o artigo III, ou seja, que a ênfase em que "nenhuma corporação, nenhum indivíduo pode exercer autoridade que não emane expressamente dela" originou-se da situação específica em que uma corporação legislativa quis afirmar sua própria legitimidade sem questionar, em termos práticos, o monarca que continuava governando ou, em termos teóricos, a possibilidade duradoura de um Poder Executivo monarquista. O

---

17 Deve mencionar aqui, sobretudo, o livro de Gauchet citado na nota anterior. Uma síntese de sua argumentação pode ser encontrada em Gauchet, Menschenrechte, p.1180-98. Além disso, devem ser mencionados: Sandweg, *Rationales Naturrecht als revolutionäre Praxis. Untersuchungen zur "Erklärung der Menschen- und Bürgerrechte" von 1789*; Samwer, *Die französische Erklärung der Menschen-und Bürgerrechte von 1789-1791*.

problema foi precisamente este: como puderam ser afirmados simultaneamente os direitos libertários individuais e a legitimidade da própria função? À parte do seu contexto, tem-se do texto uma compreensão bem mais radical do que a pretendida por ele. Seus autores não se valeram dele para formular um ataque à autoridade dinástica, mas para formular um *modus vivendi* moderado.[18] Normas foram promulgadas, mas o resultado de sua aplicação às relações existentes ficou em aberto. A linguagem dos direitos naturais era extremamente apropriada para promover a supressão dos privilégios aristocráticos e clericais; a ênfase concomitante na soberania única deixava espaço para que a representação simbólica dessa posição fosse ocupada por um Poder Executivo monárquico.

Assim – e este é o segundo aspecto a ser mencionado –, foi introduzida na Declaração dos Direitos do Homem e do Cidadão francesa uma tensão difícil de resolver entre a fundamentação da soberania na nação e a proteção dos direitos libertários individuais também contra o soberano. Os autores da declaração podem ter pensado que encontraram uma solução totalmente consistente. Por um lado, eles enfatizam que seria permitido ao indivíduo tudo o que não fosse proibido pela lei e que esta só poderia proibir o que causasse danos à sociedade; por outro, porém, declaram que todo cidadão deveria obedecer incondicionalmente às determinações legais e, caso contrário, poderia tornar-se culpado – artigo VII – de resistência à prisão e coisas do tipo. Não é por acaso que foram justamente as experiências com os totalitarismos do século XX que levaram intelectuais franceses a duvidar cada vez mais da consistência dessa solução.[19] A compreensão de soberania que decorre da ideia da inalienabilidade dos direitos individuais é mais desarticulada que a prescrita pela declaração francesa. Nesse caso, os indivíduos, mas também as

---

18 Cf. sobre isso o excelente texto de Gauchet, Menschenrechte, p.1187.

19 Isso está muito claro em relação a Gauchet, mas também em relação a Alain Touraine. Cf. a sua interpretação da "Déclaration" em Touraine, *Critique de la modernité*, p.70-4.

A sacralidade da pessoa

uniões pré-estatais e paraestatais de indivíduos, não recebem sua legitimidade das mãos do soberano, nem mesmo quando este se justifica a partir da vontade geral dos cidadãos do Estado. Porém, "o indivíduo" e "a nação" aparecem na declaração francesa como duas referências valorativas máximas, como se entre esses dois valores não pudesse haver um conflito fundamental.

A efetividade histórica da Declaração dos Direitos do Homem e do Cidadão francesa está essencialmente ligada ao caráter inconcluso e não determinado claramente das formulações referentes a quais são os direitos que se têm em mente e quais são seus detentores. Já no decorrer da Revolução, cada vez mais grupos reclamaram a Declaração para si – de uma maneira que os autores desse documento não quiseram nem previram –, a fim de expressar como forma de exigências seus interesses e concepções. Cristãos protestantes, judeus, negros livres e escravos nas colônias, os sem-propriedade, as mulheres, grupos profissionais excluídos da condição de pleno direito, como atores e carrascos,[20] exigiram ser reconhecidos como seres humanos nos termos da Declaração. Cada uma dessas exigências tinha seus adversários; algumas – por exemplo, a da abolição da escravidão – foram renhidamente combatidas, temporariamente aprovadas, mas logo revogadas outra vez; outras – por exemplo, a de direitos plenos para as mulheres – foram consideradas até pelos universalistas mais radicais em parte como ridículas, em parte como perigosas para a vida social. O que nesse quesito aconteceu durante a Revolução foi um prenúncio dos conflitos que perduraram por todo os séculos XIX e XX e transformaram em ponto de referência universal um documento que, se não fosse isso, talvez tivesse caído no esquecimento.

---

20 Essa listagem consta em Hunt, Introduction: The Revolutionary Origins of Human Rights, que usa esse fio condutor para desenvolver a história da Revolução no sentido de uma dinâmica de inclusão progressiva. A despeito de todo o ceticismo que se possa ter em relação a essa ideia no sentido de uma dinâmica própria das ideias, certamente é correto que a declaração dos direitos humanos – que naquele tempo eram chamados de *droits de l'homme* – exercia uma pressão muito maior para que se justificasse uma exclusão da categoria "ser humano".

Até agora não se falou de um aspecto essencial da história da gênese da declaração dos direitos humanos francesa, a saber, da grande importância do modelo que os revolucionários franceses encontraram na América do Norte. As conexões entre a Revolução Francesa e a luta pela independência das colônias norte-americanas da Grã-Bretanha eram múltiplas. A França chegou inclusive a fornecer ajuda militar para os revolucionários norte-americanos, para, desse modo, prejudicar a Grã-Bretanha, que era seu principal rival na política mundial; a crise fiscal, que figura entre os eventos essenciais que desencadearam a Revolução Francesa, teve como uma de suas causas mais importantes as consequências financeiras desse apoio. Em virtude desse apoio, a censura não importunou as traduções de escritos norte-americanos e relatos de viagens a respeito dos acontecimentos na América do Norte. Havia franceses participando das lutas em solo norte-americano; alguns dos mais importantes líderes da revolução norte-americana, como Thomas Jefferson e Benjamin Franklin, viveram durante anos em Paris e ali estiveram envolvidos na vida política e intelectual. A figura formal de uma "declaração" já tinha o seu modelo do outro lado do Atlântico. O primeiro a apresentar a proposta de redigir uma declaração foi o marquês de Lafayette, um dos mais importantes líderes militares e um dos maiores heróis da guerra de independência norte-americana. Sabe-se, inclusive, que ele conversou sobre o esboço da declaração com o embaixador norte-americano em Paris, que não era outro senão Thomas Jefferson.[21] No dia da aprovação da declaração francesa ocorreu um encontro de deputados com Thomas Jefferson na residência deste, para superar as últimas divergências de opinião. Com tudo isso, não se está querendo afirmar que a declaração francesa tenha sido mera cópia. As situações políticas se diferenciavam em múltiplos aspectos e alguns revolucionários franceses queriam sobrepujar o modelo norte-americano com a sua declaração e se tornar modelo para todos

---

21 Cf. Gauchet, Menschenrechte, p.1182 et seq.

os demais povos. Hoje, porém, não pode mais haver dúvida quanto ao importante papel de modelo, controvertido em alguns detalhes, mas inquestionável no todo, que a América do Norte desempenhou para a declaração dos direitos humanos francesa. Esse fato é ignorado com muita frequência, razão pela qual precisou ser comprovado aqui com tantos detalhes. Chegaremos à segunda razão histórica pela qual a narrativa convencional de cunho humanista-secular não se sustenta assim que examinarmos mais detidamente o papel da América do Norte.

Os direitos humanos e a revolução norte-americana

O ponto de partida das reflexões a seguir é um livro de 1895, que foi chamado de "rufar dos tambores", que iniciou propriamente e chamou a atenção à pesquisa histórica em torno da questão da gênese dos direitos humanos.[22] Estamos falando do livro de Georg Jellinek, *Die Erklärung der Menschen- und Bürgerrechte. Ein Beitrag zur modernen Verfassungsgeschichte* [A Declaração dos Direitos do Homem e do Cidadão. Uma contribuição à história constitucional moderna].[23] Quatro teses estimulantes podem ser extraídas desse livro.[24] Em primeiro lugar, Jellinek, um dos mais importantes historiadores constitucionais e teóricos do direito de seu tempo, afirma que a Declaração dos Direitos do Homem e do Cidadão na Revolução Francesa de modo algum teria sido, como era amplamente suposto naquele tempo, a origem histórica insofismável da codificação dos direitos humanos. Ao contrário, essa Declaração teria

---

22 Schmale, *Archäologie der Grund- und Menschenrechte in der Frühen Neuzeit*, p.30. As exposições a seguir se baseiam parcialmente em Joas, Max Weber und die Entstehung der Menschenrechte. Eine Studie über kulturelle Innovation, p.252-70.

23 Jellinek, *Die Erklärung der Menschen- und Bürgerrechte. Ein Beitrag zur modernen Verfassungsgeschichte* (citado a seguir conforme a 3.ed. de 1919).

24 Cf. sobre isso também o prefácio escrito por Walter (filho de Jellinek), em ibid., p.vi-vii.

sido diretamente influenciada ou até modelada por antecessoras, a saber, as diferentes "Bills of Rights" [declarações de direitos] dos novos Estados norte-americanos que se declararam independentes no ano de 1776, como a Virgínia, a Pensilvânia etc., e pela Declaração de Independência norte-americana. Em segundo lugar, Jellinek contestou – contra a teoria dominante na sua época – que o *Contrato social* de Rousseau pudesse ter servido de modelo para a Declaração francesa. Em terceiro lugar, ele ressaltou que não deveríamos superestimar a continuidade entre direito natural e direitos humanos, visto que concepções de direito natural por si sós jamais teriam levado à institucionalização dos direitos humanos. Faltava-lhes ainda a energia propriamente dinâmica, e esta foi encontrada por Jellinek, como expressa a sua quarta tese, nas lutas dos protestantes norte-americanos por liberdade religiosa. Com essas teses, Jellinek desloca a autoria das primevas declarações dos direitos humanos do Iluminismo francês, o qual era tido como cético e hostil em relação à religião, para raízes cristãs. Desse modo, ele inspirou um escrito muito mais famoso sobre *A ética protestante e o espírito do capitalismo*, de Max Weber, o qual se mostrou profundamente impressionado por Jellinek ter apresentado a "comprovação das incidências religiosas na gênese dos 'direitos humanos' viabilizando a análise do alcance da dimensão religiosa em geral em áreas em que não se procura por ela num primeiro momento".[25]

---

25 Assim se expressou Max Weber num encômio ao amigo falecido por ocasião do casamento de uma das filhas deste. Cf. Marianne Weber, *Max Weber. Ein Lebensbild*, p.520. Quem sempre apontou para a importância de Jellinek para Weber foi Guenther Roth. Cf. Bendix, Roth, *Scholarship and Partisanship. Essays on Max Weber*, p.308-10. A bibliografia sobre a relação entre Jellinek e Weber por muito tempo (espantosamente) nem mesmo foi levada em conta com relação à problemática que aqui nos interessa. Cf. Breuer, *Georg Jellinek und Max Weber. Von der sozialen zur soziologischen Staatslehre*; Hübinger, Staatstheorie und Politik als Wissenschaft im Kaiserreich: Georg Jellinek, Otto Hintze, Max Weber, p.143-61. Apesar do título promissor, isso também vale para: Nelson, Max Weber, Ernst Troeltsch, Georg Jellinek as Comparative Historical Sociologists, *Sociological*

A sacralidade da pessoa

O que pensar das teses de Jellinek no estado atual do nosso saber? Na resposta a essa pergunta é preciso ter em vista constante e simultaneamente três planos temporais distintos. O primeiro plano é o o do final do século XVIII, quando foram proclamadas, na América do Norte e na França, as declarações dos direitos humanos em questão aqui. O segundo plano é o da época em torno de 1900, na qual a questão das raízes cristãs, especificamente as protestantes, da modernidade se tornaram tema-chave das discussões intelectuais. E o terceiro plano temporal naturalmente é a nossa atualidade, a partir da qual lançamos um olhar retrospectivo sobre a gênese dos direitos humanos e a história dos efeitos que tiveram as interpretações dessas ideias. O plano intermediário detém grande importância, desde que não se trate apenas de detalhes e fatos históricos, mas da interpretação do processo histórico que produziu os direitos humanos. Ainda hoje se revestem da maior importância para essa interpretação justamente as controvérsias sobre os direitos humanos como parte da modernidade, tal qual foram travadas em torno de 1900.

Imediatamente após a sua publicação, o livro de Jellinek se tornou objeto de um acalorado debate nacional e internacional. Ele foi traduzido para um grande número de línguas, até para a russa e a chinesa. Especialmente importante foi a sua recepção na França. Críticos franceses a tomaram como uma tentativa traiçoeira de negar a contribuição francesa para uma das mais significativas conquistas modernas.[26] No livro representativo de Marcel Gauchet sobre a gê-

---

Analysis, p. 229-40. Isso se modificou no período mais recente. Cf. Ghosh, Max Weber and Georg Jellinek: Two Divergent Conceptions of Law, *Saeculum*, p.299-347; Kelly, Revisiting the Rights of Man: Georg Jellinek on Rights and the State, *Law and History Review*, p.493-530; Brugger, Historismus und Pragmatismus in Georg Jellineks "Erklärung der Menschen- und Bürgerrechte", p.217-46.

26 A crítica mais conhecida é a de Émile Boutmy, à qual Jellinek reagiu detalhadamente. Cf. As duas contribuições na coletânea de Roman Schnur (org.), *Zur Geschichte der Erklärung der Menschenrechte*, p.78-112 (Boutmy, Die Erklärung der Menschen- und Bürgerrechte und Georg Jellinek) e p.113-28 (Jellinek, Antwort an Boutmy).

nese da declaração francesa dos direitos humanos, do ano de 1989,[27] ainda se percebe um tom de relutância nacionalista quando se lê que seria preciso conceder "à ciência alemã" que a influência das declarações norte-americanas, de fato, teria tido uma importância decisiva. Na Alemanha, a tese de Jellinek constituiu um importante ponto de referência para todos aqueles que quiseram desvincular a questão dos direitos humanos das tradições constitucionais do "arqui--inimigo" francês, que eram vistas com ceticismo e ressentimento. Nesse ponto, porém, o escrito de Jellinek provocou a reação dos críticos católicos que contestaram com veemência possíveis pretensões de superioridade protestante no tocante à história de liberdade e tolerância. Jellinek achou que suas intenções e seu escrito foram mal-entendidos em muitos aspectos. E de fato não há como captar a mensagem do seu livro com tais imputações mesquinhas de cunho político-confessional e nacionalista. Em vez disso, julgo forçoso interpretar a obra de Jellinek como tentativa de indicar o caminho para fora dos becos sem saída dos debates entre o historismo e as doutrinas do direito natural.[28] A exemplo dos historistas, Jellinek não acreditava na possibilidade de derivar metanormas obrigatórias para a regulação do direito positivo de alguma filosofia, nem mesmo

---

27 Gauchet, *Die Erklärung der Menschenrechte. Die Debatte um die bürgerlichen Freiheiten 1789*, p.44. Outros exemplos em Stolleis, Georg Jellineks Beitrag zur Entwicklung der Menschen- und Bürgerrechte, p.103-16, sobretudo p.109 et seq. Jellinek chega a ser acusado de pangermanismo pelos autores ali citados; sua tese é deturpada no sentido de constituir uma reivindicação luterana à autoria dos direitos humanos.

28 Desse modo, aprofundo um incentivo de Ernst Troeltsch. Cf. a sua recensão da obra de Jellinek, *Ausgewählte Schriften und Reden*, publicado em *Zeitschrift für das Privat- und öffentliche Recht in der Gegenwart*, p.273-78. Cf. também, na mesma linha, Graf, Puritanische Sektenfreiheit versus lutherische Volkskirche. Zum Einfluß Georg Jellineks auf religionsdiagnostische Deutungsmuster Max Webers und Ernst Troeltschs, *Zeitschrift für neuere Theologiegeschichte*, p.42-69. Sobre a posição do próprio Troeltsch a esse respeito, é interessante ler Tétaz, Identité culturelle et réflexion critique. Le problème de l'universalité des droits de l'homme aux prises avec l'affirmation culturaliste. La stratégie argumentative d'Ernst Troeltsch, *Études théologiques et religieuses*, p.213-33.

A sacralidade da pessoa

do direito natural ou de Kant. Nesse sentido, ele permaneceu um defensor da soberania irrestrita do Estado. Mas, em contraposição a muitos historiadores alemães de sua época, especialmente aos antiliberais e chauvinistas nacionalistas, ele tampouco considerou as concepções do direito natural como "devaneios sem fundamento", mas simpatizou com o autocomprometimento legal do Estado e com a positivação dos direitos libertários individuais.[29] Por essa razão, ele precisou encontrar um lugar para esses direitos dentro de sua abordagem historista. Ao fazer isso, seu escrito já indica o ponto em que o historismo, conscientizando-se de seus perigos relativistas, tenta transcender a si mesmo. Esse ponto não nos é estranho nos dias de hoje. Um aspecto essencial é assinalado quando não se concebe a pergunta pelas raízes históricas da ideia dos direitos individuais inalienáveis apenas como uma pergunta pela gênese totalmente independente da fundamentação da validade. Pois se trata, então, da possibilidade fundamental de defender pretensões de validade, apesar da noção que se adquiriu da contingência histórica da gênese dos valores.[30]

---

29 Quem se ocupou de modo especialmente intensivo com essas tensões no pensamento de Jellinek foi Kersten, *Georg Jellinek und die klassische Staatslehre*. Ele também vê a teoria do Estado de Jellinek como tentativa de "intermediação entre faticidade e normatividade" (ibid., p.5) no terreno da história e do estatismo. Cf. ibid., p.410: "A teoria do autocomprometimento pretende dar uma resposta a uma pergunta que se coloca especificamente para o constitucionalismo alemão, a saber, como uma vontade estatal fática, concebida como formalmente livre de todo comprometimento legal, pode conferir normatividade a si mesma?". Todavia, ele acusa o pensamento de Jellinek de, com o primado do Estado frente aos cidadãos, estar visivelmente ancorado na tradição alemã do Estado ditatorial pré-democrático e de não entender os direitos fundamentais no sentido de um documento de fundação de um sistema comunitário civil (cf. ibid., p.427). Isso permite identificar a afinidade de Kersten com as concepções da teoria contratualista e com a tradição francesa. Mas ele não examina criticamente as dificuldades imanentes a estas, o que faz com que seu juízo sobre Jellinek resulte um tanto unilateral.

30 É disso que trato também em *Die Entstehung der Werte* e, neste livro, extensamente no capítulo 4.

Boa parte da argumentação de Jellinek pode ser tida hoje como muito bem comprovada, apesar de todas as objeções que foram e são levantadas contra ela. Como foi exposto, ele tinha razão ao ressaltar a prioridade cronológica das declarações dos direitos humanos norte-americanas e sua importante influência sobre a "Déclaration" francesa, embora esta, como já foi mencionado, naturalmente não foi uma simples imitação da norte-americana. Ele também tinha razão quando indicou que há uma diferença entre as teorias do direito natural, por um lado, e, por outro, a codificação legal de direitos individuais específicos que devem valer para todas as pessoas e que estão isentas de qualquer legislação. Hasso Hofmann escreve, concordando com Jellinek, que

> a afirmação de restrições morais e jurídicas objetivas para todos os poderes mundanos não se transforma automaticamente numa teoria dos direitos subjetivos. A ideia da liberdade e da segurança nos termos do Estado de direito frente ao arbítrio *ilegal* não é equivalente à ideia das liberdades fundamentais individuais nos termos dos direitos humanos, junto com sua asseguração contra o arbítrio *legal*.[31]

Também se deve concordar com Jellinek quando ele rejeita conceber a tradição inglesa com seus documentos garantidores de direitos libertários como linha que conduz diretamente às declarações dos direitos humanos do final do século XVIII, já que essas garantias se referiam somente aos direitos tradicionais dos súditos do rei inglês e de modo algum a todos os seres humanos. Dessa maneira, não se nega completamente a influência dessa tradição de direitos; porém, visto que a universalização dos direitos reivindicados é o passo decisivo que necessita explicação, não é suficiente apenas apontar para essa tradição.

Mais difícil de avaliar é a concepção de Jellinek de que a influência de Rousseau não teria tido importância constitutiva. De fato, seria absurdo negar que Rousseau tivesse tido alguma relevância

---

31 Hofmann, Zur Herkunft der Erklärungen der Menschenrechte, *Juristische Schulung*, p.844.

A sacralidade da pessoa

para alguns dos principais iniciadores da declaração francesa – por exemplo, para Sieyès. Para Jellinek, Rousseau não entrava em cogitação como autor da ideia dos direitos libertários inalienáveis, que podiam ser reclamados precisamente também contra o Estado, porque ele havia argumentado contra toda e qualquer limitação da soberania popular na legislação. Pode-se argumentar, porém, que na própria obra de Rousseau já se encontra uma tensão não resolvida entre coletivismo e individualismo, da qual já se falou anteriormente em relação à declaração dos direitos humanos francesa. Com efeito, Rousseau não é o autor apenas do *Contrato social*, no qual Jellinek pensou precipuamente, mas também defensor de uma religiosidade não dogmática – por exemplo, na "Profissão de fé do vigário saboiano", no seu romance educativo *Émile* –, que de modo algum aponta na mesma direção que a ideia de uma religião civil estatal. Daí se derivou a visão de que se poderia muito bem recorrer a Rousseau como defensor da liberdade religiosa contra um soberano onipotente. No entanto, deve-se contrapor a isso que

o espaço que Rousseau ainda concede às religiões positivas dos cidadãos é determinado dependendo de como essas religiões apoiam a "faculdade moral" dos cidadãos [...]. Todavia, nenhum caminho leva dessa ressalva, que tem seu conteúdo na funcionalização da religião pela política, para uma liberdade de consciência e de religião.[32]

Assim, enquanto hoje se pode falar, apesar de algumas vozes contrárias, de um amplo consenso favorável a Jellinek em relação a todos esses pontos, o debate se afunila na última tese do seu livro, certamente também a mais ousada, acerca das raízes religiosas das declarações dos direitos humanos norte-americanas.

---

32 É o que diz acertadamente Stein, *Himmlische Quellen und irdisches Recht. Religiöse Voraussetzungen des freiheitlichen Verfassungsstaates*, p.195, nota 120. Desse modo, ela se volta contra a interpretação de Rainer Forst sobre Rousseau, no seu livro marcante intitulado *Toleranz im Konflikt. Geschichte, Gehalt und Gegenwart eines umstrittenen Begriffs*, p.363-79. Sobre o livro de Stein, cf. também a minha resenha, Mit prophetischem Schwung, *Frankfurter Allgemeine Zeitung*, p.37.

Esse ponto deve ser tratado com a maior prudência possível. Em primeiro lugar, é preciso deixar claro que não se trata aí simplesmente do pano de fundo da história das ideias. Naturalmente Jellinek tinha consciência de que a crença na dignidade de todos os seres humanos tinha raízes profundas na milenar tradição judaico-cristã; não obstante, não se pode tratar essa tradição como uma única história da maturação das ideias modernas, quando se leva em conta quantas vezes o seu universalismo foi rompido ao privar judeus, hereges ou indígenas justamente desses direitos. As raízes dos direitos humanos, nos termos da história das ideias, no humanismo da Renascença, na Reforma ou na escolástica espanhola tardia são de modo geral menos interessantes para a compreensão dessa problemática que a dinâmica de sua repentina institucionalização. E, nesse ponto, Jellinek encarou como decisiva a luta dos protestantes norte-americanos, especialmente dos congregacionalistas (calvinistas) por liberdade religiosa. Embora os mais diversos regimes praticassem a tolerância religiosa – como, por exemplo, a Prússia sob Frederico, o Grande, no espírito do absolutismo esclarecido, ou a colônia de Maryland sob a clave católica –, o que estava na base da política de tolerância geralmente eram cálculos utilitários. O que interessava para Jellinek, porém, eram as raízes religiosas da luta pela liberdade religiosa, e isto não só para a própria profissão de fé, mas para a de todos os crentes. O herói de sua história correspondentemente é o pregador puritano Roger Williams, que deixou Massachusetts no ano de 1636 e em Rhode Island assegurou liberdade religiosa não só para todo tipo de cristãos, mas também "para judeus, pagãos e turcos". Portanto, a tese central de Jellinek tem o seguinte teor:

> A ideia de fixar em lei os direitos inalienáveis, inatos, santificados do indivíduo não tem origem política, mas religiosa. O que até aqui foi tido como obra da Revolução, é na verdade fruto da Reforma e de suas lutas. Seu primeiro apóstolo não é Lafayette, mas aquele Roger Williams, que, movido por um entusiasmo intenso, profundamente religioso, emigra para um lugar ermo visando

A sacralidade da pessoa

fundar um reino da liberdade de fé, cujo nome os norte-americanos ainda hoje mencionam com profunda reverência.[33]

Segundo Jellinek, todos os demais direitos individuais – como liberdade de opinião, de imprensa e de reunião – são oriundos dessa fonte. Toda essa ideia de que os indivíduos têm direitos não só dentro de um Estado, mas também contra o Estado, e que esses direitos não são simplesmente concedidos pelo Estado, essa ideia apontaria, ao menos no sentido da sua explicação histórica, para origens religiosas. Segundo o estado atual do conhecimento, é oportuno fazer três correções nessa tese. A primeira dessas correções procede de Ernst Troeltsch. Em sua grande obra *As doutrinas sociais das igrejas e dos grupos cristãos*, ele argumenta que quem contribuiu para o reconhecimento da ideia de uma liberdade religiosa fundada na religião não foram, como para Jellinek, os calvinistas, mas os batistas, os quakers e uma espécie de espiritualismo livre, os "enteados da Reforma", como ele formulava. "O pai da real tolerância é o espiritualismo individualizante e relativizador de todas as formas exteriores; calvinista é só o *páthos* da intocabilidade da religião pelo Estado".[34] De modo leve, mas perceptivelmente relutante, Jellinek aceitou essa correção na terceira edição do seu livro.

A segunda correção refere-se à suposição historista no mau sentido de ter encontrado na liberdade religiosa o embrião de todos os direitos humanos. Não há como sustentar isso. Para a França, como foi mostrado, essa suposição de qualquer modo não é válida, mas também na maioria das colônias ou depois dos Estados norte-americanos, de modo algum vigeu a liberdade religiosa. Inclusive, só no século XX foi assegurada juridicamente em todos os Estados individuais dos EUA a separação de Igreja e Estado que já havia

---

33 Jellinek, *Die Erklärung der Menschen- und Bürgerrechte. Ein Beitrag zur modernen Verfassungsgeschichte*, p.57.

34 Troeltsch, *Die Soziallehren der christlichen Kirchen und Gruppen*, p.761.

sido fixada no plano federativo. Porém, de modo geral, o processo de codificação dos direitos humanos naturalmente foi influenciado também por ponderações oportunistas e estratégicas dos atores sociais, pelas constelações de forças e pelas estruturas ocasionais. Embora seja correto, portanto, que o reconhecimento jurídico da liberdade de religião e de consciência representou a primeira forma de um direito humano universal e que assim os direitos humanos, de certo modo, haviam encontrado a sua forma lógica, nem por isso podemos logo atribuir-lhe uma força causal própria ou superestimar sua importância no final do século XVIII. Não faríamos jus exatamente à dinâmica da institucionalização.

Porém, em terceiro lugar, isso tampouco significa que devêssemos subestimar o papel das interpretações e dos motivos religiosos nessa época. Só o que devemos fazer é despedir-nos da contraposição não dialética das duas hipóteses explicativas, uma das quais responsabiliza o protestantismo norte-americano, a outra o Iluminismo francês pela gênese dos direitos humanos. Troeltsch já havia identificado bem melhor que Jellinek os efeitos transformadores do pensamento iluminista sobre o cristianismo protestante na América do Norte. De acordo com uma frase bem conhecida, os norte-americanos aprenderam o seu Iluminismo no século XVIII a partir do púlpito.[35] Inversamente, também havia afinidades entre formas do espiritualismo cristão e do racionalismo iluminista. Para Troeltsch, essa mixórdia de modo algum era algo inaudito, visto que, para ele, em toda a história da cultura ocidental sempre houve uma interação entre a ideia cristã do amor e concepções do direito natural. Estudos minuciosos atuais sobre a história da gênese da declaração de independência norte-americana de 1776 mostram de modo extremamente vívido a impossibilidade de fazer delimitações claras na síntese puritano-iluminista norte-americana.

---

35 Cf. Grimm, Europäisches Naturrecht und amerikanische Revolution, *Ius Commune. Veröffentlichungen des Max-Planck-Instituts für Europäische Rechtsgeschichte*, p.123.

A sacralidade da pessoa

As formulações no início da declaração de independência norte-americana assumiram um caráter quase sacral na tradição política e jurídica norte-americana, mas também na história dos direitos humanos:

> We hold these truths to be self-evident: That all men are created equal; that they are endowed by their Creator with certain unalienable rights; that among these are life, liberty, and the pursuit of happiness; that, to secure these rights, governments are instituted among men, deriving their just powers from the consent of the governed etc.[36]

Entretanto, apesar dessa aura que o texto recebeu, ele não deve ser lido como se de fato tivesse chegado às mãos de Thomas Jefferson diretamente da mão de Deus, a exemplo das tábuas da lei mosaica.[37] O texto é, muito antes, resultado de um processo coletivo e ganhou existência sob circunstâncias difíceis e uma enorme pressão de tempo. Com efeito, o segundo Continental Congress, reunido na Filadélfia, incumbiu, não a Jefferson, mas a um comitê composto de cinco membros a redação de uma declaração sobre o tema "independência" ("on" [sobre] e não "of" [de] independence [independência]). Esses cinco, por sua vez, pediram que Jefferson propusesse um primeiro esboço; não foram conservadas nem as instruções que o Congresso deu ao seu comitê, nem as que o comitê deu a Jefferson. Este último, a toda pressa, recorreu a diversos modelos, que em parte eram de sua autoria, em parte haviam sido redigidos por outros. O preâmbulo, que se tornou tão decisivo para a história dos efeitos da declaração, deve ter tido inicialmente uma importância antes secundária em vista da temática da declaração

---

36 Trad.: Consideramos estas verdades como evidentes por si mesmas: que todos os homens são criados iguais, dotados pelo Criador de certos direitos inalienáveis; que entre estes estão a vida, a liberdade e a busca da felicidade; que a fim de assegurar esses direitos, governos são instituídos entre os homens, derivando seus justos poderes do consentimento dos governados etc. (N. T.)

37 Cf. Maier, *American Scripture. Making the Declaration of Independence*, p.98. Esse livro constitui a investigação mais detalhada disponível sobre a história da gênese e dos efeitos desse documento.

como um todo. A incumbência do documento era produzir, no solo das próprias colônias, um consenso sobre a legitimidade das aspirações de independência e obter, no exterior, sobretudo na França, simpatia crescente para essas aspirações. Quando a proposta formulada basicamente por Jefferson foi apresentada ao plenário do Continental Congress, este empreendeu comprovadamente e para a decepção de Jefferson uma reformulação redacional considerável. O texto foi reduzido em um quarto; foram acrescentadas várias referências a Deus como supremo juiz e à proteção de sua Providência. O resultado final não pode, portanto, ser simplesmente derivado da imagem de mundo de Jefferson.

Por que esses detalhes são importantes para dar uma resposta à nossa pergunta guia pelas origens religiosas ou seculares das declarações dos direitos humanos? Muito simplesmente porque eles nos mostram que não podemos responder a essa pergunta simplesmente remetendo às convicções pessoais de Jefferson. Não há dúvida de que Jefferson pessoalmente era um deísta, sendo um cristão só no sentido bem restrito de que aceitava as doutrinas de Jesus num sentido moral, a exemplo dos maçons contemporâneos, mas não lhe atribuía nenhuma divindade. Mas isso não o torna representativo dos outros – nem mesmo de todos os líderes da revolução norte--americana, quanto menos da infantaria revolucionária e da maior parte da população. Para estas duas últimas, foram centrais justamente os movimentos religiosos de reavivamento que precederam a revolução, mediante os quais foi gerada uma conexão intelectual e espiritual que abrangeu as diversas colônias, e sem a qual o levante revolucionário dificilmente pode ser concebido.[38] Por essa razão, é mais adequado falar de uma aliança entre um movimento de massa

---

38 Cf. sobre isso Marty, The American Revolution and Religion, 1765-1815, p.497-516. Sobre os movimentos de reavivamento, mais extensamente, cf. McLoughlin, *Revival, Awakenings, and Reform. An Essay on Religion and Social Change in America, 1607-1977*. Além destes, é importante também o livro de Hoye, *Demokratie und Christentum. Die christliche Verantwortung für demokratische Prinzipien*, p.127-86.

A sacralidade da pessoa

de molde pietista e uma elite racionalista-iluminista, havendo aí uma profusão de fenômenos de entrecruzamento e de transição, assim como uma disposição generalizada para a aliança. Também somaram-se a isso motivos bem pragmáticos exatamente no âmbito político-religioso, como, por exemplo, uma postura reservada na divulgação da própria fé para além das fronteiras das colônias, para levar outros a adotar reserva semelhante. O próprio Jefferson também estava propenso à aliança e tolerou intervenções no seu texto, mesmo que estas divergissem de suas convicções pessoais. O que estava acima de tudo, na hora dramática da luta por independência, quando ainda não estava claro como terminariam os conflitos militares e se todos os responsáveis pela Declaração de Independência não acabariam sendo acusados de alta traição, era o esforço por assegurar o assentimento da população norte-americana. Para Jefferson, também estava claro que a população não daria o seu assentimento se não tivesse o sentimento de estar agindo corretamente aos olhos de Deus. Por essa razão, não é possível classificar a Declaração de Independência inequivocamente nem como deísta nem como cristã. Ninguém quis excluir nenhum dos lados. Em consequência, necessitava-se de uma linguagem que fosse compreensível e que tivesse um caráter de apelo intenso para os dois lados. Por isso, têm razão todos os que identificam nesse texto vestígios tanto de um racionalismo iluminista como de uma fé cristã biblicamente fundamentada; porém, ficam sem razão todos aqueles que reconhecem apenas os vestígios de um lado e não os do outro.[39] Jellinek teria de ser corrigido, portanto, no ponto em que a declaração dos direitos humanos norte-americana possui raízes religiosas. Assim, mesmo que, diante disso, os demais direitos humanos não brotem como que organicamente da liberdade religiosa, é acertado dizer que, na América do Norte do final do século XVIII, esta foi "entendida como

---

39 Julgo convincente a argumentação de Davis, Religious Dimensions of the Declaration of Independence: Fact and Fiction, *Journal of Church and State*, p.469-82.

Hans Joas

a 'primeira liberdade', como o mais significativo e o mais importante dos direitos libertários, que constitui o fundamento de todo o restante da Constituição".[40]

Se isso for correto, resultam daí consequências consideráveis para a nossa compreensão da modernidade, da qual os direitos humanos inquestionavelmente são parte integrante. Com efeito, nesse caso, começa a se tornar frágil uma interpretação segundo a qual a gênese dos direitos humanos é parte de um processo que

---

40 Vögele, *Menschenwürde zwischen Recht und Theologie. Begründungen von Menschenrechten in der Perspektive öffentlicher Theologie*, p.103; quem fala de uma "síntese liberal-puritana" e de sua institucionalização numa exposição que confirma amplamente a de Jellinek, inclusive mencionando-o expressamente – o que constitui uma exceção na bibliografia norte-americana – é Stackhouse, *Creeds, Society, and Human Rights*, sobretudo p.70 et seq. Um excelente estudo mais recente sobre Roger Williams é o de Hall, *Separating Church and State. Roger Williams and Religious Liberty*. A interpretação de motivos religiosos e de outra natureza em Roger Williams, a dimensão de sua influência sobre as evoluções posteriores e o papel de Rhode Island como modelo ou um *"outhouse"* são questões controvertidas na bibliografia investigativa. Martha Nussbaum, por exemplo, em sua história da liberdade de consciência, atribuiu pouca importância ao papel desempenhado pelos motivos religiosos em Williams. Na bibliografia especializada, revela-se um quadro diferente, o que também se cristaliza em posicionamentos críticos frente à sua interpretação. Cf. Nussbaum, *Liberty of Conscience. In Defense of America's Tradition of Religious Equality*. Cf. a posição contrária de Zagorin, *How the Idea of Religious Toleration Came to the West*, p.196-208. Cf. também a carta enfática de Zagorin a Nussbaum (Christianity and Freedom. In Response to Martha C. Nussbaum, *Liberty of Conscience, The New York Review of Books*, p.97), na qual ele contesta que argumentos estoicos e do direito natural tivessem grande importância para Williams: *"Its animating conviction is that freedom of conscience and religion and the separation of church and state are absolutely essential to the spiritual welfare of Christianity"* [A convicção que o animava é que a liberdade de consciência e de religião e a separação de Igreja e Estado são absolutamente essenciais para o bem-estar espiritual do cristianismo]. Enquanto Hall (*Separating Church and State*) estima que Williams tenha tido pouca influência no século XVIII, quem apresenta provas na tendência oposta é Philip Hamburger, *Separation of Church and State*, sobretudo p.38 et seq. Em Forst, *Toleranz im Konflikt*, p.242, Williams aparece como mera "teoria de transição", porque a sua argumentação já está postada "firmemente em solo cristão"!

A sacralidade da pessoa

se designou como sacralização ou carismatização da razão. Para alguns autores que tomam Max Weber como ponto de partida,[41] a gênese dos direitos humanos se dá exclusivamente no contexto de uma crença racional, que teve sua expressão característica no "culto da razão" semirreligioso de Robespierre, mas que também teve continuidade no marxismo com sua pretensão de ser "socialismo científico".

Os direitos humanos e o "racionalismo ocidental"

Por isso, recorramos, nesse ponto, ao próprio Max Weber. Por mais que ele tenha sido influenciado por Jellinek (e Troeltsch) nesses assuntos, ele também conferiu à argumentação daquele uma nuança específica. Com efeito, ele a integrou em sua visão do racionalismo ocidental e de seu futuro. À primeira vista, a tese de Jellinek parece se encaixar perfeitamente nesse quadro, o que não é nenhum acaso, visto que os estudos do próprio Weber sobre o puritanismo haviam sido fortemente influenciados pelo livro de Jellinek. O que causa uma certa perturbação, no entanto, é o modo como a crença nos direitos humanos vem à tona nos *Conceitos básicos de sociologia* de Weber. Poucos perceberam que, no § 1, em conexão com suas reflexões sobre interpretação e compreensão do sentido, Weber faz

---

41 Roth, *Politische Herrschaft und persönliche Freiheit*, p.147; Breuer, *Das Charisma der Vernunft*, p.154-84. Quem tangencia o nosso tema em seu abrangente estudo sobre a sociologia do direito de Weber é Gephart, *Gesellschaftstheorie und Recht. Das Recht im soziologischen Diskurs der Moderne*, p.565 et seq. Também é digno de menção Ouédraogo, Sociologie religieuse et modernité politique chez Max Weber, *Revue européenne des sciences sociales*, p.25-49. Quem se ocupou de modo especialmente detalhado com Max Weber em conexão com a discussão sobre os direitos humanos foi Brugger, *Menschenrechtsethos und Verantwortungspolitik. Max Webers Beitrag zur Analyse und Begründung der Menschenrechte*; Id., Sozialwissenschaftliche Analyse und menschenrechtliches Begründungsdenken. Eine Skizze im Anschluß an Max Webers Werk, *Rechtstheorie*, p.356-77. Particularmente interessante é a ênfase de Brugger no papel constitutivo das experiências de injustiça. Cf. ainda König, *Menschenrechte bei Durkheim und Weber*, p.78-138.

referência aos direitos humanos como "fanatismos extremamente racionalistas" e como suprassumo do tipo de fins e valores últimos que, como "muitas realizações religiosas e caritativas de pessoas virtuosas", não são compreensíveis ou são de difícil compreensão "para quem não é receptivo a isso", ou seja, para quem não compartilha dos mesmos ou, "por sua vez, os abomina radicalmente".[42] Weber certamente tinha em mente aqui a versão iluminista francesa dos direitos humanos. Porém, para ele não havia contradição entre essa ênfase no caráter racionalista dos direitos humanos e suas raízes religiosas, visto que ele se interessou justamente pelas raízes religiosas também desses "fanatismos extremamente racionalistas". O Iluminismo, enquanto eliminação meramente negativa de acervos tradicionais, teria sido desde o início, de acordo com Weber, muito fraco para a intensificação de alguma fé. Nesse sentido, a tese de Jellinek antecipa a concepção do próprio Weber a respeito das raízes religiosas do espírito capitalista racional.

Em outros contextos, Weber relaciona os direitos humanos com a expansão do capitalismo e com a burocratização progressiva. Para ele, está claro

> que aquela exigência de igualdade formal de direitos e de liberdade econômica de mobilidade, prepara, por um lado, a destruição de todas as bases específicas das ordens jurídicas patrimoniais e feudais em favor de um cosmo de normas abstratas, prepara, portanto, indiretamente a burocratização, e, por outro, de modo bem específico, vem ao encontro da expansão do capitalismo.[43]

Ele traça um paralelismo direto entre a sua própria tese de que a "ascese intramundana" das seitas gerou a mentalidade capitalista e o "ser humano vocacional" que age racionalmente, e a afirmação segundo a qual "os direitos humanos e fundiários ofereceram a precondição para a atuação desimpedida da busca por valorização do capital com bens e seres humanos". Nesse contexto, de fato lhe

---

42 Weber, *Wirtschaft und Gesellschaft*, p.2.
43 Ibid., p.817.

A sacralidade da pessoa

escapa a palavra referente à transfiguração carismática da razão como o cerne da representação iluminista de que a liberdade do indivíduo deveria resultar "no relativamente melhor dos mundos" para todos. Esse carisma da razão teria sido "a última forma que o carisma assumiu em todo o seu percurso fatídico". Essa sentença, todavia, é ambígua, por não sabermos se Weber quis se referir, nessa passagem, à última forma até ali ou à última forma que jamais emergirá.

Nessa passagem pode parecer que Weber teve uma compreensão quase materialista-funcionalista da história dos direitos humanos. Porém, o oposto disso é o correto, como se pode depreender especialmente dos seus escritos sobre a Rússia.[44] Neles, Weber se depara com a influência direta de Jellinek sobre líderes políticos russos de feitio liberal daquela época (como Peter Struve), quando numa fase muito breve, em torno de 1905, pareceu que a ideia dos direitos humanos poderia unir as diferentes alas da inteligência rebelde na Rússia. A situação política russa despertou um intenso interesse de Weber justamente porque, para ele, ela levantava concretamente a pergunta sobre como as liberdades burguesas e os direitos constitucionalmente assegurados poderiam ser conquistados de maneira nova sob condições modernas, isto é, no mundo do capitalismo desenvolvido e de uma burocracia (mais ou menos) moderna. Diferentemente de vários liberais ocidentais otimistas e posteriores teóricos da modernização, ele não acreditava numa afinidade específica entre essas condições modernas e a democracia e a liberdade. Mas ele submeteu as forças políticas e sociais da Rússia a uma análise a partir do ponto de vista em que, ainda assim, poderia ser travado um combate exitoso contra o centralismo burocrático e contra o centralismo jacobino, contra o autoritarismo no movimento trabalhista e a favor da

---

44 Id., *Gesammelte politische Schriften* [1921], sobretudo p.33-111. Sobre Weber e seus escritos sobre a Rússia cf. Pipes, Max Weber und Russland, *Außenpolitik*, p.627-39; Wells, Baehr, Editors' Introduction, p.1-39; Mommsen, Einleitung, p.1-54. Sobre Struve e Jellinek, cf. Pipes, *Struve. Liberal on the Left 1870-1905*, sobretudo p.302 et seq.

difusão do individualismo moderno. A situação russa lhe pareceu trágica, na medida em que até mesmo um êxito das forças liberais nas lutas pelo direito de votar mediante o fortalecimento do campesinato iriam, num primeiro momento, mais inibir e retardar que promover o desenvolvimento na direção de um individualismo ocidental.

Porém, o pessimismo de Weber não se destinou somente à Rússia. Para ele, os pressupostos tanto ideais como materiais para a crença nos direitos humanos praticamente desapareceram no mundo todo. Segundo o sociólogo alemão, convicções religiosas como as que, de acordo com Jellinek, estiveram presentes no começo do individualismo político dos direitos humanos não podem mais despontar em função do Iluminismo, ao menos não em sua forma atual como fenômeno de massas; e a "crença otimista na harmonia natural de interesses dos indivíduos livres" teria sido "destruída para sempre pelo capitalismo". O "individualismo especificamente burguês" estaria "superado já dentro das próprias classes detentoras de 'cultura e posse' e certamente não poderá mais conquistar a 'pequena burguesia'".[45]

A questão do futuro dos direitos humanos sob as condições de um capitalismo globalizado aguça hoje ainda mais a pergunta por sua gênese. Se, para Weber, era possível imaginar um capitalismo futuro destituído da crença nos direitos humanos, como devemos conceber, então, mais exatamente a conexão entre o desenvolvimento do capitalismo no passado e a gênese dos direitos humanos? Como foi que o próprio Weber viu essa conexão, se ele concorda tanto com a tese de Jellinek sobre as origens protestantes dos direitos humanos, como também com a tese da liberdade de contrato como condição funcional da atividade econômica capitalista? Se, na busca por uma resposta, recorrermos à *Sociologia do direito* de Weber, especialmente ao extenso § 3 intitulado "As formas de fundamentação dos direitos subjetivos",[46] surpreendentemente pouco é dito

---

45 Weber, *Gesammelte Politische Schriften*, p.42 et seq.
46 Id., *Wirtschaft und Gesellschaft*, p.412-55.

A sacralidade da pessoa

ali sobre Jellinek, os direitos humanos e os direitos libertários em geral, mas, em compensação, fala-se quase exclusivamente da liberdade de contrato. Weber afirma que esta possui uma história muito mais longa que a dos direitos humanos de Jellinek. Weber enfatiza tanto que já as sociedades pré-modernas conheciam o contrato, de modo que todo modelo simples de evolução social facilmente se resolve conforme o lema *"from status to contract"* [do *status* ao contrato], como também que o critério da liberdade de contrato seria "naturalmente uma função, em primeira linha, da expansão do mercado".[47] A suposta contradição no pensamento weberiano certamente só pode ser resolvida como foi proposto pela especialista em Weber, a francesa Cathérine Colliot-Thélène, num excelente ensaio.[48] Segundo essa interpretação, Weber viu o individualismo moral do protestantismo como uma possibilidade de sistematizar a totalidade dos direitos subjetivos; porém, para que houvesse a disposição de introduzir a ideia da liberdade de contrato nessa sistemática, fizeram-se necessárias condições que de modo algum eram resultado desse individualismo moral. Sendo assim, a história da liberdade de contrato remontaria ao período anterior à gênese dos direitos humanos e perduraria mesmo depois que a época dos direitos humanos tivesse chegado irrevogavelmente ao seu fim. Como Wolfgang Schluchter elabora em seu ensaio "Rechtssoziologie als empirische Geltungstheorie" [Sociologia do direito como teoria de validade empírica], o direito não deixaria de ser influenciado por esse desacoplamento do universalismo moral; ele certamente modificaria o seu caráter, mas de modo algum no sentido de um desaparecimento completo das dimensões exigidas pela atividade econômica orientada no mercado.[49]

---

47 Ibid., p.413.
48 Colliot-Thélène, Les modes de justification des droits subjectifs, p.259-78. Para isso, ela se apoia no minucioso trabalho de conclusão de curso de Melot, *La Notion de droit subjectif dans l'œuvre de Max Weber*.
49 Schluchter, Rechtssoziologie als empirische Geltungstheorie, p.59-85.

No entanto, é preciso realmente ver o futuro numa luz tão sombria? Na mesma proporção em que é saudável não confiar levianamente no caráter assegurado das conquistas da tradição cultural ocidental, são questionáveis nesse ponto os argumentos esparsos e fragmentários de Weber, com os quais ele fundamenta sua visão pessimista.

Surgiram sim novas formas de convicção religiosa no século XX. Tendências inerentes à formação do juízo moral fomentam orientações morais universalistas. A história da violência, da degradação do ser humano, em diversas ocasiões levou a uma consciência mais clara de que a dignidade do ser humano *tem* de ser intocável. O capitalismo experimentou longas fases de prosperidade e a edificação de Estados de bem-estar social, mesmo não chegando a reanimar a crença numa harmonia natural de interesses, mostrou uma possibilidade de conciliar interesses divergentes de modo pacífico e justo. A expansão da educação fez surgir novos ambientes, nos quais a crença nos direitos humanos é amplamente difundida. E Weber certamente exagerou a extensão em que a pequena burguesia e o espírito empreendedor criativo estariam batendo em retirada. Ele coaduna, na forma de uma tragédia, a tese das raízes religiosas do individualismo moderno e o seu diagnóstico do presente. Segundo essa construção, as forças religiosas instaurarão um regime que inviabilizará que essas mesmas forças continuem vivas.

Porém, se os prenúncios históricos de Weber ou, melhor, as suas suposições sociológicas sobre o futuro, de modo algum se mostram concludentes após o final do século XX, então talvez a relação entre a nossa época e a gênese da crença nos direitos humanos e na dignidade humana não seja necessariamente trágica. Nesse caso, encarar essa relação como contingente abriria um espaço maior para a complexidade histórica e também favoreceria alguma esperança. De fato acredito que deveríamos retirar a tese de Jellinek, na medida em que ela está confirmada, do quadro em que Weber a inseriu. Weber supôs que a única alternativa ao protestantismo cultural com

A sacralidade da pessoa

o seu às vezes raso otimismo evolucionista em relação ao futuro fosse um pessimismo heroico de defesa do individualismo liberal contra as tendências que o ameaçam e um abrupto "ou-ou" kierkegaardiano de opção entre valores. Em contraposição, podemos aprender de Troeltsch que há a possibilidade de uma outra visão do possível papel do cristianismo na modernidade. Pode-se pensar em reinterpretações produtivas e aprofundamentos criativos da tradição judaico-cristã, novas bases experimentais para a crença nos valores individualistas e novas estruturas organizacionais religiosas, nas quais são interconectados traços das igrejas, das seitas e da espiritualidade individual. Isso resultaria num fortalecimento do cristianismo como um esteio da sacralidade de cada pessoa contra as forças despersonalizantes da modernidade. Nesse caso, não teríamos de lidar com o compromisso muito fácil entre religião e modernidade, como foi o caso no protestantismo cultural, nem com uma oposição antitética, como em Weber e, com clave invertida, por muito tempo em grandes parcelas do catolicismo.

Libertar a tese de Jellinek da moldura do quadro histórico de Weber abre novas possibilidades de conceber a crença nos direitos humanos em um sentido diferente de uma transfiguração carismática da razão. Pois essa interpretação se mostrou problemática, como se quis mostrar aqui, no sentido de uma descrição empiricamente defensável dos motivos que levaram às primeiras codificações dos direitos humanos. Ela é problemática, ademais, porque com ela se fixa uma certa imagem do ser humano que de modo algum pode reclamar validade inquestionável. No racionalismo do Iluminismo – tanto em Thomas Jefferson como, pensada de modo infinitamente mais diferenciado, em Immanuel Kant –, a demanda dos direitos humanos é fundada na faculdade racional do ser humano e essa razão é vista em operação essencialmente na noção autônoma das obrigações morais. Porém, visto que a razão, nesse sentido, de modo algum (já) foi dada ou (ainda) será dada a todos os seres humanos, insinua-se nessa fundamentação uma ambiguidade. Nas discussões bioéticas contemporâneas, reportam-se a Kant tanto os que dizem que a dignidade compete ao ser humano pura e simplesmente, não importando se o ser humano individual empiricamente existente dispõe ou não da faculdade reflexiva moral autônoma, como aqueles que declaradamente não atribuem dignidade pessoal a todos os integrantes do gênero humano, mas somente àqueles que de fato dispõem dessa faculdade racional.[50] Quem parte da intuição moral de que a crença na dignidade humana universal e nos direitos humanos diz respeito a todos nós e o faz a todos nós na mesma medida, de modo algum precisa achar convincente uma imagem de ser humano que só consegue articular essa universalidade atribuindo um caráter supraempírico à faculdade racional. Quem reconhece que a criança recém-nascida, o portador de deficiência mental e o velho acometido de demência podem reclamar a dignidade humana procurará por outras possibilidades de expressar essa intuição moral, diferentemente da que é oferecida por uma antropologia do ser racional "homem". Por essa razão, o discurso da transfiguração carismática da razão é adequado a pensadores e políticos individuais, mas não ao processo da gênese dos direitos humanos codificados em seu conjunto nem à intuição moral que está na base desse processo. Em vez de falar de uma transfiguração carismática da razão, seria melhor falar de uma carismatização da personalidade do ser humano. O processo histórico da despersonalização do carisma, como se poderia dizer em linguagem weberiana, pode levar a uma carismatização da pessoa. A essa ideia, ou seja, à interpretação dos direitos humanos no sentido de uma carismatização ou sacralização da pessoa, dedica-se o próximo capítulo.

---

50 Cf., com passagens comprobatórias, Stein, *Himmlische Quellen und irdisches Recht. Religiöse Voraussetzungen des freiheitlichen Verfassungsstaates*, p.225.

II. Punição e respeito
A sacralização da pessoa e as ameaças a ela

O primeiro passo da argumentação aqui desdobrada consistiu em examinar mais detidamente a gênese das primeiras declarações dos direitos humanos no final do século XVIII. Nesse processo, foi desenvolvida a tese de que essas declarações devem de fato ser entendidas tão concretamente quanto possível a partir de seus contextos inteiramente contingentes de surgimento, mas que só será possível fazer jus a elas se forem concebidas ao mesmo tempo como formas de expressão de processos mais profundos de transformação cultural. Porém, como se pode conceitualizar adequadamente esses processos? Porque a proposta de falar aqui de uma "sacralização da pessoa" de modo algum é algo óbvio.

Neste capítulo, essa proposta passará por uma delimitação mais precisa em relação a possibilidades alternativas de interpretação e sofrerá um maior detalhamento. Para isso, apresenta-se, como exemplo do referido processo de transformação cultural, o gradativo desaparecimento, do âmbito da justiça penal europeia, da tortura enquanto instrumento legítimo.[1]

---

1 Este capítulo baseia-se parcialmente em meu artigo Strafe und Respekt, *Leviathan*, p.15-29.

É fato histórico bem conhecido e por ninguém contestado que, no decorrer do século XVIII, teve lugar uma mudança fundamental na cultura penal europeia ou pelo menos ela recebeu um célere empurrão inicial. O aspecto mais espetacular nesse tocante é justamente a rejeição da tortura como um meio de encontrar a verdade ou de arrancar confissões e do suplício enquanto pena celebrada publicamente como espetáculo. Mas adquire importância também o incipiente questionamento e a revogação parcial da pena de morte em conexão com uma problematização fundamental do direito do Estado de decidir, de modo geral, sobre a vida dos seus cidadãos, como também o "nascimento da prisão" enquanto lugar típico da execução penal. Com base nas numerosas e muitas vezes excelentes investigações disponíveis, seria muito fácil descrever vividamente as etapas desse processo e estender essa história para além do século XVIII até a época atual. Teríamos de falar então dos mais variados esforços heroicos para fazer vigorar os desenvolvimentos europeus dessa época também em outras partes do mundo, como, por exemplo, para contrapor-se ao *lynching* [linchamento], que se manteve em vigor até boa parte do século XX nos Estados sulistas dos EUA, ou para combater hoje o papel da tortura e da pena de morte na China ou o apedrejamento de adúlteras onde este ainda é ou voltou a ser praticado. A despeito de todo o consenso entre Europa e América do Norte quanto aos direitos humanos e à rejeição de castigos cruéis e degradantes, toparíamos com as diferenças que, não obstante, surgem quanto à questão de se deve ser rejeitada a pena de morte enquanto tal ou só determinadas formas de execução. Teríamos de tratar, então, das chances e dos limites de uma humanização da execução penal em nosso país e em nossa época, bem como dos perigos de um retrocesso a uma situação anterior ao que nos habituamos a ver como conquistas da era iluminista: o questionamento da proibição categórica da tortura, por exemplo, na teoria e na práxis do combate ao crime e da luta contra terroristas reais ou supostos.

A sacralidade da pessoa

Aqui, todavia, trilharemos outro caminho. Por menores que sejam as dificuldades que a mera descrição desses processos históricos possivelmente venha a acarretar, tanto mais complicado é entender exatamente em que eles consistiram propriamente. Porém, para que se chegue a uma compreensão das atuais chances de defender ou dar continuidade à moderna cultura penal europeia, é de suma importância esquadrinhar intelectualmente com precisão o que de fato aconteceu no século XVIII. Porque, sem dúvida nenhuma, estamos de modo figurado parados sobre os ombros dos reformadores daquela época. Por essa razão, serão discutidas primeiramente as duas grandes e sobremodo influentes interpretações que há para esse desenvolvimento. Ambas sofrerão uma leve estilização, para que os seus contornos apareçam de modo mais nítido; com isso, em contrapartida, as duas declarações serão levemente exageradas e privadas das cláusulas restritivas. Porém, o objetivo propriamente dito desse procedimento é, indo além da análise dos méritos e das debilidades das duas interpretações dominantes, indicar ao menos as linhas básicas de uma alternativa que corresponda melhor aos eventos que marcaram época naquele tempo e também à situação atual ou pelo menos a uma tendência contida no presente. Assim sendo, trata-se, neste capítulo, da análise de um caso exemplar de mudança de valores e da proposição de uma teoria capaz de proporcionar um fio condutor também para a análise de outros casos. Tendo em vista essa pretensão ampliada, será preciso ampliar muito, em comparação com as interpretações criticadas, o espectro teórico na formulação da alternativa.

O mito do Iluminismo

A primeira das duas histórias que, de acordo com esse plano, deverão ser contadas aqui pode receber o título de "O mito do Iluminismo". A sua forma literária é a da epopeia heroica. O herói é um intelectual milanês jovem e muito tímido, que, com 25 anos de idade e depois de discussões intensas em seu círculo de amigos, senta-se para escrever, em menos de um ano, um manuscrito que ele publicou no ano de 1764, todavia não em Milão (que pertencia à Áustria), mas, devido à censura menos rígida, no grão-ducado da Toscana, e mesmo neste só se arriscou a fazê-lo anonimamente. Estamos falando de Cesare Beccaria e de seu tratado *Dei delitti e delle pene* [Dos delitos e das penas].[2] Esse livro, que em seguida foi posto no índex dos livros proibidos, rapidamente alcançou várias edições e foi traduzido para outras línguas, inclusive a alemã. A edição mais importante para a história da influência desse livro foi a francesa, mediante a qual o livro chegou ao conhecimento dos principais iluministas franceses, como Voltaire, Diderot e d'Alembert. Um dos amigos de Beccaria, Pietro Verri, resume assim a história da influência do livro: "Maus-tratos e tortura, todas essas coisas terríveis, de fato foram eliminadas ou ao menos atenuadas nos processos penais de todos os Estados; *e isso é obra exclusivamente de um livro*".[3]

Temos aqui, em sua forma pura, os ingredientes de uma história bem ao gosto dos intelectuais iluministas. De forma estilizada, a história pode ser contada assim: há muito tempo, a vida dos seres humanos vem sendo e por razões incompreensíveis ainda é dominada por costumes, usos e preconceitos que perderam todo o sentido, se é que algum dia tiveram um. Desse modo, as práticas atuais são concebidas como meras relíquias, às quais a época presente se apega por inércia ou por corresponderem aos interesses de alguns indivíduos. Assim, Beccaria chama as regras vigentes do sistema penal de "resíduos da mais bárbara das eras",

> restos da legislação de um antigo povo conquistador, compilados por ordem de um príncipe que reinou há doze séculos em Constantinopla, mesclados depois com os usos lombardos e encadernados em volumes caóticos por intérpretes desconhecidos e sem fé pública.[4]

---

2 Beccaria, *Über Verbrechen und Strafen* (tradução da edição de 1776, com prefácio de Pietro Verri).

3 Verri, Vorwort. In: Beccaria, *Über Verbrechen und Strafen*, p.1 (grifos de Joas).

4 Beccaria, *Über Verbrechen und Strafen*, p.49.

A sacralidade da pessoa

Essas práticas bárbaras requerem uma iniciativa solitária e corajosa: "merecedor da gratidão da humanidade é o filósofo que, do recôndito do seu gabinete de estudos, teve a coragem de espalhar entre a massa as primeiras sementes, por longo tempo infrutíferas, das verdades úteis".[5] Ele se dirige com suas inferências a outros "sábios"[6] espalhados pelo mundo, mas ao mesmo tempo espera que "os grandes monarcas, os benfeitores da humanidade que nos governam, acolham de bom grado a verdade" se um filósofo a expuser "num tom enérgico e, ao mesmo tempo, despido de fanatismo"; ao fazer isso, ele dá valor à "exposição dos equívocos dessas leis num estilo que mantenha à distância a massa ignara e inquieta".[7] A esses antiquíssimos preconceitos e práticas bárbaras esse intelectual solitário, mas fixado em resultados, passa a contrapor uma concepção bastante clara. Essa concepção, todavia, não é apresentada, por sua vez, como obra inovadora de um pensador, mas como retorno aos princípios mais elementares, que na verdade já eram manifestos antes do início da história e que acabaram sendo ocultados pela história:

> Só depois de incorrer em milhares de erros [...] e exaurida pelo padecimento de males que medram até seus extremos, a humanidade conseguirá curar a desordem que a oprime e reconhecer as verdades mais palpáveis que, justamente por sua simplicidade, escapam ao senso comum.[8]

Ora, essas verdades mais palpáveis e esses princípios mais simples consistem em conceber as leis como "contratos entre pessoas livres" e explicitá-las sistematicamente a partir de um único ponto de vista, a saber, o de acarretar "a maior felicidade possível distribuída entre o maior número possível de pessoas".[9]

---

5 Ibid., p.56.
6 Ibid., p.132.
7 Ibid., p.49 et seq.
8 Ibid., p.55.
9 Ibid., p.56.

Esse ponto de partida permitirá, então, obter, mediante dedução rigorosamente lógica, todos os princípios para uma configuração adequada das leis e da justiça penal até em seus detalhes. Nesse caso, a origem das punições só poderá residir na quebra do contrato social que os indivíduos firmaram no passado para pôr um fim no estado natural de guerra permanente: ou seja, se um indivíduo quisesse voltar a reivindicar a sua liberdade natural, pré-social.

> Tinha-se por objetivo dispor de motivos sensíveis e suficientemente fortes para dissuadir o espírito despótico de todo ser humano de voltar a mergulhar as leis da sociedade no caos dos tempos antigos. Esses motivos sensíveis são as punições que foram impostas aos que quebram a lei.[10]

Dessa origem das punições resultam de imediato os limites da legitimidade de todo ato punitivo por parte do Estado: "Todas as punições que extrapolam a necessidade da preservação desse vínculo [isto é, do contrato social] são injustas por sua natureza".[11] Porém, o potencial dessa reflexão vai muito além da estipulação desses princípios universais; ela ocasiona uma espécie de previsibilidade matemática quanto a qual punição deve ser imputada para um determinado crime. Essa previsibilidade resulta do princípio de que os crimes deverão ser tanto mais raros,

> quanto maior for o mal que infligem à sociedade. Por conseguinte, os obstáculos que dissuadem as pessoas dos crimes devem ser tanto mais fortes quanto maior for o perigo representado por um crime para o bem-estar público e quanto maior for a tentação que impele a ele. Deve haver, portanto, uma certa proporcionalidade entre crime e punição.[12]

Rejeita-se expressamente o critério de punibilidade que consistiria na intenção mais ou menos má do criminoso.

No entanto, o entusiasmo com que essa ideia é exposta deve-se, em parte considerável, à suposição de que seria possível quantificar

---

10 Ibid., p.58.
11 Ibid., p.61.
12 Ibid., p.68.

A sacralidade da pessoa

com precisão o prejuízo de um crime para a sociedade, assim como o efeito de uma punição sobre o criminoso. O intelectual iluminista Beccaria usa esse entusiasmo para chegar a ponderações realmente perspicazes. Ele constata que o efeito intimidador das punições anunciadas não reside tanto na crueldade destas, mas antes em que "infalivelmente não deixarão de ser aplicadas"; que o efeito intimidador não está no tamanho absoluto de uma punição, mas em sua posição relativa no rol das punições, e que o endurecimento destas está sujeito a uma espécie de lei da utilidade marginal decrescente, isto é, que, segundo ele, com a crueldade crescente da execução penal, também

> o coração humano se endurece, visto que sempre se adapta como um fluido ao nível dos objetos que o cercam; e a força sempre viva das paixões faz com que, após um século de punição cruel, o suplício da roda não seja mais intimidador que em tempos passados a prisão.[13]

As passagens mais fascinantes da sua obra certamente são as referentes à tortura e à pena de morte. Do seu ponto de vista, a tortura só pode aparecer como um modo inconcebivelmente ilógico de buscar a verdade. Como pode haver quem se esquive de compreender que a tortura não pode ser um modo de investigar a verdade, mas apenas um teste da capacidade de resistência do suspeito? "Ela é um meio seguro de inocentar criminosos fortes e condenar inocentes fracos".[14]

> O resultado da tortura é, portanto, uma questão de temperamento, estando sujeito a um cálculo que deve ser diferente para cada pessoa, conforme sua capacidade de resistência e sensibilidade, de modo que, nesse procedimento, um matemático estaria mais apto que um juiz a responder a questão a ser formulada como segue: dadas a força muscular e a sensibilidade de um inocente, estipula-se o nível de intensidade da dor que o levará a confessar um determinado crime.[15]

---

13 Ibid., p.121.
14 Ibid., p.92 et seq.
15 Ibid., p.97.

O problema da pena de morte é relativamente fácil de resolver diante dos pressupostos mencionados. Com efeito, se as punições têm de ser fundamentadas com base no modelo do contrato social, de antemão é implausível supor que qualquer indivíduo, ao firmar esse contrato, ocasião em que sacrificou só a ínfima parcela "de sua liberdade privada",[16] pudesse ter dado aos demais a autorização para matá-lo. Beccaria também pergunta como é possível que uma sociedade que admite a pena de morte, não obstante proíba (como era usual no seu tempo) sob ameaça de punição a tentativa de suicídio. Se o indivíduo tivesse tido a possibilidade de ceder a outros o direito de matá-lo, ele deveria antes disso dispor do direito de matar a si próprio. Segundo essa lógica, a pena de morte jamais pode ser justa. Ela é, muito antes, "guerra da nação contra um cidadão, por considerar a aniquilação da existência deste como necessária ou proveitosa".[17] O autor então parte para uma extensa argumentação com o objetivo de demonstrar "que a morte não é proveitosa nem necessária". Ele só concede duas exceções: matar um cidadão que aspira a "uma transformação perigosa da forma de governo vigente" e que, mesmo privado da liberdade, ainda seja capaz de ser bem--sucedido; e matar um cidadão, cuja "morte constitui o único freio justo para demover os demais de cometerem o crime".[18] Em suma, tem-se como resultado uma filosofia da punição com a exigência de que esta seja "pública, célere, necessária, a mais branda possível sob as circunstâncias dadas, adequada ao crime e prescrita pela lei".[19]

O que foi contado até aqui certamente é uma bela história, reconfortante em muitos aspectos. Mas será que ela não é bela demais para ser verdade? Dentre as muitas objeções possíveis contra ela, sejam mencionadas apenas três. Em primeiro lugar, é de se perguntar se a afirmação do efeito revolucionário desse livro único

---

16 Ibid., p.123.
17 Ibid.
18 Ibid., p.124.
19 Ibid., p.177.

A sacralidade da pessoa

realmente pode ser confirmada historicamente. Dúvidas a respeito disso podem encontrar suporte já no texto do próprio livro, visto que ele faz referência à abolição da tortura na Suécia em 1734 e na Prússia, por Frederico II, logo após a sua entronização no ano de 1740, ou seja, ambos os casos décadas antes do escrito de Beccaria, que é de 1764. Também na França, os assim chamados *parlements* (tribunais de apelação) já haviam restringido gradativamente a tortura desde meados do século XVIII.[20] O que se quer com isso não é contestar do início ao fim o importante papel desse escrito, mas corrigir a sequência dos acontecimentos. Sendo assim, essa correção chama a atenção para o fato de que o escrito de Beccaria certamente não foi como que um raio iluminista saído do nada, mas poderia ter sido, antes, ele próprio, expressão de um processo de mais profunda transformação radical. O próprio Beccaria especula sobre as condições sob as quais as mudanças por ele exigidas podem se tornar possíveis. Ele acredita que a longa vivência em sociedade terá um efeito atenuador global sobre os costumes. De acordo com isso, no período imediatamente posterior ao estabelecimento do contrato social, seria preciso contar com caracteres duros e selvagens:

> Contudo, à medida que, no estado de sociedade, os espíritos forem perdendo a sua dureza, aumentará a sensibilidade e, junto com ela, deve ser minorada a força da punição, caso se queira preservar a proporção entre o objeto e sua sensação.[21]

A expressão que ele usa para o aspecto característico desse processo não é a humanização do ato punitivo, mas a "sensibilidade" [*sensibilità*] aguçada. Ele cita duas causas que levam a esse forte aumento da sensibilidade no fim do século XVII e no século XVIII. A primeira causa seria o crescente estado de bem-estar; segundo o autor, do "luxo e do refinamento" provêm "a mais indulgente das

---

20 Uma exposição desse processo que se coaduna de modo excelente com a minha argumentação encontra-se em Hunt, *Inventing Human Rights*, p.70-112.
21 Beccaria, *Über Verbrechen und Strafen*, p.177.

virtudes, o espírito humanitário, a caridade e a tolerância para o erro humano". Beccaria polemiza diretamente contra a concepção de que a sua própria época seria um período de decadência em relação ao passado; ele vê este determinado pela superstição, ganância e opressão. Ele vislumbra a outra causa da melhoria dos costumes e da diminuição do crime na tipografia. Para ele, o conhecimento das leis é uma das razões essenciais para deixar de cometer crimes.

Uma segunda objeção contra a autocompreensão iluminista reside no notório contraste entre a formulação estritamente lógica de sua própria filosofia do ato punitivo e a total incapacidade de o autor vislumbrar nas práticas e nos modos de pensar por ele combatidos algo diferente de resíduos caóticos, ilógicos e supersticiosos do passado bárbaro. A cada passo deparamo-nos, em sua obra, com essa incompreensão. Assim, ele crê estar "fundado na natureza humana"[22] que o homicídio deva ser concebido como o pior de todos os crimes, sem atentar para o fato de que a história do direito de modo algum confirma isso; sacrilégio, heresia e blasfêmia com frequência tiveram peso maior que o homicídio de um ser humano "profano". Ele não tem qualquer tipo de acesso a conceitos como dignidade e honra no contexto do direito penal.[23] A proibição do suicídio lhe parece um absurdo; na seção correspondente, ele concede mais espaço à questão se a emigração poderia ser punida, e isto não deixa de ser coerente em seu quadro de referência, visto que ele assume o seguinte: "Quem mata a si mesmo, causa um prejuízo menor para a sociedade do que quem deixa para sempre o seu território, pois aquele deixa para trás todo o seu patrimônio, mas este leva consigo uma parte de seus bens".[24] O teor da acusação é, portanto, que Beccaria era incapaz inclusive de entender a lógica especificamente diferente do sistema penal a ser superado.

---

22 Ibid., p.139.
23 Ibid., p.73.
24 Ibid., p.145.

A sacralidade da pessoa

E, por fim, é de se perguntar se tem como ser satisfatória a argumentação contra a pena de morte que se baseia na inutilidade desta. Pois, se, ainda assim, fosse possível comprovar a utilidade de matar alguém em casos individuais, a pena de morte ou de modo geral o ato de tirar uma vida "inútil", "sem valor para a vida" – no tom terrível do "Terceiro Reich" – seria legítima? Nesse ponto, toca--se em problemas extremamente atuais. Deparamo-nos com o fato de que a filosofia "utilitarista", construída sobre o proveito do ato punitivo, não é capaz de expressar a intuição moral de que algo – por exemplo, a vida humana – deve ser *categoricamente* protegido. Porém, se não consegue fazer isso, ela precisa se impor contra essa intuição ou a intuição conseguirá sustentar uma visão mais adequada.

Ao lado da narrativa heroica que versa sobre um intelectual iluminista, há ainda a de um regente esclarecido, na conta do qual pode ser creditada a abolição da tortura em toda a Europa no século XVIII. O déspota que, via de regra, é nominado nesse contexto é o rei prussiano Frederico II; a razão disso reside em que um dos seus primeiros atos oficiais, imediatamente após a sua entronização, foi uma ordem de gabinete, expedida no dia 3 de junho de 1740, com a disposição de "eliminar totalmente a tortura nas inquirições".[25] Esses dois tipos de narrativa heroica coincidiriam se pudesse ser comprovada a influência de um intelectual sobre esse regente ou se esse regente pudesse ser concebido como uma espécie de intelectual no trono.

Porém, também nesse caso, os fatos atravancam gravemente o caminho de uma narrativa heroica iluminista. A passagem seguin-

---

25 O texto é citado aqui de acordo com Schmoeckel, *Humanität und Staatsraison. Die Abschaffung der Folter in Europa und die Entwicklung des gemeinen Strafprozeß- und Beweisrechts seit dem hohen Mittelalter*, p.19. Esse livro se propõe a analisar, de modo metodologicamente imponente, esse acontecimento único de modo abrangente quanto a suas causas, seus efeitos e seus paralelos. Ele não se enquadra no gênero da epopeia heroica. Schmoeckel também trata extensamente do desenvolvimento do direito do processo penal e de seus problemas internos, aspecto que omitirei aqui. Ele foi precedido, na literatura em língua inglesa, por diversos autores, antes de tudo por Langbein, *Torture and the Law of Proof*.

te da ordem de gabinete já formula exceções, nas quais a tortura poderia continuar a ser aplicada: em crimes de lesa-majestade e traição à pátria, em casos de assassinato que vitimaram várias pessoas ou quando se tratar de descobrir a cumplicidade entre vários delinquentes.

Portanto, não só se deve falar de uma mera limitação da tortura, em vez de falar de sua eliminação, mas, além disso, era vontade expressa de Frederico que a ordem permanecesse secreta! A vantagem que ele esperava obter com isso é que o efeito dissuasivo ficasse preservado. Mas, então, a quem foi dada ciência da ordem? O destinatário direto foi o chanceler-mor, que reagiu com ceticismo à ordem e logo sugeriu outras exceções, como infanticídio, sodomia e até roubo, caso o ladrão não disponibilizasse a coisa roubada.[26] Por fim, os tribunais, para os quais o chanceler-mor encaminhou a ordem, exigiram a inclusão de novas exceções. Há até mesmo ordens reais de anos posteriores nas quais Frederico não renuncia ao seu antagonismo fundamental contra a tortura, mas de fato a permite em certos casos. E todos esses enunciados ainda nem dizem respeito às práticas da justiça penal, que, na Prússia e em outros lugares, se mostraram resistentes a tais tendências reformistas.

A abolição da tortura não resultou, portanto, de um ato isolado na Prússia, mas avançou nos mais diversos países europeus no século XVIII de tal modo que, em torno de 1830, ela não podia mais ser aceita como fundamentalmente legítima em lugar nenhum. As objeções intelectuais contra a tortura, formuladas por Beccaria, já têm, cada uma, uma longa história.[27] Por essa via, é possível reconstituir, no caso de cada pensador individual do Iluminismo e de cada regente que se voltou contra a tortura, as histórias da influência sofrida, isto é, averiguar qual a parcela de participação dos motivos cristãos

---

26 Schmoeckel, *Humanität und Staatsraison. Die Abschaffung der Folter in Europa und die Entwicklung des gemeinen Strafprozeß- und Beweisrechts seit dem hohen Mittelalter*, p.24 et seq.

27 Ibid., p.89 et seq.

A sacralidade da pessoa

ou dos motivos seculares. Houve ambos; sobre ambos há uma história das ideias crítica à tortura. Mas isso quer dizer também que não foi simplesmente o "Iluminismo" que descobriu esses argumentos e que fez que eles se impusessem. Por essa razão, vários historiadores chegam ao ponto de designar os intelectuais iluministas, de modo provocativo, de "epígonos" do discurso da tortura.[28] Segundo essa visão, o sucesso dos seus escritos se deve a que os leitores de fato já estavam persuadidos quando estes vieram a público. É mais provável que a exigência de abolição da tortura congregou os intelectuais iluministas e lhes prometeu um êxito realista, porque esse passo já estava sendo ventilado.[29] Portanto, as razões para a facilidade com que se deu o êxito devem residir em outra parte.

Mudança de forma do poder?

Há uma segunda história a ser contada, cujo contraste ao "mito do Iluminismo" não poderia ser maior. Ela se encontra no livro que, como nenhum outro, marcou os debates sobre o ato punitivo durante os últimos trinta anos. Na obra de Michel Foucault intitulada *Vigiar e punir: nascimento da prisão*,[30] de 1975, as modificações na justiça penal são descritas de uma maneira que poderia ser intitulada como "reorganização das técnicas do poder". Esse livro é tão conhecido que não precisa ser detalhadamente exposto. Ele começa com a descrição perturbadora, para não dizer nauseante, da brutal

---

28 Ibid., p.178; Langbein, *Torture and the Law of Proof*, p.63. Langbein (p.11) inclusive chega a ironizar a tese das influências iluministas, chamando-as de *"fairy tale"* [conto de fadas].

29 Schmoeckel, *Humanität und Staatsraison. Die Abschaffung der Folter in Europa und die Entwicklung des gemeinen Strafprozeß- und Beweisrechts seit dem hohen Mittelalter*, p.79. Acho maravilhosa a menção (p.480) a que, no ano de 1781, os carrascos de Paris se queixaram de uma epidemia da *"sensibilité"*.

30 Foucault, *Überwachen und Strafen. Die Geburt des Gefängnisses*. Os números de páginas a seguir se referem a essa tradução. [Ed. original: *Surveiller et punir. Naissance de la prison*. Paris, Gallimard, 1975.]

tortura e execução públicas do criminoso Damiens, que havia empreendido um atentado contra a vida do rei, no ano de 1757, em Paris. Essa descrição constitui o pano de fundo para a análise que visa mostrar como historicamente o corpo passou para o segundo plano como alvo da punição e, em seu lugar, o "comportamento" e o "espírito" do condenado passaram a ser os pontos de ataque. Em virtude disso, a pena de morte foi se tornando cada vez mais rara e depois deixou de ser aplicada publicamente; o reverso disso seria a tentativa de disciplinar o prisioneiro individual, atormentá-lo, domar-lhe o corpo e o espírito. O signo dessa nova compreensão de punição seria, então, o nascimento da prisão moderna. Cárceres e masmorras já existiam há muito tempo, mas as novas prisões foram construídas arquitetônica e organizacionalmente de modo a possibilitar a vigilância total dos presos, ou ao menos os presos deveriam ter essa impressão. Foucault descreveu também isso valendo-se de uma figura literariamente marcante, ao declarar como suprassumo do sistema penal moderno o assim chamado "panóptico", isto é, um plano de 1836 para uma prisão, na qual as celas estão dispostas em círculo e todas elas podem ser visualizadas a partir do ponto central em que se encontra o vigia. Isso tinha de lhe parecer plausível, visto que o inventor do panóptico, Jeremy Bentham, de fato foi um reformador penal e um filósofo de pensamento bem mais "utilitarista" que o de Beccaria. Segundo Foucault, no novo sistema penal, não se trata mais da destruição do corpo, mas de fato da efetivação e intensificação do controle e do poder sobre corpo e espírito. Para o filósofo francês (e muitos dos seus leitores), ademais, a gênese da prisão moderna é apenas um elemento num arcabouço abrangente das modernas técnicas de poder e disciplina; a disciplina rigorosa a que são submetidos os soldados e os trabalhadores da indústria faz parte desse conjunto. Assim sendo, as reformas fundamentais da justiça penal não são interpretadas como progresso no sentido de alguma espécie de humanização, mas em termos nietzschianos como mera mudança de forma do poder, o qual perderia seu lugar social

A sacralidade da pessoa

identificável, tornando-se cada vez mais silencioso e inaparente, mas em compensação, tanto mais onipresente.

A história que Foucault conta foi e é tida por muitos leitores como guia confiável para o saber positivo sobre o desenvolvimento da justiça penal. Isso é surpreendente, já que Foucault nunca fez segredo de seu distanciamento da historiografia de ofício e até do desprezo que nutre por ela e seus métodos. Essa postura dos leitores também é perigosa, visto que o juízo da disciplina histórica sobre muitos detalhes de sua exposição foi nada menos que demolidora.[31] Não levaremos esses detalhes em conta aqui. O ponto central é – como foi no "mito do Iluminismo" – a questão referente a quais são as grandes objeções a serem levantadas contra a construção de Foucault.

As primeiras duas objeções levantadas contra o "mito do Iluminismo" com certeza não atingem Foucault. Seguramente não se pode acusá-lo de superestimar a influência de intelectuais individuais, nem de mostrar desinteresse pela lógica interna do sistema penal pré-iluminista. No que se refere à primeira objeção, Foucault incorre antes no extremo oposto: ele acomoda todas as análises individuais num suposto processo de disciplinamento social, mas praticamente não nomeia atores que estejam impulsionando esse processo, que o justifiquem com ideias ou mesmo que lhe ofereçam resistência. Isso leva a uma total superestimação da efetividade real do poder e do controle. Nem a indústria, nem os militares, nem a prisão evidenciaram realmente o quadro que Foucault pintou deles. Em contrapartida, a lógica interna da tortura e do suplício é reconstruída por Foucault com detalhes e com grande sensibilidade. Para ele, a tortura é um duelo que obedece a regras rigorosas; o suplício, por sua vez, está relacionado, de modo simbólico, com o crime que

---

31 Representando muitos outros, ver Léonard, L'historien et le philosophe, *Annales historiques de la révolution française*, p.163-81. Devo numerosas indicações bibliográficas sobre a recepção de Foucault pela ciência histórica a Martin Saar. A visão geral mais detalhada sobre as objeções históricas é proporcionada por Garland, *Punishment and Modern Society. A Study in Social Theory*, principalmente p.157-76.

foi confessado. Além disso, na era do absolutismo, o "festival de punições" serve para manifestar o poder despótico:

> É um cerimonial para reconstituir a soberania lesada por um instante. Ele a restaura, fazendo arder uma fogueira ao seu poder. [...] Sua finalidade é menos de estabelecer um equilíbrio que de explorar até o extremo a dissimetria entre o súdito que ousou violar a lei e o soberano todo-poderoso que a faz vigorar.[32]

Para Foucault, portanto, o suplício no século XVIII de modo algum é, como foi para Beccaria, apenas um resíduo de épocas bárbaras, mas componente lógico de um sistema penal, "no qual o soberano, direta ou indiretamente, faz a acusação, dá a sentença e providencia a execução das punições",[33] no qual, em cada violação, está embutido um *crimen majestatis* [crime de lesa-majestade]. Foucault também reconstrói o novo sistema penal como um sistema lógico em si. Em distinção à narrativa iluminista, ele continua diferenciando a fase de reforma da normalização da pena de prisão que vem logo depois. Ele deriva essa rápida normalização de um processo já existente em outras áreas da sociedade, um processo que já teria antecipado a criação das condições para o aperfeiçoamento do sistema de controle.

Quero abstrair aqui todas as objeções metodológicas contra Foucault[34] e abordar apenas duas problemáticas essenciais para o nosso contexto. Pode-se perguntar primeiramente se a sua concepção de um processo progressivo de disciplinamento não seria apenas totalmente exagerada (como já foi mencionado), mas até mesmo inapropriada para a apreensão de dimensões essenciais das reformas do direito penal dos séculos XVIII e XIX. Contrariamente aos estudos

---

32 Foucault, *Überwachen und Strafen. Die Geburt des Gefängnisses*, p.64 et seq.

33 Ibid., p.71.

34 Quanto ao aspecto teórico-social, há uma primorosa discussão em Honneth, *Kritik der Macht. Reflexionsstufen einer kritischen Gesellschaftstheorie*, p.196 et seq. Não entrarei aqui na questão se a obra tardia de Foucault representa uma autorrevisão da sua posição. Ao que eu saiba, Foucault não chegou a fazer uma autocrítica no tocante à sua exposição da história da justiça penal.

A sacralidade da pessoa

de Foucault sobre a história da "loucura", foi proposta – por Marcel Gauchet, entre outras coisas – uma mudança radical de perspectiva.[35] Para Foucault, o louco foi tolerado, por exemplo, na Idade Média, como parte normal da criação e só na "Era da Razão" foi excluído da vida e trancafiado em "instituições totais". Porém, essa interpretação repousa sobre uma falácia fatal. A saber, a suposta tolerância para com o louco se baseava num distanciamento radical em relação a ele; ele foi percebido como um ente fundamentalmente diferente, que ocupa o seu próprio lugar no cosmo ricamente diferenciado, mas que justamente não é um ser humano no sentido pleno. Nessa imagem de mundo, o louco precisamente não é um ser humano como você e eu, mas como que pertencente a um outro gênero. No absolutismo, então, gradativamente tem início – de acordo com essa visão que diverge de Foucault – um nivelamento de todos os cidadãos na condição de súditos de um único soberano, mas nunca de modo totalmente coerente. Por essa razão, o asilo representa – por paradoxal que possa soar – um primeiro passo ainda incoerente rumo à integração do louco no gênero humano uno. O aspecto decisivo nesse caso não é o disciplinamento, mas a inclusão; o disciplinamento é apenas uma tentativa insuficiente visando possibilitar a inclusão. Essa reflexão pode ser transposta para o campo da justiça penal. Nesse caso, os reformadores do direito penal de orientação utilitarista-iluminista são uma expressão específica, em muitos aspectos unilateral, de um processo de inclusão e não tanto de um processo de disciplinamento. Beccaria declara que o criminoso é um ser humano antes e depois do delito; para ele, não se trata então de um ser de natureza diferente, e não há nenhuma possibilidade de simplesmente desligarmos a nossa compaixão por ele em vista da punição.

A segunda objeção resulta de um ponto em que Foucault indubitavelmente tem razão contra o mito do Iluminismo. Ele escreve

---

35 Gauchet, A la recherche d'une autre histoire de la folie, p.ix-lviii.

com a clara consciência de que as esperanças dos iluministas quanto a uma reeducação dos delinquentes (mais tarde, também, quanto a terapia destes) não se cumpriram – certamente ele quis dizer que não se cumpriram na proporção imaginada. O sistema penal reformado inequivocamente não produziu os efeitos esperados. O discurso sobre o ato punitivo passa, desde então, por conjunturas cambiantes: o fracasso das tentativas de reeducação pode levar à intensificação da punição ou à resignação e, de mãos dadas com ela, a uma ênfase renovada na repressão. De fato, superestimou-se, no passado mais recente, a possibilidade de tratamento terapêutico de determinadas categorias de autores de crimes sexuais, ao menos no estado atual das terapias, de modo que não surpreende o contragolpe da opinião pública indignada. Nesse caso, é preciso tomar como ponto de partida uma trágica ponderação de interesses conflitivos, de uma tensão indissolúvel entre repressão e prevenção, bem como as mais diferentes soluções de compromisso entre ambas. Nesse processo, esses dois objetivos também podem se desacreditar reciprocamente. É possível ler o livro de Foucault como expressão desse dilema. O sociólogo francês Jacques Donzelot[36] escreve o seguinte:

> No momento em que a repressão começou a se sentir infame e a prevenção parecia não passar de uma forma avançada de repressão, Foucault disse que o rei está nu, que o reformismo da moderna filosofia do direito penal seria apenas a máscara enganadora de uma nova arte do controle social e que, em sua pretensão de antes prevenir que oprimir, nada teria feito além de ampliar a vigilância sobre todos e cada um.[37]

Entretanto, Foucault não aponta nenhum caminho para sair desse dilema. De certo modo, ele empreende uma fuga para frente, para uma radicalização obscura. A perspectiva de humanização da execução penal, a ser alcançada algum dia, é anulada; em vez disso, o

---

36 Cf. Donzelot, Die Mißgeschicke der Theorie. Über Michel Foucaults "Überwachen und Strafen", p.140-58.

37 Ibid., p.148.

direito do Estado ou da sociedade de impor punições é questionado de modo aporético.[38]

A sacralização da pessoa

Dessas perguntas e objeções em relação a Foucault e à autocompreensão iluminista resultam pelo menos as *desiderata* de uma interpretação alternativa às duas narrativas. Tomemos como ponto de partida a ideia de que a chave para a compreensão das mudanças ocorridas no século XVIII tenha sido antes a inclusão que o disciplinamento. Com isso, pretende-se designar a inclusão no conceito de ser humano também daqueles que ainda não figuravam obviamente nesse conceito, como os criminosos ou os escravos. Acrescentemos a isso também o fato de que, em contraposição às concepções dos iluministas, de modo algum é natural ver o homicídio como o mais grave dos crimes; na história do direito penal, o crime mais grave geralmente era o que se voltava contra o núcleo sagrado de um sistema comunitário, de modo que é mais plausível remontar as mudanças no direito penal a mudanças na compreensão do sagrado. Por essa razão, a interpretação alternativa a ser proposta traz por título "A sacralização da pessoa". Nessa perspectiva, as reformas do direito e da práxis penais, assim como, por exemplo, a gênese dos direitos humanos no final do século XVIII, são expressões de um deslocamento cultural de grande alcance, mediante o qual a própria pessoa humana se transforma em objeto sagrado. O primeiro a pensar essa ideia foi o grande sociólogo francês Émile Durkheim.[39] Em meio ao alvoroço do escândalo

---

38 Partindo de Durkheim, via Jeffrey Alexander, Philip Smith elaborou, de um modo bem mais extenso do que me é possível fazer aqui, uma alternativa a Foucault tanto para a história da justiça penal como para a da disciplina militar: ver Smith, *Punishment and Culture*; Id., Meaning and Military Power: Moving on from Foucault, *Journal of Power*, p.275-93.

39 Durkheim, Der Individualismus und die Intellektuellen [1898], p.54-70. [Texto original: L'individualisme et les intellectuels, *Revue bleue*, 4e série, t. X, 1898,

Hans Joas

Dreyfus, em 1898, ele escreveu as seguintes sentenças, que contêm a expressão contundente da ideia básica de uma argumentação segundo a qual a crença nos direitos humanos e na dignidade humana universal deveria ser concebida como a "religião da Era Moderna":[40]

> Essa pessoa humana, cuja definição é como a pedra de toque a partir da qual o bem deve se distinguir do mal, é considerada como sagrada, como se diz, no sentido ritual da palavra. Ela tem algo dessa majestade transcendente que as igrejas de todos os tempos emprestam aos seus deuses; é concebida como investida dessa propriedade misteriosa que produz um vazio em volta das coisas santas, que as subtrai aos contatos vulgares e as retira da circulação comum. E é precisamente daí que vem o respeito da qual se faz objeto. Quem quer que atente contra a vida de um ser humano [...], à honra de um ser humano, nos inspira um sentimento de horror, em tudo análogo àquele sentido pelo crente que vê profanarem seu ídolo.[41]

---

p.7-13, disponível em http://classiques.uqac.ca//classiques/Durkheim_emile/sc_soc_et_action/texte_3_10/individualisme.html. Trad. bras.: O individualismo e os intelectuais, *Revista de Direito do Cesusc*, n. 2, jan./2007, p.299-311, disponível em: http://virtual.cesusc.edu.br/portal/externo/ revistas/index.php/direito/article/viewFile/98/88.] Cf. sobre isso Joas, Der Glaube an die Menschenwürde als Religion der Moderne?, p.151-68. Recorro aqui a formulações desse texto. Dentre a bibliografia secundária sobre essa ideia na obra de Durkheim, vale mencionar especialmente Bellah, Introduction, p.i-lv; Marske, Durkheim's "Cult of the Individual" and the Moral Reconstitution of Society, *Sociological Theory*, p.1-14; Tole, Durkheim on Religion and Moral Community in Modernity, *Sociological Inquiry*, p.1-29; Thomas, *Implizite Religion. Theoriegeschichtliche und theoretische Untersuchungen zum Problem ihrer Identifikation*, principalmente p.168 et seq.

40 Sobre as circunstâncias em que surgiu o texto de Durkheim, cf. a exposição detalhadíssima no capítulo correspondente da abrangente biografia de Fournier, *Émile Durkheim (1858-1917)*, p.365-90. Os trabalhos de Pierre Birnbaum demonstram que Durkheim, a despeito de toda a orientação universalista de sua argumentação, não deixava de articular também a preocupação especificamente judaica. O caso Dreyfus foi para ele, como judeu favorável à assimilação, um choque que marcou sua biografia. Cf. Birnbaum, *Géographie de l'espoir. L'exil, les Lumières, la désassimilation*, p.85-123 (o capítulo traz o seguinte título, digno de nota: "Émile David Durkheim. La mémoire de Massada"). Do próprio Durkheim cf. Antisémitisme et crise sociale, p.252-4 (originalmente publicado em 1899, em Dagan, *Enquête sur l'antisémitisme*, p.59-63).

41 Durkheim, Der Individualismus und die Intellektuellen [1898], p.56-7.

A sacralidade da pessoa

Durkheim inicia a sua argumentação visando demonstrar a "sacralidade" do indivíduo na Era Moderna com a constatação de uma profunda ambiguidade no conceito de "individualismo". Isso lhe parece necessário porque os *"anti-dreyfusards"* acusam de individualismo todos aqueles que, por causa dos direitos de um indivíduo, estão dispostos a correr o risco de um enfraquecimento da autoridade do exército e "obstinadamente se recusam a curvar sua lógica à palavra de um general do exército";[42] ademais, eles designam esse individualismo, ao mesmo tempo, de dissolução de toda a ordem e da comunidade social e, desse modo, de "a grande enfermidade da nossa época". Para Durkheim, de fato há um individualismo destrutivo, anarquista, que pode ser encontrado onde os indivíduos não são guiados por nenhum propósito mais elevado que a obtenção de seu próprio prazer egoísta ou de seu próprio proveito econômico. Nesse ponto, ele não permite que ninguém o supere na crítica. Porém, ao mesmo tempo, é totalmente inaceitável para ele equiparar, de qualquer modo, esse individualismo com a filosofia moral de Kant ou de Rousseau ou com o individualismo "formulado de modo mais ou menos bem-sucedido na declaração dos direitos humanos".[43] Esse segundo individualismo seria, em muitos aspectos, o oposto direto do primeiro, na medida em que nele o interesse meramente pessoal é encarado com grande ceticismo e – por exemplo, em Kant – tendencialmente mais como fonte do mal. Nesse sentido, o individualismo não teria qualquer semelhança com um "culto egoísta do eu", com uma "apoteose do bem-estar e do interesse privados".[44] Os individualistas nesse segundo sentido não se entregam aos impulsos embutidos em sua natureza, mas se orientam por um ideal exigente – a saber, agir de tal modo que todas as pessoas possam concordar com a sua ação ou então de tal modo que a máxima do seu agir possa ser universalizada.

---

42 Ibid., p.54.
43 Ibid., p.55.
44 Ibid., p.56.

Hans Joas

Durkheim fala da santidade, da sacralidade da pessoa. Para justificar essa terminologia, ele não faz referência a Kant, mas poderia ter feito, visto que, na *Fundamentação da metafísica dos costumes*, Kant fala de "santidade" justamente no mesmo lugar em que desenvolve o conceito da "dignidade". Para Kant, "dignidade" é tudo aquilo que não tem e nem pode ter preço, mas "que se acha acima de todo preço, e por isso não permite qualquer equivalência".[45] Sendo assim, esse modo de pensar a partir da dignidade "nem pode se pôr em confronto nem em cálculo comparativo" com um preço "sem de um modo ou de outro ferir a sua santidade".[46] Mas o que nessa passagem de Kant refulge talvez apenas momentaneamente como intuição conceitual, não se tornando em todo caso objeto de uma justificação expressa, em Durkheim se converte num ponto de conexão de sua teoria da religião, que ele vai desdobrando cada vez mais, com a ideia de ver a pessoa mesma como objeto sagrado das sociedades modernas. Ainda retornaremos ao significado exato disso.

Em termos conceituais, é preciso fazer de imediato dois esclarecimentos. O próprio Durkheim fala alternadamente da sacralidade do indivíduo e da sacralidade da pessoa, como se os dois conceitos fossem intercambiáveis.[47] Se o conceito de indivíduo de fato estiver protegido do mal-entendido utilitarista-egoísta, nada há de problemático nisso. Nesse caso, um culto ao indivíduo em função do indivíduo poderia ser interpretado por Durkheim como forma decadente e supersticiosa do verdadeiro individualismo. De minha parte, falo da sacralidade da pessoa[48] e não do indivíduo para ga-

---

45 Kant, Grundlegung zur Metaphysik der Sitten [1785], p.68.

46 Ibid., p.69.

47 Uma análise detalhada sobre o conceito de pessoa foi feita no capítulo 5 deste livro. Sobre a terminologia em Durkheim e em seu mestre filosófico Charles Renouvier, o qual publicou em 1903 um livro com o título *Le personnalisme*, cf. Filloux, Personne et sacré chez Durkheim, *Archives de sciences sociales des religions*, p.41-53.

48 Além de Durkheim, onde mais se encontra propriamente o conceito de "sacralidade da pessoa" em escritos teológicos, sociológicos ou da história das religiões? Não posso pretender apresentar aqui o resultado da pesquisa sobre a história do

A sacralidade da pessoa

rantir sem ambiguidades que a crença na dignidade irredutível de
cada ser humano, circunscrita com essa expressão, não seja imedia-

conceito. Encontrei o discurso mais explícito sobre a *"sacredness of the person"* no
teólogo congregacionalista norte-americano Henry Churchill King (1858-1934),
cujo pensamento tinha no seu centro a ideia da personalidade moral e, antes de
tudo, da representação de Cristo como uma revelação pessoal de Deus (portanto,
não no sentido da participação em alguma substância divina). Porém, ele também
afirmou expressamente que uma compreensão crescente do valor e da sacralidade
da pessoa poderia ser designada como "a característica moral mais notável da
nossa época"; para ilustrar isso, ele remeteu sobretudo à compreensão crescente
sobre os direitos da criança, os quais não poderiam ser violados nem pelos pais.
Cf. King, *Theology and the Social Consciousness. A Study of the Relations of the Social
Consciousness to Theology*, principalmente p.16 et seq., p.179 et seq. Sobre a teologia
de King, bem como a influência de Hermann Lotze e Albrecht Ritschl sobre ele,
cf. Rohls, *Protestantische Theologie der Neuzeit*, v.2, p.53. Uma conexão direta com
Durkheim estabelece Marcel Mauss em seu ensaio sobre o conceito de pessoa, no
qual ele fala da "santidade da pessoa humana" (cf. Mauss, Der Begriff der Person
[1938], v.2, p.252). William James falou ocasionalmente, e em conexão com a sua
concepção da perspectividade necessária do conhecimento, do "conhecido respeito
democrático pela sacralidade da individualidade" (James, *Talks to Teachers on Psychology; and to Students on Some of Life's Ideals*, p.v). No ano de 1945, quando o jurista
inglês Hersh Lauterpacht publicou, com o apoio do American Jewish Congress,
uma Declaração dos Direitos Humanos, o preâmbulo da mesma conteve esta formulação: *"Whereas the sanctity of human personality and its right and duty to develop
in Freedom to all attainable perfections must be protected by the universal law of mankind
through international enactment, supervision and enforcement..."* [Ao passo que a *santidade
da personalidade humana* e seu direito e dever de se desenvolver em Liberdade onde
puder alcançar a perfeição deve ser protegida pela lei universal do gênero humano
mediante a ratificação, supervisão e aplicação internacionais...] (Lauterpacht, *An
International Bill of the Rights of Man*, p.vii apud Vögele, *Menschenwürde zwischen Recht
und Theologie. Begründungen von Menschenrechten in der Perspektive öffentlicher Theologie*,
p.218). O bispo anglicano de Chichester, George Bell, que desempenhou um papel
importante nas discussões sobre os direitos humanos, falou (1949) da *"sacredness
of the human personality"* [sacralidade da personalidade humana] (cf. Moyn, Personalismus, Gemeinschaft und die Ursprünge der Menschenrechte, p.75). Também
Martin Luther King fala da santidade da pessoa humana (Luther King, The Ethical
Demands of Integration [1962], p.118 et seq.). Durante o curso superior, Luther
King havia entrado em contato com o personalismo teológico – no caso dele, por
meio de Edgar S. Brightman. Cf. Branch, *Parting the Waters. America in the King Years
1954-63*, p.90 et seq.

83

tamente confundida com uma autossacralização inescrupulosamente egocêntrica do indivíduo e, desse modo, com uma incapacidade narcisista de livrar-se da autorrefencialidade. O conceito de pessoa – em distinção ao conceito de indivíduo – possui a vantagem adicional de não poder ser entendido como antônimo de sociedade (ou comunidade). Nele está embutido, muito antes, uma referência à socialidade necessária do indivíduo e a um tipo específico da vida social, do qual a personalidade de cada indivíduo é constitutiva.[49]

Durkheim, portanto, articula a crença nos direitos humanos e na dignidade humana como expressão de um processo de sacralização da pessoa. Nesse sentido, é compreensível e acertado que ele atribua à pessoa a mesma aura que é própria das coisas sagradas. Mas ao mesmo tempo ele extrapola esse ponto de modo característico ao designar a moral dos direitos humanos como religião "em que o ser humano é ao mesmo tempo crente e deus". Ao demonstrar a fecundidade da ideia da sacralidade da pessoa, ele de modo algum mostrou que o ser humano também seria a fonte de sua própria santidade. Nesse ponto, o ateísmo programático de Durkheim, do filho de um rabino, vaza sem controle para dentro do duto de sua argumentação. Se quisermos tomar essa lacuna como indício, o seu ateísmo é dogmático. Durkheim não abre aqui a possibilidade de haver origens concorrentes da crença na sacralidade da pessoa, mas se fecha justamente contra a possível persistência de suportes religiosos para os direitos humanos.

No passo seguinte, Durkheim tenta mostrar que essa crença que, em conexão com Auguste Comte, ele chama de *"religion de l'humanité"*, ou seja, religião da humanidade, pode perfeitamente constituir-se numa crença capaz de integrar sociedades inteiras. Num livro anterior, ele próprio havia presumido que o "culto ao indivíduo" representaria uma anomalia entre as concepções de fé e

---

49 Isso é detectado com muita clareza por Bruno Karsenti em seus estudos que tomam Durkheim como ponto de partida, como já indica o título do seu livro: *La société en personnes. Études durkheimiennes*, por exemplo, na p.5.

A sacralidade da pessoa

de valor, visto que tal culto até "direciona a vontade de todos para um mesmo alvo", mas, não sendo esse alvo de cunho social, a gênese de um vínculo social autêntico não poderia ser bem-sucedida por essa via.[50] Agora não se fala mais desse ceticismo, visto que entrementes Durkheim reconheceu que, no caso desse individualismo corretamente entendido, não se trata da glorificação egocêntrica do próprio eu, mas da personalidade humana como tal. A mola propulsora dessa crença, correspondentemente, não é "o egoísmo, mas a simpatia por tudo que é humano, uma compaixão maior com todas as dores, com todas as tragédias humanas, um anseio mais ardente de combatê-las e mitigá-las, uma sede mais pungente de justiça".[51] Depois de rebater concisamente a objeção de que da liberdade das opiniões só poderia resultar a anarquia, valendo-se do exemplo das ciências para mostrar que o consenso e a autoridade racional são perfeitamente possíveis na condição de liberdade absoluta de pensamento, Durkheim dá mais um passo essencial adiante. Para ele, na sacralidade da pessoa não está presente apenas um possível sistema de crença com efeitos sociointegradores, mas o único sistema de crença que, dali por diante, "pode assegurar a unidade moral do país".[52] Com essa tese que de fato possui um alcance bem maior, Durkheim assume o ônus de provar duas coisas. Por um lado, ele precisa mostrar que as sociedades modernas possuem traços estruturais que fazem parecer funcionalmente imperativo implementar a integração social exatamente pela via do individualismo moral. Por outro, ele precisa explicitar como esse individualismo moral se comporta em relação às religiões tradicionais. No seu aporte ao debate sobre Dreyfus, as duas coisas, pela própria natureza do texto, só estão brevemente indicadas.

Mas, ainda assim, podemos divisar com muita clareza o rumo básico da argumentação. Percebe-se de imediato a aversão de

---

50 Durkheim, *Über soziale Arbeitsteilung* [1893], p.227 et seq.
51 Id., Der Individualismus und die Intellektuellen [1898], p.60.
52 Ibid., p.62.

Durkheim a quem conclama ao fortalecimento da religião apenas por sentir necessidade de harmonia social. Com efeito, ninguém consegue crer em termos religiosos apenas por considerar útil que os outros creiam.[53] Por mais que seja uma trivialidade sociológica dizer "que uma sociedade não pode ter coesão alguma se os seus membros não tiverem um certo elemento intelectual e moral em comum",[54] de nada adianta para a formação de tal elemento comum simplesmente exigir que este exista. Além disso, pode suceder que, sob novas condições, os antigos elementos comuns simplesmente não tenham mais os efeitos desejados, de modo que a exigência de retorno a uma coesão antiga geralmente constitui apenas a articulação de um problema, mas de modo algum a solução para ele. Para Durkheim, a solução só pode estar na sacralização da pessoa, porque só nesta o meio para a constituição da coesão social não está em contradição com as tendências socioestruturais que tornaram impossível a coesão até então vigente. Duas dessas tendências socioestruturais são nomeadas: uma extensão territorial maior das sociedades e uma divisão progressiva do trabalho. Quanto maior for uma sociedade em termos espaciais, tanto mais difícil seria implementar a uniformidade das tradições e práticas. Pode-se argumentar que isso fica sem efeito quando, de algum modo, é limitada a comunicação entre os habitantes das diferentes regiões de um país. Porém, quando essa comunicação e intercâmbio aumentam, as diferenças precisam de fato ser sistematicamente reprimidas, caso não se queira admiti-las. Mas se forem admissíveis, teremos muitas variantes e não uma cultura unitária. A crescente divisão do trabalho reforça essa tendência até mesmo no espaço exíguo. A especialização profissional, por exemplo, faz surgir diferentes saberes, posturas, perspectivas em relação ao mundo. A divisão do trabalho e a extensão territorial resultariam, assim, em condições sob as quais as

---

53 Mais extensamente sobre isso, cf. o ensaio que dá o título ao meu livro *Braucht der Mensch Religion?* [O ser humano precisa de religião?].

54 Durkheim, Der Individualismus und die Intellektuellen [1898], p.62.

A sacralidade da pessoa

pessoas cada vez menos poderiam se identificar umas com as outras mediante elementos comuns particulares. Por conseguinte, cada vez mais o único recurso do elemento comum passaria a ser a "ideia da pessoa humana" mesma, uma ideia "que se conserva imutável e impessoal na correnteza variável das opiniões individuais".[55] E qual a relação dessa ideia com o cristianismo? Durkheim pensa que essa ideia consiste numa articulação epocal de impulsos que originalmente teriam produzido o próprio cristianismo. Em contraposição às religiões das antigas cidades-Estado teria sido justamente

> o cristianismo que evidenciou a crença interior e a convicção pessoal do indivíduo como pressuposto essencial da piedade [...]. O centro da própria vida moral é deslocado, assim, de fora para dentro e o indivíduo alçado à condição de juiz soberano do seu próprio comportamento, sem precisar prestar contas a ninguém além de si mesmo e ao seu Deus.[56]

Diante disso, não há como superestimar o significado do cristianismo para os pressupostos culturais da gênese do individualismo moderno. Em suas obras, Durkheim se interessou por esses processos culturais em seus múltiplos aspectos, como, por exemplo, no que se refere ao conceito de alma no cristianismo e de sua continuidade em relação às representações da alma das religiões primitivas, no que se refere ao papel do cristianismo para a história das instituições educativas ocidentais e no que se refere à história do direito.[57] Na sua profissão de fé político-moral contundente de 1898, ele rejeita de modo correspondente toda e qualquer imputação de que estaria rompendo com a tradição cristã. Bem pelo contrário, ele apresenta o seu argumento em defesa dos direitos humanos como continuidade da tradição cristã. Porém, continuidade signi-

---

55 Ibid., p.63.
56 Ibid., p.64.
57 Id., *Die elementaren Formen des religiösen Lebens* [1912], p.327-69; Id., *Die Entwicklung der Pädagogik. Zur Geschichte und Soziologie des gelehrten Unterrichts in Frankreich*; Id., *Physik der Sitten und des Rechts. Vorlesungen zur Soziologie der Moral.*

fica aqui, ao mesmo tempo, superação. Nesse modo de ver as coisas, o cristianismo é um "individualismo limitado" que hoje deveria ser substituído por um "individualismo mais evoluído".[58] Assim, a crença nos direitos humanos não é acomodada no leito do cristianismo; a intenção é, muito antes, que ela tome o lugar da religião, à qual só se concede que ela tenha preparado o caminho para essa crença.

Porém, nesse ponto, torna-se inevitável perguntar se a ideia dos direitos humanos alguma vez poderá constituir uma religião no sentido pleno. A resposta a essa pergunta evidentemente depende do que se deve entender por religião. Definir "religião", entretanto, é uma tarefa desalentadora. A multiplicidade dos fenômenos visados por esse conceito escapa reiteradamente a uma apreensão conceitual limpa. Até mesmo Max Weber, que, juridicamente escolado, propôs em sua obra um sem-número de argutas definições conceituais, escapou pela tangente nesse caso.[59] Émile Durkheim, todavia, propôs em diversos trabalhos, principalmente em sua grande obra *As formas elementares da vida religiosa*, uma definição – entretanto, uma definição que não foi pensada para ser conclusiva, mas inaugural e orientadora.[60] Seu teor, como se sabe, é este: "Uma religião é um sistema comunitário de concepções de fé e de práticas referente a coisas sagradas, isto é, coisas segregadas e proibidas – concepções de fé e práticas que unem todos que aderem a elas na mesma comunidade moral chamada igreja".[61] Essa definição possui

---

58 Id., Der Individualismus und die Intellektuellen [1898], p.65.

59 "É impossível dar de início uma definição do que 'é' religião; ela poderia constar, quando muito, no final de uma discussão como a que segue" (Weber, *Religiöse Gemeinschaften*, p.1).

60 Quem acentua isso com razão é o teólogo Günter Thomas, cuja excelente interpretação da teoria da religião de Durkheim até agora não recebeu a atenção que merece. Cf. Thomas, *Implizite Religion. Theoriegeschichtliche und theoretische Untersuchungen zum Problem ihrer Identifikation*, p.135.

61 Não cito aqui a versão muito difundida da tradução alemã (Durkheim, *Die elementaren Formen des religiösen Lebens*, p.75), mas a tradução desse trecho mais

A sacralidade da pessoa

muitos aspectos que vale a pena discutir. Nesse ponto, ressalte-se tão somente que ela se volta contra a tendência de definir religiões pela via de alguma fé em Deus e pela via de uma diferenciação entre natural e sobrenatural. Os dois modos de definição seriam inapropriados justamente para os fenômenos do interesse especial de Durkheim, a saber, os do totemismo e das religiões "primitivas", como se dizia naquele tempo. Em vez disso, a referência a um elemento sagrado é deslocado para a posição decisiva. O perigo que advém disso é que o problema da definição apenas seja deslocado. Se até ali era preciso definir o que seria religião, dali por diante deveria ser aclarado o que constitui o "sagrado" que se presume presente em toda religião. Uma versão especialmente concisa de sua compreensão do sagrado encontra-se num artigo redigido pouco antes de sua morte.[62] Ali o sagrado é introduzido primeiramente como parte de um par de conceitos, cuja contraparte é o conceito de profano. Sem a referência ao seu oposto, nenhum dos dois pode ser entendido. Durkheim, porém, não era um estruturalista, para quem a diferença seria o único elemento constitutivo do significado. Prosseguindo em conformidade com isso e perguntando pelo caráter próprio do sagrado, descarta-se num primeiro momento a concepção de que ele tenha um valor mais elevado. Embora isso esteja presente nas formas superiores da religião, os amuletos e fetiches evidenciam que isso não é fundamental. Na maioria dos casos, as coisas sagradas se caracterizariam por serem protegidas e defendidas por proibições, ao passo que as coisas profanas estariam sujeitas às mesmas proibições e só teriam permissão para entrar em contato com as coisas sagradas no quadro de ritos preestabelecidos. Porém, às vezes, o sagrado também seria passível de proibições, para impedir o seu contato com o profano. Por essa razão, o ponto

---

bem-sucedida de Thomas em *Implizite Religion. Theoriegeschichtliche und theoretische Untersuchungen zum Problem ihrer Identifikation*, p.135.

62 Durkheim, Sacré, *Bulletin de la Société française de philosophie*, p.1 et seq. (cito aqui da reimpressão in: Id., *Textes*, v.2, p.64).

decisivo seria outro, a saber, o fato de o sagrado ser experimentado como lugar de uma "força", de uma "energia" que tem um efeito sobre o profano, ao passo que o profano só possui a capacidade de acarretar a liberação dessa energia e convertê-la em seu caráter, da pureza em impureza, da salvação em perdição.

O metaforismo físico cunhado aqui por Durkheim ("força", "energia") pode levar ao mal-entendido de que o encontro com o sagrado seria independente de esquemas de interpretação tradicionais e que esse encontro se caracterizaria por uma espécie de reação fisiológica e não pela experiência subjetiva.[63] Embora Durkheim certamente não faça jus ao papel da interpretação e da experiência em todos os seus aspectos, uma leitura desse tipo constituiria um mal-entendido. Pois o pano de fundo da sua concepção é formado pela ideia de William James de que a fé religiosa deveria ser concebida, em primeira linha, não como um considerar-verdadeiro cognitivo, mas como um sentimento seguro da presença de um poder mais forte, como um poder sobre o qual se apoia, por sua vez, a nossa própria força vital.[64] A qualidade "sacralidade" é atribuída espontaneamente a objetos quando ocorre uma experiência tão intensa que ela constitui ou transforma toda a imagem de mundo e a autocompreensão de quem fez essa experiência. Os elementos da situação da experiência são postos em conexão com a causa dessa intensidade. Objetos sagrados contagiam outros objetos e, desse modo, disseminam a santidade; em atos de sagração a santidade também pode ser transmitida intencionalmente.

---

63 Quem discute de modo primoroso esse perigo de uma interpretação equivocada de Durkheim em termos naturalistas e reducionistas (sobretudo usando como exemplo os escritos de Randall Collins) é Pettenkofer, *Protest als ritualgestützte Glückserfahrung*, p.209-48.

64 Cf. Durkheim, *Die elementaren Formen des religiösen Lebens*, p.388. Sobre a conexão entre James-Durkheim e a questão da interpretação da experiência neste último, cf. Pettenkofer, *Radikaler Protest. Zur soziologischen Theorie politischer Bewegungen*; Joas, Die Soziologie und das Heilige, p.64-77; Id., *Die Entstehung der Werte*, p.87-109.

A sacralidade da pessoa

Durkheim não foi o inventor dessa ênfase na "santidade" como fenômeno fundamental que caracteriza todas as religiões; o que se pode dizer dele é que foi o mais sistemático dos representantes dessa concepção nas ciências sociais.[65] Essa concepção tampouco deixa de ser controversa; foi especialmente contestada de muitas formas a concepção de que a clara dicotomia conceitual "sagrado--profano" se encontraria de modo unívoco e universal em imagens de mundo culturais e na economia afetiva dos indivíduos.[66] Parece-me, porém, que as alusões feitas a transições empiricamente existentes entre o sagrado e o profano, a variantes individuais e mesclas dependentes de contextos, não põem realmente em risco o proveito trazido por essa diferenciação conceitual e pela tese de seu significado constitutivo.

No presente contexto, tudo isso tem de ficar à margem. Aqui somente dois pontos ganham importância. Em primeiro lugar, fica claro que, em Durkheim, o conceito de sagrado não é derivado do conceito de religião, mas é encarado como constitutivo da religião.

---

65 O debate que irrompeu no final do século XIX sobre o "sagrado" já foi, diversas vezes, muito bem retratado. É controvertido quem influenciou exatamente quem e como e, desse modo, quem detém a prioridade da descoberta. Cf. Colpe, *Über das Heilige. Versuch, seiner Verkennung kritisch vorzubeugen*; Id. (org.), *Die Diskussion um das "Heilige"*; Molendijk, The Notion of the Sacred, p.55-89. O desenvolvimento posterior desse discurso da santidade na escola de Durkheim e na pesquisa sobre a religião em termos gerais, assim como o rompimento com esse discurso por Lévi-Strauss e os motivos antirreligiosos desse rompimento foram explanados de forma excelente e abrangente por Tarot, *Le symbolique et le sacré. Théories de la religion*. Dado que essa obra está disponível somente em língua francesa, menciono também um breve resumo de alguns aspectos disponível em língua inglesa: Tarot, Émile Durkheim and After: The War over the Sacred in French Sociology in the 20th Century, *Distinktion*, p.11-30.

66 Uma síntese das objeções encontra-se, entre outros, em Pickering, *Durkheim's Sociology of Religion*, p.115-62. À sua tese de que católicos e judeus, mas não os protestantes, considerariam plausível a ênfase de Durkheim no sagrado contrapõe--se o grande papel desempenhado por protestantes (Nathan Söderblom, Rudolf Otto) no discurso daquela época sobre o sagrado. Sobre Pickering, cf. a minha resenha no *American Journal of Sociology*, p.740 et seq.

A partir dessa perspectiva não só os crentes religiosos têm algo que lhes é sagrado. A santidade presente em todos os indivíduos e em todas as culturas pode, inversamente, converter-se em religião quando as concepções de fé e as práticas referentes a essa santidade, das quais falou a definição de religião, forem sistematizadas e socialmente organizadas. A diferenciação "secular-religioso" não deve ser confundida com a diferenciação "profano-sagrado".[67] Há uma carga de sacralidade em objetos e conteúdos de imagens de mundo que se entendem como seculares, no nacionalismo secular, assim como no marxismo, mas também num liberalismo secular. Para Durkheim, a crença na autonomia da razão do indivíduo é o dogma do sistema de sacralidade desse individualismo. Ele tem afinidade com esse dogma, mas quer contribuir com a sua abordagem teórico-religiosa a chegar a uma compreensão mais adequada de si mesmo.

Um segundo momento dessa concepção de sacralidade precisa ser preservado expressamente de um mal-entendido. A ênfase na sacralidade pode ser entendida como se ela fosse antagônica à ideia e à práxis da argumentação e discussão racionais. Quem mais maciçamente expôs essa ressalva, dirigindo-a diretamente ao endereço de Durkheim, foi Jürgen Habermas.[68] Na sua concepção, cada vez mais na história da humanidade e de forma definitiva na Era Moderna, a linguagem teria ocupado e teria de ocupar o lugar da religião, o discurso racional, o lugar da experiência e da simbolização da santidade. Para designar esse processo, ele cunhou a expressão

---

67 Essa equiparação acontece reiteradamente de modo afirmativo ou crítico também na bibliografia sobre os direitos humanos. Cf., por exemplo, Perry, *The Idea of Human Rights: Four Inquiries*, p.13, bem como a crítica de Kohen, *In Defense of Human Rights. A Non-Religious Grounding in a Pluralistic World*, p.13-37. Em contraposição, quem desenvolve, a partir da concepção de uma sacralidade da vida humana compartilhada por crentes e não crentes, uma alternativa profícua aos becos sem saída em que se meteu a discussão sobre o aborto é Dworkin, *Life's Dominion. An Argument about Abortion, Euthanasia, and Individual Freedom*, principalmente no capítulo 3 ("O que é sagrado?"), p.68-101.

68 Habermas, *Theorie des kommunikativen Handelns*, v.2, p.118 et seq.

A sacralidade da pessoa

"linguistificação do sagrado" [*Versprachlichung des Sakralen*], na qual está embutida uma das concepções mais radicais de secularização jamais expostas. Significa que a sacralização e as práticas rituais associadas a ela perderão cada vez mais e por fim totalmente a sua importância e o discurso racional tomará o lugar delas. No entanto, a linguistificação do sagrado poderia ser entendida de modo totalmente diverso do que Habermas queria dizer, a saber, não como substituição do sagrado pela linguagem, mas como articulação linguística do sagrado. Com a linguagem e especialmente com a cultura da argumentação racional teria surgido, então, algo novo, que impregna e transforma a base experiencial de nossa formação ideal, mas não chega a substituí-la.[69] A institucionalização da argumentação racional no parlamento, na discussão política conduzida publicamente, no seminário ou congresso científico também continua dependendo de um vínculo emocional a valores e práticas.

O próprio Durkheim mencionou essa ideia da sacralidade da pessoa em muitas passagens de sua obra[70] e a aplicou a inúmeros temas: por exemplo, ao *éthos* da discussão científica, na qual cada argumento deve ser considerado independentemente do *status* da pessoa; a compreensão da sensibilidade aguçada para avanços sexuais que não contam com a anuência do sujeito. Desse modo, Durkheim também revisou as suas próprias concepções anteriores

---

69 Em suas interpretações de Durkheim, Robert N. Bellah e Edward Tiryakian sempre foram contrários à imputação de uma tendência racionalista de desenvolvimento. Cf., por exemplo, Bellah, Durkheim and Ritual, p.183-210; Tiryakian, *For Durkheim. Essays in Historical and Cultural Sociology* (Tiryakian também investiga – ibid., p.89-114 – as interações da sociologia da religião de Durkheim com a historiografia da Revolução Francesa, o que lança uma ponte interessante entre o primeiro e o segundo capítulos do meu livro).

70 Enumerações podem ser encontradas em Thomas, *Implizite Religion. Theoriegeschichtliche und theoretische Untersuchungen zum Problem ihrer Identifikation*, p.171 et seq., e em Sellmann, *Religion und soziale Ordnung. Gesellschaftstheoretische Analysen*, p.307 et seq. As explanações de Sellmann a respeito dos meus escritos (ibid., p.313-23) representam uma surpreendente extrapolação na direção deste livro.

sobre o desenvolvimento do direito, segundo as quais este se caracterizaria por uma dessacralização incessante.

Em sua análise do direito moderno [entrecruzam-se, portanto] diversas linhas de desenvolvimento [...]: *dessacralização* e *ressacralização, juridificação* no sentido de uma *desmoralização* de relações solidárias difusas e, por fim, a exigência de uma *ressacralização* também do direito civil.[71]

Houve quem tentasse analisar uma porção de outros fenômenos nessa perspectiva: desde as boas maneiras cotidianas, como o ato de saudar ou o de salvar as aparências em caso de conflitos, até a forma de tratamento entre médicos e pacientes, como o direito dos pacientes à informação e à participação na determinação das terapias. Todas essas tentativas deixam claro que conceitos como "liberalização" ou "perda de valores" são pouco apropriados para caracterizar a situação moral da atualidade, visto que a relaxamentos de normas em alguns âmbitos se contrapõem sensibilidades muitas vezes claramente aguçadas em outros. A maior atenção pública dada, por exemplo, ao assédio sexual em geral e de crianças em especial decerto não se deve simplesmente a um aumento da quantidade desses delitos, mas em grande parte a um senso mais apurado para a destrutividade desses atos.

Referindo-se ao nosso tema, o da justiça penal, o mesmo autor, numa tentativa de formular as leis do desenvolvimento do direito penal,[72] chamou a atenção para um efeito duplo dessa sensibiliza-

---

71 Cf. Gephart, *Gesellschaftstheorie und Recht. Das Recht im soziologischen Diskurs der Moderne*, p.413. Essa revisão feita pelo próprio Durkheim naturalmente fez com que as objeções às suas concepções mais antigas perdessem força.

72 Durkheim, Deux lois de l'évolution pénale, *L'Année sociologique*, v.4, 1899/1900, p.65-95, aqui citado cf. republicação em *Journal sociologique*, Paris, 1969, p.244-73. Para uma apreciação crítica do estado da pesquisa, cf. Reiner, Crime, Law and Deviance: The Durkheim Legacy, p.175-201, sobretudo p.194 et seq.; mas, principalmente, Garland, *Punishment and Society*, p.23-82. Para ter uma comparação entre Durkheim e Foucault, cf. também Ramp, Durkheim and Foucault on the Genesis of the Disciplinary Society, p.71-103.

A sacralidade da pessoa

ção. Com efeito, o mesmo processo que nos ensina a rejeitar penas cruéis porque vemos no criminoso também o ser humano e, assim, a respeitá-lo como tal, ao mesmo tempo nos torna mais sensíveis para a crueldade dos crimes. Desse modo, o impulso de punir é simultaneamente despertado e inibido. Coaduna-se com isso não só o fato descrito por Foucault de que há uma diminuição das punições corporais, mas também que só nos últimos dois séculos, por exemplo, o direito à incolumidade física foi aflorando de modo cada vez mais intenso e autônomo. Não é possível explicar essa valorização do corpo tendo como fio condutor o disciplinamento.[73] Em contraposição, se partirmos da sacralização da pessoa, reconheceremos a contradição insolúvel entre a necessidade de sancionar cada violação da sacralidade da pessoa, por um lado, e, por outro, exatamente a violação dessa sacralidade que reside no próprio ato da punição. Essa contradição só pode ser atenuada, visto que não há como resolvê-la. Durkheim pensou poder explicar desse modo porque as punições de privação da liberdade foram substituindo cada vez mais as punições físicas, ao menos quando e onde o processo da sacralização da pessoa prosseguia. As punições de privação da liberdade se ofereceriam como uma saída para o dilema. Assim, Durkheim pode atribuir às sociedades mais desenvolvidas um sistema penal mais brando, fazendo, no entanto, uma grande ressalva: quanto mais absoluta fosse uma instância central de poder, tanto maior a probabilidade de que fossem executadas punições de extrema intensidade. Essa cláusula faz jus ao fato ignorado por Beccaria e constatado por Foucault de que as punições draconianas do absolutismo não representam um resíduo, mas uma exacerbação da práxis penal medieval. Durkheim não propôs uma teoria propriamente dita para o processo da sacralização. Ele apenas estabelece uma relação entre os aspectos específicos da sociedade moderna e uma progressiva "sensibilização

---

73 Sobre isso, cf. Kalupner, Vom Schutz der Ehre zum Schutz körperlicher Unversehrtheit. Die Entdeckung des Körpers im modernen Strafrecht, *Paragrana*, p.114-35.

para os interesses da personalidade humana",[74] sem que se possa falar de uma exposição causal ou processual. Se ele tivesse desenvolvido tal exposição, obviamente nela deveria ter sido levado em conta o papel do poder. Nesse caso, todavia, não poderia ter sido atribuído, como em Foucault, um papel constitutivo ao poder como tal, mas só a tipos específicos de poder e a suas formas, assim como às suas legitimações e intenções.

Nos últimos anos, influenciada pelas ponderações de Durkheim, Lynn Hunt, uma das principais historiadoras norte-americanas, analisou a história da abolição da tortura e, de modo geral, a história dos direitos humanos.[75] Ela mostra muito bem como se desenvolveu, no decorrer do século XVIII, um discurso sobre direitos fundamentais, por um lado, e, por outro, uma antipatia emocional contra a tortura, e como, desde o começo, as duas coisas estavam pouco sincronizadas. Nem mesmo as elites intelectuais estabeleceram essa ligação de imediato; o afastamento da tortura não pode, portanto, ter sido simplesmente uma consequência do discurso sobre os direitos. Voltaire interveio com publicações veementes num dos grandes escândalos judiciais do *Ancien Régime* – no caso Calas –, sem tematizar a tortura como algo intolerável. Hunt mostra inclusive que, na obra do próprio Cesare Beccaria, o discurso dos direitos era marginal e que foi seu tradutor francês que interferiu no texto e deslocou para a introdução uma passagem que, no original, não constava naquele ponto.[76] Porém, a edição francesa se tornou a base de outras traduções e até

---

74 Durkheim, *Physik der Sitten und des Rechts. Vorlesungen zur Soziologie der Moral*, p.100. Sobre as tentativas feitas por Niklas Luhmann de estabelecer uma conexão entre a diferenciação funcional e a codificação dos direitos subjetivos – uma ligação com Durkheim que se diferencia bastante da minha –, cf. Joas, *Braucht der Mensch Religion?*, p.159 et seq.

75 Hunt, *Inventing Human Rights* (sobre a abolição da tortura, cf. principalmente p.70-112). Cf. ademais o importante ensaio id., The Paradoxical Origins of Human Rights, p.3-17.

76 Id., *Inventing Human Rights*, p.102 et seq. Nessa direção, cf. também Laqueur, Bodies, Details, and the Humanitarian Narrative, p.176-204.

de reedições italianas. O argumento de Hunt é que, num processo de certo modo imperceptível, os antolhos da percepção foram removidos por um incremento da empatia e uma sensibilidade aguçada para a capacidade de sofrimento do corpo alheio, inclusive do corpo do criminoso. É consistente com isso que ela passe a falar então de um deslocamento da evidência. Pois também as declarações dos direitos humanos declararam algo que elas, ao mesmo tempo, afirmam ser evidente. Porém, segundo a concepção da autora, esse deslocamento da evidência não procede de influências intelectuais ou jurídicas, mas se origina de uma transformação cultural mais profunda.

Visto que o incremento da empatia, da capacidade de sentir com os demais, parece-lhe ser a transformação essencial, Hunt atribui ao desenvolvimento da arte um papel essencial, em especial ao romance epistolar na era da sensibilidade, mas também à pintura de retratos. Nesse modo de ver as coisas, a empatia com o sofrimento de outros imaginários libera um potencial que, no universalismo dos direitos humanos, articula-se em termos jurídicos. Trata-se de uma abordagem original e fecunda. Mas ela decorre mesmo da tese de Durkheim que Hunt aplicou de modo convincente a execuções públicas durante o *Ancien Régime* e à execução do rei Luís XVI durante a Revolução?[77] Como a tese do incremento da empatia se distingue da tese de uma progressiva sacralização da pessoa? A meu ver, a dimensão da sacralização é mais fundamental que a da empatia, visto que esta última não é simplesmente uma capacidade que, uma vez desenvolvida, pode entrar em ação independentemente de motivações e da esfera objetiva. Quem não quiser se sensibilizar não permitirá a manifestação de sua capacidade de empatia, que talvez esteja perfeitamente presente. Pessoas capazes de empatia muitas vezes desumanizam,

---

77 Hunt, *Inventing Human Rights*, p.92 et seq.; Id., The Sacred and the French Revolution, p.25-43. Tenho a impressão de que Hunt subestima Durkheim no ponto em que lhe imputa falta de interesse pela gênese da sacralidade (ibid., p.27). Em contraposição a isto, cf. minha interpretação em *Die Enststehung der Werte*, principalmente p.92 et seq.

sob o fascínio de ideologias, categorias inteiras de seus semelhantes humanos, excluindo-as, desse modo, categoricamente da esfera de aplicação da sua sensibilidade. Só uma motivação para a empatia ou ao menos uma disposição para a abertura pode nos levar a fazer o esforço da compreensão, mas esse esforço permanece um ato a ser desempenhado e que precisa ser renovado em cada situação concreta. Por isso, a efetividade real da empatia necessita uma motivação pessoal que se nutre de motivos substanciais de valor. A sacralização da pessoa nos motiva para a empatia; a empatia por si só não produz a sacralização da pessoa de todas as pessoas.[78]

Ameaças

Não se pretende, todavia, dar a impressão de que a sacralização da pessoa teria sido a única sacralização que ocorreu na Era Moderna e de que ela designa uma espécie de progresso linear no sentido de uma compreensão e uma proteção cada vez mais profundas e universais da dignidade humana. O caminho do progresso ininterrupto nesse aspecto é barrado por forças contrárias e a sacralização da pessoa concorre permanentemente com outras sacralizações, como, por exemplo, a de uma nação ou a da sociedade sem classes. Naturalmente, a força contrária mais evidente no século XX é representada pelo fascismo e pelo nazismo. Na mesma época em que Émile Durkheim escreveu suas teses sobre os direitos humanos como sacralização da pessoa e ao mesmo tempo do conflito em torno do caso Dreyfus que dilacerou a França, o protofascista francês Charles Maurras declarou a nação como tão sagrada que os indivíduos e seus direitos simplesmente deviam ser sacrificados por sua causa. O fascismo italiano e o nacional-socialismo alemão exacerbaram ainda mais essa ideia: "Tu não és nada, o teu povo é tudo" pôde converter-se assim em lema. Nesse caso, o sentido estratégico

---

78 Sobre a relação entre empatia e valores, cf. Joas, Wertevermittlung in einer fragmentierten Gesellschaft, p.58-77.

A sacralidade da pessoa

da ideologia racista residiu exatamente no fato de, para além do anti-individualismo radical e da mobilização nacional pela ideologia fascista, declarar categorias inteiras de pessoas como sem valor, a sua destruição como legítima ou até como "moralmente" exigida. Porém, não é só a resistência contra a progressiva sacralização da pessoa que impede esse progresso, mas também as dificuldades inerentes ao próprio ato de punir dão ensejo ao abuso. Não podemos desemocionalizar radicalmente a punição e o crime como pensavam os utilitaristas e também Foucault. A indignação é e permanecerá o indicador mais seguro da violação de valores centrais; quando o crime, nos termos do direito penal, representa uma violação desse tipo, não pode faltar a defesa enérgica contra ele. Mediante o Estado de direito, essa defesa é organizada em procedimentos e, desse modo, ao menos canalizada em termos emocionais. Mas justamente por isso crimes e punições se prestam também para a criação de esquematizações do tipo "amigo-inimigo" e, desse modo, para a integração de formações sociais na agressão conjunta ao inimigo interno, como é declarado o criminoso. No seu ensaio clássico intitulado "Psicologia da justiça penal", o filósofo e psicólogo social norte-americano George Herbert Mead analisou, já em 1917, como

> a postura da agressividade, seja contra um infrator da lei seja contra um inimigo externo, confere a um grupo um senso de solidariedade que rapidamente se ergue como uma chama e devora as diferenças entre os interesses individuais.[79]

Mas ele também mostra que "o preço pago por essa solidariedade dos sentimentos é alto e às vezes funesto". Com efeito, essa forma de união, de formação de uma identidade coletiva mediante a exclusão de inimigos, necessita de inimigos sempre novos ou de uma inimizade duradoura para que possa estabilizar-se.

Este é exatamente o ponto em que as questões atinentes à justiça penal se convertem na questão do estabelecimento de relações

---

79 Mead, Psychologie der Strafijustiz [1917-1978], p.272.

de inimizade. No início deste capítulo chamou-se a atenção para a pena de morte e a tortura como questões hoje dotadas de elevada carga emocional, com opiniões especialmente controversas entre a Europa e os EUA. Como devem ser situadas essas questões no campo de tensão descrito? Não é em todos os casos que elas devem ser derivadas da contraditoriedade interna da sacralização da pessoa. No caso das tentativas de juristas do governo norte-americano de contornar a proibição da tortura na ação contra terroristas ou suspeitos de terrorismo ou de justificar essas tentativas, não se trata de ponderações trágicas. Vejo estas em ação, muito antes, no caso do diretor da polícia de Frankfurt que ameaçou torturar o sequestrador de uma criança na suposição de que só assim conseguiria salvar a vida da vítima. Também as reflexões de Winfried Brugger nesse contexto, que chegaram a causar comoção, podem ser entendidas a partir do impulso sincero de encontrar uma consideração jurídica adequada para esse dilema moral na atuação da polícia. Uma apreciação bem diferente devem receber os pareceres norte-americanos, nos quais os suspeitos de atos terroristas, na condição de inimigos de Estado, são subtraídos de modo generalizado tanto aos procedimentos do Estado de direito como aos acordos jurídicos entre os povos para proteção de prisioneiros de guerra e similares. Nesse caso, a situação emocional de uma sensação coletiva de ameaça sob o signo do terrorismo é mal usada para dar plenos poderes ao Executivo mediante o relaxamento ou a invalidação de salvaguardas jurídicas e a criação de espaços sem lei. Também na Alemanha trava-se atualmente uma discussão correspondente sobre a necessidade de criar um "direito penal para o inimigo". Isso só pode ser interpretado como tendência contrária à da sacralização da pessoa, não como contraditoriedade interna desta.

Para entender como se divisa a persistência da pena de morte nos EUA à luz do esquema de interpretação aqui proposto, deve-se apontar primeiramente para o fato de que, totalmente contra as imagens estereotipadas que se tem dos EUA, a luta contra a pena de

A sacralidade da pessoa

morte como expressão de uma sacralização da pessoa possui raízes profundas também na cultura norte-americana; há Estados dos EUA, como Michigan, por exemplo, que inclusive estão entre os primeiros Estados do mundo a abolir a pena de morte. Nos EUA, a pena de morte possui no Sul um centro de gravidade regional claro. Ali, as divisões racistas, uma tradição de violência e uma compreensão do cristianismo que justamente não o interpreta em termos universalistas, mas como religião civil nacionalista, interligaram-se numa síndrome que justifica a pena de morte com citações bíblicas. Nesse caso, bem na linha descrita por Mead, crimes espetaculares podem ser usados ali ou em toda a nação para a incitação de sentimentos coletivos, a depreciação do adversário político e o acobertamento de outros propósitos políticos, cujo exemplo mais conhecido ocorreu na campanha eleitoral de Bush pai contra Michael Dukakis. Nesse caso, dentro dos próprios EUA, duas culturas estão em confronto, a da sacralização da pessoa e a da religião civil do Sul.

Portanto, nem mesmo no âmago do Ocidente se pode falar de uma consolidação segura da sacralização da pessoa. Por isso, devemos confiar ainda menos numa universalização de certo modo automática da cultura penal que aí se tem em mente. No espírito do fundamentalismo islâmico, a execução de punições cruéis é declarada praticamente como marca que promove a identidade, como símbolo da resistência contra a decadência secularista que parece penetrar a partir do Ocidente, e isto não só por causa de uma interpretação literal de antigos textos legais, mas exatamente também em função da indignação do Ocidente ou das forças modernizantes diante dessas punições. Até mesmo na Cingapura multicultural e altamente moderna não só se engendram construtos como o dos "valores asiáticos", que só podem ser entendidos a partir da intenção de opor-se a outros valores, mas também se executam demonstrativamente punições corporais como expressão autêntica desse ser-diferente. Bem diferente é a situação na China, o país ao qual deveria voltar-se em primeiro plano a crítica às execuções arbitrárias e ao emprego habitual da tortura na atualidade. Nesse país, trata-se da persistência de uma estrutura política e cultura penal cunhada pelo comunismo – o *"rule by law"* [governo mediante a lei] em vez do *"rule of law"* [governo da lei, primado da lei] – que leva a esses excessos e frustra a oposição ou a defesa dos prejudicados. As esperanças dos iluministas, mas também as de Émile Durkheim, estavam voltadas para as consequências civilizatórias da modernização econômica: bem-estar e educação crescentes. Durkheim já sabia que o controle democrático do poder representa uma condição adicional. Após o final do século XX, está claro para nós que a sacralização da pessoa sempre e em toda parte permanecerá ameaçada. O caso chinês evidencia com clareza inaudita e desfecho ainda incerto a tensão entre modernização econômica e suas exigências, como a da segurança jurídica, e o sistema axiológico da dignidade humana universal.

A interpretação das transformações culturais do século XVIII como expressão de uma inclusão em termos de sacralização da pessoa permite tornar compreensível não só as mudanças na cultura penal, mas também muitos outros fenômenos de transformação moral. Um conceito que costumamos usar para designar criminosos especialmente dignos de repulsa, o do "monstro", vigorava até o século XVIII como designação antes de tudo para as crianças recém-nascidas com malformações congênitas. Assim, partes esquecidas da história, como a superação da concepção de que, no caso dessas crianças, tratar-se-ia de formas intermediárias entre ser humano e animal, ou a abolição da castração como meio de produzir determinados tons de voz no século XVIII, não se coadunam mais com a imagem que se tinha esboçado – uma imagem que certamente não pode ser a do disciplinamento, mas tampouco a de um esclarecimento no sentido utilitarista. A gênese dos direitos humanos também faz parte disso. E a ideia dos direitos humanos foi convertida, uma geração depois, na exigência de abolição da escravidão – mais um movimento de inclusão de grande radicalidade. Aplicou-se também à história desse movimento os esquemas do esclarecimento ou do

A sacralidade da pessoa

disciplinamento social, com um êxito tão pequeno quanto no da história da punição. Para esse movimento vale, antes, que um papel central foi desempenhado pelo impulso cristão originário para a descentralização moral, portanto, para olhar o mundo da perspectiva não só daqueles com quem estamos unidos por laços afetivos naturais, mas também da perspectiva dos "mais pequeninos dentre os nossos irmãos". Acresceu-se a isso que a expansão das relações comerciais lançou uma ponte para que os moralmente descentrados pudessem ver no seu próprio agir moral a causa da sua repulsa moral generalizada pelas situações anômalas em outros lugares e, desse modo, experimentar como possibilidade realista e obrigação moral a responsabilidade pela eliminação dessas situações anômalas.

A sacralização da pessoa foi um aprofundamento de motivos judaico-cristãos, mesmo que alguns iluministas acentuassem antes de tudo o rompimento com a tradição religiosa e as igrejas se posicionassem contra ela. Nesse aspecto, Durkheim foi ambíguo. Ele ressaltou que as leis dos judeus na Antiguidade sempre teriam sido mais brandas que as dos seus vizinhos, o que ele atribui ao caráter quase democrático da constituição política do judaísmo antigo, e que a igreja medieval sempre teria exercido uma influência atenuadora sobre a práxis penal. Porém, para ele, isso significava que hoje essa tradição religiosa deveria ser simultaneamente continuada e superada. A sacralização da pessoa decorreria então de tradições religiosas, mas também as tornaria supérfluas.

Entretanto, dessa maneira, levanta-se também em relação a essa perspectiva a pergunta de se a partir dela realmente é possível obter uma proteção categórica da pessoa. O conceito "sacralidade" permite afirmar o respeito pelo ser humano como cerne da cultura penal moderna. As ponderações utilitaristas são rejeitadas em seu papel como base do direito, porque ele de fato raramente corresponde à postura das pessoas frente ao direito. Nessa situação de sacralização global da pessoa, possível em termos mundiais, mas também ameaçada de múltiplas formas, reside um perigo enorme quando, no próprio Ocidente, tornam-se preponderantes modelos de interpretação (como o de um Iluminismo reduzido de maneira utilitarista ou o de Foucault) que deturpam ou entendem mal o sentido dos progressos alcançados na cultura penal. A cultura penal europeia só poderá ser ancorada nas atitudes das pessoas – a ponto de que a defendam diante de objeções – se suas motivações históricas permanecerem vivas na memória.

III. Violência e dignidade humana
Como as experiências se convertem em direitos

A adesão a valores pode remontar a experiências que enchem as pessoas de entusiasmo. Quem tem a nítida sensação de ter tomado conhecimento do bem fica totalmente a fim de compartilhar com outros esse conhecimento, de levá-los a repensar o seu modo de agir ou de demovê-los dele, e de colocar em prática a sua entusiástica convicção. Porém, experiências entusiasmantes não são o único modo pelo qual pode se dar a adesão a valores. Experiências de impotência também nos marcam muito profundamente. Quando topamos com nossas limitações e vivenciamos quão pouco podemos mudar o nosso destino ou o de outros ou quando radicalmente nos damos conta da finitude da nossa existência, por exemplo, em experiências de doença, incapacitação ou de morte inevitável, isso também transforma a nossa relação conosco mesmos e com o mundo, assim como os nossos valores.[1] Nas experiências com o

---

1 No meu livro *Die Entstehung der Werte* certamente incorri em alguma unilateralidade ao dar ênfase às experiências entusiasmantes como constitutivas de valor. Nos dois livros seguintes, *Kriege und Werte* e *Braucht der Mensch Religion?*, tentei compensar isso levando em consideração experiências de violência e impotência.

Hans Joas

sagrado, de qualquer modo estão imbricadas – como foi claramente elaborado por Rudolf Otto[2] – experiências de atração entusiasmante com experiências abaladoras e atemorizantes, na linguagem de Otto, do *"fascinans"* com o *"tremendum"*. A experiência da violência pode ser entusiástica para o agressor, mas provocar na vítima nada além de sentimentos de impotência. Porém, é realista supor, também nesse caso, imbricações complexas, ou seja, dificuldades inquietantes por parte do agressor de integrar a experiência da vontade de praticar a violência na imagem que tem de si mesmo ou, por parte da vítima, de evitar o desenvolvimento de um vínculo com o agressor. Com categorias puramente morais, não há como pôr ordem na fenomenologia das experiências de violência. A descrição da adesão entusiástica a valores gera um quadro em que a abertura das fronteiras identitárias simbolicamente traçadas aparece como voluntária e prazenteira e a reintegração na vida cotidiana pela via da adesão a valores como exequível; enquanto isso, a ampliação do olhar para as experiências de violência e impotência mostra que as fronteiras identitárias também podem ser abertas "contra a nossa vontade", de modo a violentar-nos, mostra também que há formas destrutivas e autodestrutivas de autodesfronteirização [*Selbstentgrenzung*], que com o tempo as experiências de autodesfronteirização podem nos alhear do cotidiano e nos deixar "deslocados/loucos". Em relação a fenômenos como estes – que podemos desenvolver uma autoidentidade negativa na assimilação da violência cometida ou que, na condição de vítima inocente da violência que acaba escapando com vida, podemos desenvolver sentimentos de culpa em relação àqueles que não escaparam da destruição ("culpa pela sobrevivência") – é de suma importância atentar para o fato de que a experiência de violência representa uma deturpação peculiar da experiência entusiástica de constituição de valor.

---

2 Otto, *Das Heilige. Über das Irrationale in der Idee des Göttlichen und sein Verhältnis zum Rationalen* [1917].

A sacralidade da pessoa

Mas a questão a ser tratada aqui não gira em torno de tais paralelos entre tipos tão díspares de experiência,[3] mas em torno da pergunta de se as próprias experiências de violência podem ser transformadas de tal maneira que delas flua energia para uma adesão positiva a valores. Com referência à história dos direitos humanos e do valor da dignidade humana universal, essa pergunta deve ser formulada de duas maneiras: que papel a experiência de violência desempenhou na história dos direitos humanos? Como é possível lograr a transformação de experiências de violência em adesão a valores, mais precisamente a valores do tipo universalista?

Para responder a essas perguntas, procederei da seguinte maneira: primeiramente, procurarei por vestígios da história de violência assimilada em textos relevantes relacionados com os direitos humanos e depois inverterei o olhar para, num segundo passo, examinar a dimensão real da recepção da história da violência no discurso dos direitos humanos. Visto que o resultado desse segundo passo tenderá a ser negativo, ou seja, visto que a seletividade do discurso dos direitos humanos é inequívoca, será preciso perguntar, então, com que meios teóricos poderemos propriamente fazer jus à experiência de violência que foi excluída do discurso, que não foi nem de longe articulada a contento. Para isso, apresenta-se – terceiro passo – a concepção do trauma, a qual, por conseguinte, introduzirei sucintamente e cujo potencial elucidarei, para, em seguida, todavia, apontar também para a problemática da concepção muito difundida de um "trauma cultural". No quarto passo, sistematizarei, valendo-me do exemplo de um movimento pelos direitos humanos, algumas condições para a transformação bem-sucedida da experiência de violência em adesão universalista a valores, enunciando, no final, a suma filosófico-moral dessas reflexões.

---

3 Sobre isso, cf. diversos capítulos em Joas, *Kriege und Werte. Studien zur Gewalt-geschichte des 20. Jahrhunderts.*

Hans Joas

Direitos humanos e história da violência

Quando se parte dos textos codificados existentes para responder a pergunta pelo papel de experiências de violência na história dos direitos humanos, é possível demonstrar rapidamente a importância da história da violência. O teólogo evangélico Wolfgang Vögele,[4] por exemplo, examinou e expôs detalhadamente a pré-história da sentença sobre a dignidade humana que consta no início da Constituição alemã. Ele mostra que o conceito de dignidade humana aparece como orientação básica para uma futura constituição tanto nos princípios do Círculo de Kreisau para a reordenação da Alemanha como em textos de proveniência social-democrata e democrata-cristã da primeira fase do pós-guerra. Em cada um dos casos, percebe-se bem claramente a resistência contra os crimes do nazismo; mas uma influência direta sobre a Constituição não pode ser comprovada. Em seguida, nas Constituições dos Estados federados alemães, promulgadas antes de 1949, há referências inconfundíveis à ditadura já derrotada dos nazistas. Duas delas sejam citadas aqui. No preâmbulo da Constituição da Baviera de 1946, consta o seguinte: "Diante da terra em ruínas, à qual uma ordem estatal e social sem Deus, sem consciência e sem respeito pela dignidade do ser humano trouxe os sobreviventes da Segunda Guerra Mundial". E o preâmbulo da Constituição de Bremen de 1947 diz com palavras especialmente marcantes:

> Abalados com a destruição provocada na milenar Cidade Hanseática Livre de Bremen pelo governo autoritário dos nazistas, que desprezou a liberdade pessoal e a dignidade do ser humano, os cidadãos deste Estado estão dispostos a criar uma ordem da vida social, na qual se cultivam a justiça social, o espírito humanitário e a paz, que proteja o economicamente fraco da exploração e assegure uma existência digna a todos os que têm disposição para trabalhar.

---

4 Vögele, *Menschenwürde zwischen Recht und Theologie. Begründungen von Menschenrechten in der Perspektive öffentlicher Theologie*, p.274 et seq.

A sacralidade da pessoa

Nesses documentos se faz referência direta a "barbárie" e "destruição", só que com palavras cujo juízo de valor é mais claro que o seu ponto de referência empírico. Nessa época, ainda são mais frequentes as referências indiretas, como, por exemplo, na forma do renascimento repentino e momentâneo de concepções do direito natural, visto que estas foram tidas como a única alternativa ao relativismo niilista. Provas disso se encontram, por exemplo, nas cartas pastorais de bispos católicos dessa época e o eco considerável que estas tiveram no espaço político.

A fundamentação no direito natural foi objeto de controvérsia nas deliberações dos delegados dos governadores dos Estados em Herrenchiemsee e muito mais no plenário e nas comissões do Conselho do Parlamento, mas não o propósito de conferir à proteção da dignidade humana um lugar proeminente na Constituição. Era notória por parte de todos os envolvidos a vontade de proclamar a pré-estatalidade desses direitos fundamentais como reação às experiências com o nazismo e fazer isso de forma tal que o consentimento a eles não dependesse do consentimento a determinada convicção filosófica ou religiosa. A filosofia de Kant, aliás, que na história ulterior da República Federativa da Alemanha assumiria um papel tão central para a compreensão do postulado da dignidade humana inscrito na Constituição, desempenhou um papel ínfimo nessas deliberações. Incontroversa é a referência unificadora às experiências de violência e injustiça; controverso é apenas em que medida essas experiências ganharam influência sobre as deliberações diretamente e em que medida o fizeram pela via do fortalecimento das posições baseadas no direito natural.

Essas deliberações, é natural, não foram um assunto puramente alemão. Os trabalhos na futura Constituição eram acompanhados pelas potências vitoriosas da Segunda Guerra Mundial, nesse caso, os aliados ocidentais. Ao passo que isso foi um fato evidente, é preciso mencionar que um pré-projeto da Declaração Universal dos Direitos Humanos também já havia exercido influência sobre

Hans Joas

as deliberações, depois de ter sido publicado numa revista alemã e distribuído em cópias aos membros do Parlamento por um representante do Partido Social-Democrata [SPD].[5] De qualquer modo, mais importante que a história alemã é o desenvolvimento internacional. O documento mais importante para a história mais recente dos direitos humanos é, sem sombra de dúvida, a Declaração Universal dos Direitos Humanos, proclamada pelas Nações Unidas no dia 10 de dezembro de 1948. Já no preâmbulo da Carta de fundação das Nações Unidas do ano de 1945, a fundação da organização mundial foi expressamente associada com o objetivo de "preservar as gerações futuras do flagelo da guerra". Na própria Declaração Universal dos Direitos Humanos, ademais, o comprometimento com a dignidade humana é fundamentado com o fato de que "o desconhecimento ou o desprezo dos direitos humanos resultaram em atos de barbárie". A intenção era estabelecer desse modo uma conexão com a luta contra o nazismo. Nos últimos anos, vários autores investigaram com grande detalhismo a história do surgimento dessa Declaração. Particularmente Johannes Morsink examinou ponto por ponto os artigos da Declaração Universal dos Direitos Humanos sob o ponto de vista de como se fazia referência à experiência da ditadura nazista, da guerra e do holocausto nos debates dos grêmios dos quais se originou a Declaração dos Direitos Humanos.[6] Ele chama a experiência da guerra iniciada pela Alemanha nazista de *"epistemic foundation"* [fundamento epistêmico] da Declaração dos Direitos Humanos, o fato que capacitou os

---

5 Ibid., p.290.

6 Morsink, *The Universal Declaration of Human Rights. Origins, Drafting, and Intent,* principalmente p.36 et seq.; Id., *World War Two and the Universal Declaration, Human Rights Quarterly,* p.357-405. Na bibliografia sobre o processo de surgimento da Declaração Universal é ponto controverso qual o papel exato que desempenhou a referência (inquestionavelmente implícita) ao nazismo, ao fascismo e à guerra. Não aprofundarei o tema neste ponto, visto que farei uma análise mais exata desse processo de surgimento no capítulo 6. Aqui, trata-se tão somente da referência à história da violência em termos gerais.

A sacralidade da pessoa

participantes, muito diferenciados em termos de religião e visão de mundo, a um consenso e lhes deu a autoconfiança e a convicção necessárias para fazerem a declaração. Ao lado do nazismo, é mencionado também ocasionalmente nos textos o fascismo no sentido de uma base de certo modo "negativa" dos direitos humanos. A expressão paradoxal "fundamento epistêmico" aparece como uma escolha sumamente feliz, porque ela deixa claro que justamente a falta de um fundamento compartilhado no sentido filosófico pôde converter-se em fundamento nesse caso.

Quero demonstrar brevemente com base em alguns detalhes como o horror dos crimes cometidos pelos nazistas foi processado nas formulações da Declaração. A ênfase na unidade do gênero humano no Artigo 1 é conscientemente contra a destruição do universalismo baseada na teoria das raças. O acento dado ao *"right to life"* [direito à vida] no Artigo 3 faz uma referência igualmente consciente à "eutanásia" de portadores de deficiência praticada pelos nazistas. O Artigo 4 volta-se contra a escravidão e a *"servitude"* [servidão] também para fustigar o trabalho forçado de integrantes de povos vencidos, como ocorreu durante a Segunda Guerra Mundial na Alemanha. O Artigo 5 enuncia uma proibição não só da tortura, mas também de *"cruel, inhuman, or degrading treatment or punishment"* [penas ou tratamentos cruéis, desumanos ou degradantes], visando excluir desse modo crimes como os experimentos médicos feitos pelos nazistas em internos dos campos de concentração e em portadores de deficiência. A declaração do direito a asilo no Artigo 14 (*"Everyone has the right to seek and to enjoy in other countries asylum from persecution"* – Toda pessoa sujeita a perseguição tem o direito de procurar e se beneficiar de asilo em outros países) remonta diretamente às deportações em massa do Terceiro Reich, ainda que a formulação tenha resultado mais brando do que a princípio planejado, porque a formulação original *"the right to seek and be granted asylum"* [o direito de procurar e obter asilo] foi atenuada por pressão dos países árabes, que viam na obrigação de conceder asilo ao meio milhão de palestinos expulsos em conexão com a fundação do Estado de Israel uma manifestação de apoio à política de expulsão praticada por Israel – que conexão trágica com o nazismo! O Artigo 21 declara o direito de participação política, conscientemente direcionado contra a doutrina fascista de uma corporificação da vontade substancial do povo num líder isento de controle – mais uma vez atenuado, pois se retirou a referência ao voto secreto porque a Grã-Bretanha achou que isso seria impraticável em suas colônias. E o Artigo 30 fornece os primeiros indícios de uma interpretação "internacionalista" dos direitos humanos no sentido de uma responsabilidade coletiva da comunidade das nações por uma política e ordem jurídica em conformidade com os direitos humanos em cada um dos países – isso se refere ao fato de que, antes da guerra, a luta contra o nazismo na Alemanha de modo algum foi encarada como tarefa dos outros países.

A seletividade do discurso dos direitos humanos

Portanto, por mais inequívoco que seja o quadro quando se olha retrospectivamente para a história da violência a partir dessa Declaração dos Direitos Humanos e de textos constitucionais alemães, não é possível nesse tocante simplesmente inverter a direção do olhar. Pois mesmo que seja acertado dizer que de experiências negativas podem ser destilados valores positivos, seria ilusório fazer de conta que da injustiça sempre advém justiça, da violência sempre advém o progresso. Pelo contrário, como escreveu Max Weber na famosa "análise intermediária": "De acordo com um *pragma* inexorável de toda ação, violência e ameaça de violência inevitavelmente sempre geram nova violência".[7] Exclusivamente do sofrimento não surgem valores; é preciso que haja também a força para transformar a experiência de sofrimento em valores orientadores para impedir que o sofrimento sob injustiça, privação de liberdade, violência leve

---

7 Weber, *Gesammelte Aufsätze zur Religionssoziologie*, v.1, p.547.

A sacralidade da pessoa

à falta de esperança e ao desespero ou a espirais de violência que se erguem ciclicamente e das quais aparentemente não é mais possível sair. Mesmo que os crimes do nazismo tenham tido um papel importante na história dos direitos humanos, não se deve esquecer que eles não constituíram o único caso de assassinato em massa de tamanha escala no século XX. O historiador Mark Mazower, em particular chamou a atenção, em seus trabalhos dos últimos anos, para o fato de que não é algo óbvio considerar como paradigmático para todos os casos de violência coletiva no século XX o modelo do nazismo e, desse modo, do papel central do poder do Estado e da moderna violência em massa.[8] Por razões manifestas, por exemplo, os crimes do stalinismo, para os quais se estabeleceu a abreviatura "gulag", não haviam sido realmente "processados" quando a Declaração dos Direitos Humanos da ONU foi redigida. Com certeza, alguns aspectos do stalinismo podem ser vistos em analogia aos crimes do nazismo, por exemplo, usando como ponte a teoria do totalitarismo. Mas a questão é justamente o quanto essa teoria realmente ajuda a explicar em todas as suas facetas a propensão do regime stalinista para a violência.

Nos primeiros decênios da história soviética, as categorias étnicas se tornaram cada vez mais importantes.[9] Começou bem cedo a desconfiança contra todos os povos igualmente assentados além da fronteira soviética. Onde a interrupção dos contatos de nada adiantou e a esperada desestabilização dos países vizinhos não aconteceu, afloraram visões de reassentamento, primeiramente só com relação a ativistas e elites. No contexto da Segunda Guerra Mundial, etnias inteiras cuja lealdade ao sistema se punha em dúvida, como os chechenos e os tártaros da Crimeia, mas também os de origem alemã, foram então reassentadas na Ásia Central; porém,

---

8 Ensaio excelente. Mazower, *Gewalt und Staat im Zwanzigsten Jahrhundert*, *Mittelweg*, p.21-44.

9 Cf. Baberowski; Doering-Manteuffel, *Ordnung durch Terror. Gewaltexzesse und Vernichtung im nationalsozialistischen und im stalinistischen Imperium*.

algo parecido já havia acontecido com os curdos e iranianos antes da guerra. As eliminações em massa de cossacos e o plano de matar milhões de ucranianos de fome no curso da coletivização forçada da agricultura, bem como a repressão da resistência contra campanhas pelo ateísmo nas regiões islâmicas do gigantesco império tiveram claramente traços étnicos. Em relação aos poloneses e aos povos bálticos foi promovida uma política de destruição das elites nacionais. Em relação à Finlândia também já haviam sido elaborados os planos correspondentes. Hoje não podemos mais nos esquivar da pergunta de como teria ficado o texto da Declaração dos Direitos Humanos se os crimes do stalinismo tivessem sido levados em consideração em toda a sua dimensão nas deliberações.

A superação da perspectiva eurocêntrica e a inclusão da história do colonialismo e do imperialismo modificam uma vez mais o quadro. Nesse caso, com frequência não é o Estado que deve ser responsabilizado pela expulsão de pessoas e o extermínio de tribos e povos.

> Em terras como a Austrália, a Rússia, a África, bem como na América do Sul e na América do Norte, a maioria dos colonizadores europeus usou de violência contra os habitantes originários, o que com frequência foi de fato fomentado pelos centros de poder remotos, mas muitas vezes remontou a iniciativas locais dessas sociedades de pioneiros, à sua busca por assumir o controle sobre a terra, a água e outros recursos.[10]

E isso não é um fenômeno só de tempos remotos do passado – veja-se o Brasil e Israel/Palestina. Hannah Arendt afirmou ter existido conexões entre o colonialismo e a política nazista de assentamento e extermínio para o Centro-Leste Europeu e o Leste Europeu, as quais presumivelmente não existiram em termos causais; mas não há como não identificar um paralelismo de fenômenos.[11]

---

10 Mazower, Gewalt und Staat im Zwanzigsten Jahrhundert, *Mittelweg*, p.28.

11 Arendt, *Elemente und Ursprünge totaler Herrschaft* [1951], p.207 et seq. A favor dela argumenta Zimmerer, *Von Windhuk nach Auschwitz. Beiträge zum Verhältnis von*

A sacralidade da pessoa

Outros – como Jörg Baberovski[12] – analisaram as continuidades entre o stalinismo e a política tsarista de colonização e russificação no Cáucaso e na Ásia Central. Devemos ter em vista essas conexões, assim como a violência praticada pelas próprias potências coloniais durante o período colonial, por exemplo, durante as lutas na Argélia ou na Indonésia pelo fim do domínio colonialista e também após o domínio colonialista nas subsequentes guerras civis, deportações e regimes ditatoriais. É preciso mencionar tudo isso aqui porque uma interpretação orientada precipuamente no Estado é de fato problemática, mas sobretudo porque há que se tomar consciência de que, em muitos desses casos, até hoje de modo algum se pode falar de uma "assimilação do passado" [*Vergangenheitsbewältigung*], como se diz na língua alemã. Nesse tocante, as controvérsias em muitos aspectos apenas começaram.[13] Não sabemos como elas modificarão o discurso dos direitos humanos, mas não devemos blindá-lo contra essa modificação.

Trauma cultural?

Desse modo, porém, levanta-se a pergunta pelas consequências da história da violência quando tal "assimilação" [*Bewältigung*] não

---

Kolonialismus und Holocaust; contra ela, Malinowski; Gerwarth, Der Holocaust als "kolonialer Genozid"? Europäische Kolonialgewalt und nationalsozialistischer Vernichtungskrieg, *Geschichte und Gesellschaft*, p.439-66.

12 Cf. Baberowski; Doering-Manteuffel, *Ordnung durch Terror. Gewaltexzesse und Vernichtung im nationalsozialistischen und im stalinistischen Imperium.*

13 Autor central do campo da sociologia nesse assunto é Mann, *The Dark Side of Democracy. Explaining Ethnic Cleansing*. A coletânea mais abrangente de material sobre a história da violência do colonialismo que conheço está disponível na língua francesa: Ferro (org.), *Le livre noir du colonialisme. XVe-XXIe siècle: de l'extermination à la repentance*. Chama a atenção a transposição dos termos "Holocausto" e "Gulag" para fenômenos que justamente não lhes correspondem, em livros sobre o extermínio dos índios (*"American Holocaust"* – holocausto americano) ou sobre o brutal combate britânico à resistência anticolonialista no Quênia (*"Britain's Gulag"* – Gulag britânico).

115

Hans Joas

tem ou não teve lugar até agora; além disso, pode-se perguntar se, em vista da dimensão desses crimes e do sofrimento causado por eles, a concepção de uma "assimilação" não seria totalmente inadequada. Pois nem mesmo havendo uma transformação em adesão a valores universalistas, por exemplo, no caso dos direitos humanos, naturalmente não se pode dizer que isso proporcionou consolo e que tenha sido gerado um sentido retrospectivo. Isso seria uma recaída em filosofias teleológicas da história. Para responder às duas perguntas pelas consequências em longo prazo de uma experiência de violência e pela tensão entre essa experiência e qualquer articulação dela necessitamos de uma nova abordagem intelectual. Nas últimas décadas, ganhou forma, nesse tocante, um conceito que até se tornou uma palavra da moda nas ciências humanas contemporâneas. Estamos falando do conceito de trauma. A seguir, eu gostaria de expor algumas reflexões sobre como esse conceito e a concepção associada a ele poderiam ou não ser úteis na resposta a essas perguntas.

O que é um trauma? Visto que o conceito provém da psiquiatria, faz sentido consultar os livros-texto e os manuais correspondentes para obter uma definição. No livro-texto de Patricia Resick sobre os fundamentos da psicotraumatologia, encontra-se a definição segundo a qual uma pessoa foi confrontada com um evento traumático quando são preenchidos dois critérios:

> 1. A pessoa vivenciou, observou ou foi confrontada com um ou mais acontecimentos que implicaram morte real ou iminente; uma lesão séria ou um risco para a incolumidade física da própria pessoa ou de outras pessoas. 2. A reação da pessoa compreendeu medo intenso, impotência ou pavor. Em crianças, isso também pode se expressar por meio de um comportamento desconexo ou agitado.[14]

A definição oficial da Associação Norte-americana de Psiquiatria tem um teor bem parecido. Entrementes, há também tentativas

---

14 Resick, *Stress und Trauma. Grundlagen der Psychotraumatologie*, p.22 (tradução corrigida por Joas).

A sacralidade da pessoa

abrangentes de reconstituir a história científica da concepção do trauma.[15] Originalmente, o conceito se referia a lesões corporais, como, por exemplo, a penetração de um corpo estranho, e, entre outras coisas, foi transposto por Sigmund Freud para processos psíquicos, sendo que Freud, como se sabe, oscilou, de um modo central para o desenvolvimento da teoria psicanalítica, entre um paralelo literal entre lesão psíquica e física e uma interpretação – por exemplo, da sedução sexual na infância – como mera fantasia, tema que desde então atravessa a bibliografia psicanalítica e a bibliografia crítica à psicanálise. Sem dúvida, foi a história da violência do século XX que voltou a chamar a atenção, inclusive a do próprio Freud, para o impacto das experiências reais de violência como evento traumatizante. Isso aconteceu primeiramente nos debates sobre a "neurastenia de guerra", "neurose de trincheira" e o *shell shock* [trauma de guerra] durante a Primeira Guerra Mundial, e de modo mais intenso na esteira da Guerra do Vietnã, que levou à definição do *"posttraumatic stress disorder"* [transtorno do estresse pós-traumático], bem como na bibliografia sobre as consequências do holocausto para os atingidos e seus descendentes.[16]

Exporei aqui, num primeiro momento, com o auxílio de um exemplo literário, qual poderia ser o potencial da concepção do trauma para uma compreensão da dinâmica da gênese do valor. A obra mais impactante nesse aspecto é um romance de Alfred Döblin com o título *Hamlet ou A longa noite está terminando*.[17] O personagem central desse romance é um homem que retornou da guerra, um soldado inglês que lutou na Segunda Guerra Mundial. Ele foi ferido

---

15 Leys, *Trauma, A Genealogy*.

16 Kansteiner, Menschheitstrauma, Holocausttrauma, kulturelles Trauma: Eine kritische genealogia der philosophischen, psychologischen und kulturwissenschaftlichen Traumaforschung seit 1945, p.109-38.

17 Döblin, *Hamlet oder Die lange Nacht nimmt ein Ende* [1956]. Sobre a interpretação cf., entre outros, Kiesel, *Literarische Trauerarbeit. Das Exil- und Spätwerk Alfred Döblins*, p.489-98; Sander, *Alfred Döblin*, p.222-31.

117

gravemente durante um ataque de camicases ao seu navio de transporte, perdeu uma perna e, em virtude desse evento de fato traumático segundo a definição acima, afundou na "longa noite" – como diz o título – do alheamento nefasto em relação ao mundo que até então experimentara. Como as tentativas de restabelecê-lo com meios psicoterapêuticos numa clínica falharam, sua mãe preferiu tomá-lo sob sua própria guarda e, por essa via, livrá-lo de sua "rigidez cadavérica". Mas logo fica claro que o filho não necessita só de cuidados e do amor materno, mas é impelido por uma "paixão por fazer perguntas" tão logo se mostra disposto a conversar. Ele precisa saber quem é propriamente o culpado não só da sua mutilação, mas também de todas as demais vítimas que talvez não possam mais perguntar por conta própria; ele precisa saber quem e o que é propriamente responsável por essa guerra e pela catástrofe histórica que se arrasta desde 1914. Ele não consegue uma resposta para isso com sua mãe, e tampouco com seu pai, que, sendo um escritor renomado e bem-sucedido, estaria predestinado para isso, no entanto, ele usava a sua arte não como meio para elucidar essas questões de culpa e sentido, mas para fugir delas. O pai é descrito como um homem para quem "as guerras acontecem à luz da história mundial, sucedendo de tempos em tempos entre os homens como a gripe, o tifo, a escarlatina, para os quais tampouco se descobrira remédio". É esse pai, contudo, que tem a ideia salvadora que põe em marcha o processo de cura repleto de surpresas do filho e, simultaneamente, o mecanismo complexo do romance com a estrutura de um ciclo de novelas. Esse pai sabe que o meio correto para tratar de questões de sentido não são as discussões, mas as narrativas; e, por essa razão, ele propõe "narrar e deixar que cada qual tire por si mesmo as suas próprias conclusões". Depois disso, são organizadas noitadas narrativas, nas quais membros e amigos da família contam todo tipo de histórias, velhas e novas, conhecidas e desconhecidas, e Edward, o filho, participa dessas noitadas. Calado e fechado em si mesmo no início, como geralmente ficava desde o evento que o deixara em

A sacralidade da pessoa

estado de choque, opressor e ameaçador para os parentes, "uma bomba de efeito retardado", aos poucos e de modo crescente ele vai mostrando reações em algumas passagens das histórias narradas e torna-se cada vez mais um participante. As histórias, que formalmente são autônomas, são dispostas por Döblin de maneira extremamente criativa de tal modo que se acham nelas pontos de contato para as experiências do filho e para a sua penetrante busca por sentido. No entanto, o livro de maneira alguma leva de modo linear à cura de Edward. Porque as noites de narrativas também oferecem aos narradores múltiplas oportunidades de reinterpretar e redefinir as suas relações com os demais participantes por meio dessas histórias. E isso vale de um modo muito intenso para o próprio casal. Na mesma proporção em que o filho encontra o caminho de volta para a vida, o casamento do seu pai com sua mãe se fragiliza. O caminho até a verdade que deve ser trilhado para que Edward seja curado constitui uma empresa cheia de perigos para um casamento que há muito já havia se transformado numa relação de hostilidades dissimuladas e ocultação recíproca, e de cuja atmosfera sem amor o filho outrora havia fugido para a guerra. O romance traz o título de *Hamlet* porque nele, assim como na peça de Shakespeare, um filho põe a descoberto uma culpa antiga na família e, ao mesmo tempo, a desordem no Estado da Dinamarca e só desse modo pode chegar ao fim a longa noite da mentira com os seus fantasmas. Porém, nesse fim não está a cura, mas um novo desabamento: primeiro o da família, visto que o pai, irritado ao extremo com insinuações feitas por sua mulher, parte para as vias de fato e em seguida foge de casa, a exemplo da mulher; mas, então, também o desabamento do próprio filho, que acaba reconhecendo como a sua lucidez e insistência em saber a verdade necessariamente teriam um efeito destrutivo num mundo que queria imunizar o seu sentido, recusando-se a assumir a responsabilidade pela história da violência.

Não vou entrar aqui nos itinerários ulteriores do pai e da mãe que passaram a vivenciar na realidade coisas que em suas narrativas apenas haviam aventado. Em face da morte, o pai e a mãe acabam se reencontrando e Edward por fim fica livre para viver uma vida nova; mas o autor hesitou diante da questão de para que essa liberdade deveria ser usada: de frente para o mundo numa atuação reformista ou de costas para o mundo por meio do ingresso no mosteiro?

Não está claro se a supressão do ingresso no mosteiro da versão publicada foi uma adaptação às condições da primeira publicação na República Democrática Alemã ou se foi um recuo frente a um final que forçosamente pareceria paradoxal a leitores não religiosos.

Esse romance contém, com enorme plasticidade, tudo o que as presentes reflexões querem destacar nesse ponto na linguagem mais abstrata da ciência: o choque da própria experiência de violência que invade a esfera sagrada do corpo; o trauma causado por esse abalo das certezas fundamentais da relação com o mundo; a impossibilidade de achar uma saída desse trauma que não passe pelo ato de narrar; o nexo necessário entre o ato de narrar e a constituição de novo sentido e novos valores; os efeitos desestabilizadores dessa nova constituição de valor e sentido para o contexto social habitual; a inevitabilidade de expandir questões políticas de sentido para o âmbito existencial-religioso.

Não pode haver dúvida, portanto, quanto ao potencial da concepção de trauma para as questões que aqui nos interessam. Mas a ocupação com a literatura logo deixa igualmente claro que seu uso inflacionado também pode ser extremamente problemático, porque questões não são respondidas, mas ocultadas, aspectos específicos da experiência de violência são equiparados, de um modo influenciado por uma teoria literária pós-estruturalista, aos "componentes supostamente traumáticos de toda comunicação humana".[18]

A concepção do "trauma cultural", por sua vez, como é sustentada principalmente pelos sociólogos da cultura em Yale em torno

---

18 Kansteiner, Menschheitstrauma, Holocausttrauma, kulturelles Trauma: Eine kritische genealogia der philosophischen, psychologischen und kulturwissenschaftlichen Traumaforschung seit 1945, p.110.

A sacralidade da pessoa

de Jeffrey Alexander,[19] transpõe o conceito de trauma não só para coletivos, o que certamente é plausível, mas para culturas inteiras, "subjetivando-o" nesse contexto. Tal definição de trauma cultural tem o seguinte teor:

> Estamos diante de um trauma cultural quando os membros de um coletivo sentem que foram expostos a um acontecimento pavoroso, que marcou indelevelmente a sua consciência de grupo, impregnou-se para sempre em suas memórias e alterou de modo fundamental e irrevogável a sua identidade futura.[20]

Em que se diferencia essa definição das definições usuais de trauma nos manuais de psicologia e psiquiatria? Certamente, não por sua referência a "acontecimentos pavorosos" ou "marcas indeléveis", à marca impressa na memória e na identidade para sempre e de modo irreversível. Tudo isso também é parte integrante da definição psicológica de trauma. Frente a essa última, geralmente direcionada para indivíduos, acresce-se aqui também a referência a coletividades, mas esta não precisa ser vista como problemática, já que muitas vezes não só indivíduos isolados são atingidos por eventos terríveis que produzem traumas, mas grupos de pessoas, que, nesse caso, naturalmente devem ser todas classificadas como traumatizadas e cuja coesão social pode ter sofrido um dano irreversível, de modo que uma elaboração coletiva do terror é incontornável. Mas a inovação decisiva não é essa referência à coletividade, mas a referência a culturas c à "subjctivação" da dcfinição de trauma a

---

19 Cf., sobretudo, Alexander et al., *Cultural Trauma and Collective Identity*. O estudo de caso do próprio Alexander nesse volume (p.196-263) foi reduzido em comparação com a sua pré-publicação, perdendo a maior parte do aparato crítico, que, no entanto, é muito importante. Por isso, cf. também Alexander, On the Social Construction of Moral Universals: The "Holocaust" from War Crime to Trauma Drama, *European Journal of Social Theory*, p.5-85, especialmente p.72 et seq. Para uma discussão mais detalhada, a cujas formulações recorro aqui, cf. Joas, Gibt es kulturelle Traumata? Zur jüngsten Wendung der Kultursoziologie von Jeffrey Alexander, p.257-69.

20 Alexander et al., *Cultural Trauma and Collective Identity*, p.1.

ela associada e que, na definição, quase não é notada: "quando os membros de um coletivo *sentem que* foram expostos a um acontecimento pavoroso" (grifo de Joas). É possível expandir o conceito de trauma a culturas? Existem traumas "culturais"? A existência de um trauma depende de que os atingidos por ele o definam como tal? Os contextos históricos concretos, dos quais se origina o impulso para uma versão culturalista do conceito de trauma, são palpáveis. Com o passar do tempo, o Holocausto é visto cada vez mais (e não menos) como um trauma enorme dos judeus (enquanto vítimas), mas também dos alemães e outros (enquanto autores do crime) e da humanidade inteira. Com o passar do tempo, a escravidão dos africanos transportados à força para a América do Norte é definida mais e mais (e não menos) como trauma dos negros norte-americanos e de toda a sociedade dos EUA. A definição de Alexander se vincula, nesse sentido, com questões sociais. Ela está baseada na simpatia pelas vítimas da escravidão e do Holocausto e por seu interesse pelas condições culturais de expansão do universalismo moral. Porém, é possível trilhar esse caminho conceitual e teoricamente ou ele constitui um descaminho que desperdiça precisamente o potencial que a pesquisa psicológica do trauma pôs à disposição da sociologia histórica?

O ponto controverso não é se constatações sobre traumatismos são construções sociais ou não, mas se essas construções estão direcionadas para algo que possui qualidades próprias que, no processo da construção, podem se fazer notar por sua resistência ou não, ou seja, se os próprios traumas são "apenas" construtos. No caso dos traumas, trata-se especialmente de ver se a afirmação de que eles se caracterizariam justamente por uma certa não assimilabilidade, pela enorme dificuldade que tem aquele que os experimenta de inseri-los no quadro interpretativo que está à sua disposição, se essa afirmação é correta e se nós podemos atribuir a essa não assimilabilidade uma espécie de *status* de realidade ou não.

Portanto, afunilemos a controvérsia na questão de se podemos atribuir à não assimilabilidade da experiência traumática o *status* de um fato objetivo, que como tal é independente da dinâmica do evento cultural de interpretação.

Para prevenir mal-entendidos, quero listar primeiro os sentidos em que *não* estou falando do fato objetivo da traumatização. Em primeiro lugar, não estou me referindo a uma ignorância em relação ao contexto psíquico e cultural da experiência. Obviamente, o mesmo evento pode ser experimentado de modos bem distintos por pessoas distintas, dependendo de seus antecedentes e disposição psíquicos, e obviamente culturas distintas oferecem possibilidades distintas de interpretação dos acontecimentos. Assim como George Herbert Mead falou da realidade objetiva de perspectivas subjetivas,[21] eu falaria aqui do fato objetivo de esse experimentar distinto em cada caso. Esse experimentar não é nenhuma construção; mas o discurso sobre ele certamente é, e esse discurso geralmente influencia a interpretação das experiências e talvez até o próprio experimentar. Porém, essa influência, por sua vez, é um fato objetivo sobre o qual podem ser formuladas sentenças verdadeiras e falsas.

Em segundo lugar, a insistência no fato objetivo da traumatização não significa que estou negando que a experiência pode consistir na mera representação de um acontecimento. Como diz a famosa máxima do sociólogo William Isaac Thomas, de Chicago, é real em seus efeitos tudo aquilo que for considerado real pelos agentes. Nesse caso, a representação de um acontecimento é um fato objetivo, mesmo que o conteúdo da representação não corresponda aos fatos. Do mesmo modo, impulsos próprios de agentes podem ser vivenciados como ameaçadores e, sendo assim, ter um efeito traumatizante, mas, nesse caso, o fato de que se trata aqui é a *representação* de estar sendo arrastado por um impulso assassino ou pedofílico.

Em terceiro lugar, certamente é acertado dizer que podemos ser traumatizados não só por acontecimentos que vivenciamos direta e pessoalmente; não obstante, é preciso ter cautela quanto a isso.

---

21 Mead, Die objektive Realität der Perspektiven [1926], p.211-24.

Por um lado, estamos tão identificados, por exemplo, com pessoas de referência centrais que a vivência destas pode se tornar a nossa própria. O temor pela vida de uma pessoa amada pode se converter numa vivência própria de medo da morte. Por outro lado, porém, há também o mero saber emocionalmente neutro do envolvimento de pessoas próximas ou de nossos antepassados. Nesse caso, certamente também somos chamados a lidar com o envolvimento dessas pessoas, mas seria mais adequado aplicar um conceito diferente do da traumatização.

Em quarto lugar, a ênfase na objetividade da experiência traumática não significa que eu queira abstraí-la das dinâmicas sociais ou da impregnação do evento interpretativo pela dimensão do poder, vinculadas com essa experiência. É inteiramente correto não conceber interpretações como emanações de experiências, e Alexander faz muito bem em aplicar o arsenal dos modos de acesso sociológico à *"social construction of everything"* [construção social de todas as coisas] também à interpretação das experiências traumáticas.

Em quinto e último lugar, enfim, não há como negar que o conceito "trauma", enquanto conceito científico, não é atemporal e que nem mesmo se encontra à disposição desde tempos antigos; a reflexão sobre sua história certamente é oportuna. Mas, uma vez mais, não vejo como disso resultaria um argumento contra a referência do conceito a facticidades que como tais antecedem à sua apreensão conceitual e são independentes dele.

Se essa exclusão de mal-entendidos iminentes foi convincente, então deveria ter ficado claro, em primeiro lugar, que a sociologia, a despeito de todo o saber sobre a dimensão da construção social, tampouco encontrou um modo de contornar a pergunta pelo que "propriamente" teria acontecido, quem "propriamente" teria sido afetado por um acontecimento etc. Uma mera reconstrução das construções sociais, como hoje muitas vezes é propagada e praticada sob a palavra-chave "análise do discurso", nem é possível por esse meio. Tomemos como exemplo a memória da Guerra do Vietnã e suas

A sacralidade da pessoa

consequências traumáticas. Com certeza vale a pena reconstruir sociologicamente a história das lutas sociais em torno dessa memória. Porém, como lidaremos com o fato de que a traumatização da população vietnamita praticamente não se tornou objeto da memória norte--americana? Ou nem mesmo se trata de uma traumatização por não ter sido construída como tal? Ou isso constitui um sinal preocupante de que há poucos impulsos para acolher o sofrimento dos outros na nossa própria reconstrução histórica? Podemos muito bem dizer que o impressionante Vietnam War Memorial, em Washington, D.C., que individualiza o sofrimento da multidão listando nominalmente todos os cinquenta mil norte-americanos mortos no Vietnã, seria um monumento muito mais voltado contra guerras injustas e a favor da reconciliação se mencionasse também os nomes dos três milhões de vietnamitas mortos. Porém, de onde viria tal impulso se não do fato de que o sofrimento dos sobreviventes vietnamitas seja interpretado como sofrimento inarticulado e que clama por articulação?

Naturalmente, é possível pensar em uma saída simples para isso. Esta consistiria em conceber a traumatização psicológica, seja individual ou coletiva, e suas consequências, por um lado, e o assim chamado trauma cultural e a sua construção, por outro, simplesmente como dois objetos distintos. Nesse caso, haveria traumatizações que não são definidas como traumas culturais e haveria traumas culturais, mesmo que não haja (mais) nenhuma traumatização psicológica. Nesse caso, a terminologia seria um tanto confusa, mas certamente não se poderia tirar a legitimidade de tratar dos dois objetos. Porém, o próprio Alexander obstruiu essa saída simples mediante uma boa quantidade de formulações que deixam muito claro que ele quer restringir o conceito à assim chamada traumatização cultural e que considera que a traumatização sem uma definição culturalmente vitoriosa é um objetivismo ingênuo. Ele escreve, por exemplo, que a classificação cultural "é decisiva para o processo pelo qual uma coletividade é traumatizada". Ou "'Experimentar um trauma' pode ser entendido como um processo sociológico que

125

define uma lesão dolorosa da coletividade, que determina quem é vítima, quem atribui responsabilidade e quem reparte as compensações ideais e materiais".[22] Nesse ponto, cruzou-se, em cada um dos casos, a linha para um construtivismo relativista. Considero totalmente justificada a pergunta de Alexander de por que certos acontecimentos (como as atrocidades japonesas em Nanquim) tiveram uma acolhida muito menor na memória cultural do que outros.[23] Isso de fato se aplica à maioria das atrocidades cometidas no mundo não ocidental. É igualmente acertado dizer que a explicação para isso não pode residir na "natureza intrínseca do sofrimento original" [*intrinsic nature of the original suffering*],[24] como assumido, segundo Alexander, pela "teoria leiga do trauma" [*lay trauma theory*], da qual ele, no entanto, não cita nenhum representante. Porém, se for ingenuidade considerar o tamanho da traumatização como única variável na explicação da gênese de uma definição cultural de trauma, apenas inverte-se a ingenuidade quando se volta a atenção exclusivamente para os processos culturais de definição e, desse modo, desvia-se a atenção das consequências difíceis de reconstruir de um sofrimento que não tem como se fazer ouvir.

Essa problemática pode ser reconhecida num ponto especialmente sensível, a saber, quando Alexander se manifesta criticamente em relação ao trabalho do historiador norte-americano Peter Novick.[25] Na formulação do próprio Alexander, a tese de Novick sabidamente é

> que o Holocausto se tornou central para a historiografia atual porque ele se tornou central para a América do Norte, e que ele se tornou central para a América do Norte porque se tornou central para a comunidade judaica da América do Norte, e que se tornou central para os judeus porque se tornou central para os propósitos de organizações judaicas que, por sua vez, eram centrais para todos os tipos de meios de comunicação de massa.

---

22 Alexander et al., *Cultural Trauma and Collective Identity*, p.15, 22.
23 Ibid., p.26.
24 Ibid.
25 Ibid., p.7.

A sacralidade da pessoa

Acrescente-se que Novick é declaradamente cético em relação a uma explicação da consciência do Holocausto nos Estados Unidos a partir da dinâmica da assimilação de um trauma. Para ele, as fontes simplesmente não apontam para a suposição de que a maioria dos judeus norte-americanos – sem falar dos norte-americanos não judeus – tenha sido traumatizada em algum sentido pelo Holocausto. Enquanto Alexander se apoia em seus enunciados empíricos, exclusivamente em trabalhos historiográficos (e não em fontes) e, ao fazer isso, usa a obra de Novick como filão, contrapõe-se rispidamente à interpretação de Novick. Ele diz que as análises de Novick são tendenciosas e sintetiza o contraste dela e a sua própria abordagem numa formulação teórico-sociológica:

> Nas categorias da teoria sociológica clássica, Novick poderia ser descrito como alguém que oferece uma explicação de orientação finalista a partir de grupos com *status* ao estilo de Weber em distinção à abordagem aqui defendida, mais fortemente orientada na cultura e vinculada com o Durkheim tardio.[26]

Contudo, é preciso contrapor a isso que uma questão empírica não pode ser resolvida no nível metateórico. Alexander de fato não quer contestar o papel desempenhado por poder, interesses, grupos com *status*; ele só quer impedir o reducionismo. Porém, o impulso antirreducionista fica sem efeito diante da tese empírica de que, num caso determinado, os interesses sejam a variável decisiva da explicação. Quando Alexander, além disso, sai a campo contra Novick com o argumento de que este evidencia uma particularização (judaica norte-americana) do Holocausto, enquanto ele estaria interessado no processo de universalização, poderíamos muito bem designar isso como dois temas distintos (não duas teorias distintas). Novick não rejeitaria a forma como Alexander propôs a questão; mas ele contesta que a dinâmica concreta da memória norte-americana do Holocausto possa ser entendida a partir da lógica interna dos proces-

---

26 Alexander, On the Social Construction of Moral Universals: The "Holocaust" from War Crime to Trauma Drama, *European Journal of Social Theory*, p.73.

sos traumáticos. E essa objeção não pode ser refutada com alusões a Durkheim nem ao interesse em processos de universalização.

Desse modo, a suma provisória disso tudo é que Alexander não faz uma diferenciação clara entre consequências psicológicas e sociais do trauma, por um lado, e a construção social de um fenômeno da memória cultural chamado "trauma", por outro. O seu interesse nessa segunda temática faz com que ele deprecie e não acompanhe a primeira. Em virtude da falta de clareza a esse respeito, o seu texto se enreda em contradições.

Nesse ponto extremamente sensível, seria necessário, a meu ver, diferenciar entre o plano de uma construção cultural de "trauma" enquanto afirmação feita na discussão pública e o plano da experiência humana, para a qual é característica justamente a dificuldade de encontrar expressão nos esquemas de interpretação disponíveis. Quando se faz essa diferenciação, torna-se perceptível que há traumatizações que não são culturais ou não são culturalmente legitimadas como tais, assim como há pretensões culturais ao conceito de trauma, mesmo quando não exista traumatizações psicológicas.

Quando não se faz essa diferenciação, desperdiça-se exatamente o potencial contido na pesquisa psicológica sobre o trauma para a ciência social histórica. Nesse caso, o culturalismo mira muito alto e tem de ser refreado por um *"experientialism"*.

O movimento antiescravista como modelo de mobilização moral

Tal ponto de partida centrado no experimentalismo [*experientialism*] não presume nenhum acesso a experiências que não seja, ele próprio, simbolicamente mediado; por isso mesmo, ele não representa nenhum retrocesso para aquém do *"linguistic turn"* [da guinada linguística], mas assinala o fato de que, em processos culturais inovadores, operam impulsos que modificam as interpretações da situação já estabelecidas publicamente. Nesses casos, pode tratar-se

A sacralidade da pessoa

de tentativas de articulação de experiências que não são adequadamente expressas do ponto de vista do sujeito das interpretações públicas. Pode ocorrer, porém, que seja mobilizado de maneira nova o potencial de um sistema de interpretação já existente, visando levar mais a sério percepções que anteriormente já eram possíveis e ocorreram, mas cujo teor explosivo havia sido desativado pelas interpretações dominantes.

O estreitamento "culturalista" consiste justamente em apresentar-nos os seres humanos como prisioneiros das culturas a que pertencem e a sua ação como mera execução de programas culturais que foram por eles interiorizados ou com os quais eles se defrontam constantemente na forma de expectativas consolidadas pelas normas e nutridas pelos demais, de modo que não disporiam de nenhuma alternativa de comportamento. Contrapõe-se a esse estreitamento a ênfase na *ação* humana. Esta, porém, não deve, por sua vez, ser concebida como se os agentes não dispusessem de valores interiorizados e, sendo assim, pudessem se portar em relação a expectativas culturais de modo distanciado e calculista. Para avançar nesse ponto, é preciso recorrer a um modelo mais complexo que logre evitar a má alternativa entre um modelo racional da ação ou um modelo de programação cultural. Só é possível encontrar uma saída para isso levando em conta a criatividade irredutível da ação humana.[27]

Por esse caminho torna-se possível constatar o seguinte: aquilo que, num exagero holístico, é designado "cultura" não tem lugar num só ponto da esfera de ação, mas em vários. Muitas obviedades culturais vigentes se encontram corporificadas em práticas exercitadas diariamente sem que cada pessoa individualmente dê alguma explicação sobre elas e a sua legitimidade. Porém, sobre aquilo que é bom ou mau também se discorre em discursos explícitos de justi-

---

27 Desenvolvi essa ideia extensamente em meu livro *Die Kreativität des Handelns*. A crítica detalhada a outras teorias, à qual aqui só se faz alusão, porque a sua discussão extrapolaria este contexto, pode ser encontrada em Joas; Knöbl, *Sozialtheorie*.

ficação. Falamos de valores quando os posicionamentos assumem a forma de aprovação ou negação explícita de asserções sobre o bem ou o mal. Seria totalmente falso e constituiria uma ilusão quanto ao papel da consciência na ação se a orientação dos agentes em relação a valores fosse concebida como orientação consciente em tais asserções. Há muita coisa que não é tematizada pela consciência e permanece corporificada em práticas sem ser trazida à tona nem refletida. Desse modo, é provável que haja também tensões entre práticas e valores. As práticas vigentes podem ser questionadas mediante alusão a valores declarados, assim como os valores revisados mediante alusão à práxis vivenciada. Se, ademais, presumirmos que, ao lado da práxis da vida cotidiana e da comunicação referente a valores, há ainda instituições no sentido de uma expectativa de ação provocada pelos agentes individuais e que se tornou obrigatória, pode-se identificar um campo de tensão com três polos: valores, instituições, práticas. As instituições, como, por exemplo, o direito, também podem divergir dos valores e das práticas. Nesse caso, elas também se expõem à crítica por parte destes ou, inversamente, obrigarão estes a se justificar.

Sendo assim, porém, os processos de transformação cultural sempre se desenrolam num campo de tensão desse tipo. A sua dinâmica pode ter o seu ponto de partida em qualquer dos três polos. Seria um procedimento a-histórico atribuir de antemão importância maior a um dos polos, mesmo porque só a retrospectiva mostra em que direção as tensões acabaram se dissolvendo. Os processos de transformação cultural obviamente nunca se desenrolam no espaço vazio, mas são influenciados por conjunções de interesses e por relações de poder. Falar de sociedades como se fossem sistemas ou estruturas ou como se fossem textos ou formações discursivas só desvia a atenção desse caráter indissolúvel de tensão que resulta da ação humana. Acontecimentos inesperados interrompem o fluxo da ação; novos tipos de experiência são articulados; o que ainda há pouco era exigência ou práxis vivenciada, torna-se obrigatório no

A sacralidade da pessoa

âmbito de instituições. Institucionalizações permanecem controversas. Elas podem perder sub-reptícia ou repentinamente as suas bases motivacionais, assim como podem ser outra vez revitalizadas. Nenhum componente desse campo de tensão é estável por si só nem está assegurado de uma vez por todas.

Essas asserções esquemáticas e abstratas serão concretizadas agora num exemplo central para o tema deste livro, a saber, no que certamente constituiu o movimento mais importante pelos direitos humanos do século XIX: o abolicionismo, o movimento em favor da eliminação da escravidão.[28]

O que deve ser ressaltado em primeiro lugar é que, no século XVIII, muitos representantes do pensamento iluminista e também aqueles que articularam uma sensibilidade madura para com o sofrimento de todos os seres humanos pouco fizeram para que a instituição da escravidão mesma se tornasse objeto de indignação moral ou de crítica argumentativa. Até houve alguns críticos intelectuais imponentes entre os pensadores iluministas franceses, mas a sua esfera de influência permaneceu reduzida antes da Revolução Francesa e

---

28 As exposições a seguir sobre a história da escravidão e do movimento antiescravista estão fundamentadas em vasta e variada bibliografia, dentre a qual me limito a mencionar os seguintes títulos: Davis, *Inhuman Bondage. The Rise and Fall of Slavery in the New World*; Bender (org.), *The Antislavery Debate. Capitalism and Abolitionism as a Problem in Historical Interpretation*; Young, *Bearing Witness against Sin. The Evangelical Birth of the American Social Movement*; Brown, Christianity and the Campaign Against Slavery and the Slave Trade, p.517-35; Osterhammel, *Die Verwandlung der Welt. Eine Geschichte des 19. Jahrhunderts*, p.1188-213. Além disso, sejam mencionados também dois artigos muito úteis que apresentam uma visão geral: Drescher, Trends in der Historiographie des Abolitionismus, *Geschichte und Gesellschaft*, p.187-211; Gestrich, Die Antisklavereibewegung im ausgehenden 18. und 19. Jahrhundert. Forschungsstand und Forschungsperspektiven, p.237-57. Menciono, ademais, um artigo que se coaduna no aspecto metodológico com as reflexões aqui apresentadas porque ele tematiza o processamento discursivo de acontecimentos e o seu efeito contingente sobre processos de ação coletiva: Ellingson, Understanding the Dialectic of Discourse and Collective Action: Public Debate and Rioting in Antebellum Cincinnati, *American Journal of Sociology*, p.100-44.

também nos primeiros anos desta. No ano de 1794, a Assembleia Nacional ao menos tomou a decisão de abolir a escravidão nas colônias francesas, ainda que sem assegurar de algum modo a emancipação dos escravos. O caos provocado pela Revolução no Haiti foi usado por Napoleão em 1802 como pretexto oportuno para voltar a legalizar a escravidão.[29] Os ânimos dos revolucionários nunca foram realmente tocados com força por essa questão; os representantes dos donos de escravos das colônias mantiveram a sua influência sobre o processo de formação da vontade na República revolucionária.

Talvez ainda mais notável seja quão pouco foi tematizada, nos incipientes Estados Unidos da América, a tensão entre as proclamações dos direitos humanos que acompanharam a luta pela independência e a instituição da escravidão. Lá também já fazia muito que havia adversários resolutos da escravidão, sobretudo entre as correntes religiosas como a dos quakers. Já antes da Revolução foram tomadas resoluções no sentido de expulsar da comunidade religiosa aqueles que possuíssem escravos.[30] Além disso, os revolucionários utilizaram, em sua polêmica contra o rei britânico, o discurso da escravização (*"enslavement"*) como tópico retórico, mas sem expressar com isso uma resistência contra todo tipo de escravidão. Muitos dos revolucionários, incluindo Thomas Jefferson, o autor principal da Declaração de Independência, que foi tão importante para a história dos direitos humanos, eram donos de escravos. De diferentes maneiras, os revolucionários estavam dispostos a conceder, após a sua morte, a liberdade a alguns dos seus escravos ou a todos eles, o que indica algum peso na consciência; mas ainda havia um longo caminho a trilhar desse sentimento até a rejeição fundamental da escravidão como tal. Adversários da Revolução apontaram em tempo para a duplicidade do discurso dos revolucionários. Até mesmo entre os adversários da escravidão circulavam concepções de que a

---

29 Cf. Sieberg, Französische Revolution und die Sklavenfrage in Westindien, *Geschichte in Wissenschaft und Unterricht*, p.405-16.

30 Brown, Christianity and the Campaign Against Slavery and the Slave Trade, p.526.

libertação só seria possível em caso de "retransporte" dos libertos para a África, o que ademais, em vista do tempo decorrido e do total desenraizamento, só pode ser chamado de eufemismo para deportação. O resultado da Revolução Norte-americana, sumarizado do ponto de vista da escravidão, só pode ser designado de ambivalente. Nos Estados da Nova Inglaterra, onde havia uma população negra bem reduzida, a escravidão desapareceu; em todo o Norte, a emancipação logo aconteceria e no Oeste a escravidão nem chegaria a ser introduzida. As numerosas publicações dirigidas contra a escravidão no período revolucionário, que podem perfeitamente ser consultadas, chegaram a influenciar a atmosfera cultural, ainda que não tenham logrado nenhum êxito político marcante. Em contraposição, nos Estados do Sul, empederniu-se a vontade política no sentido de manter a escravidão. Algumas alforrias às vezes reforçavam ainda mais os preconceitos contra os negros, razão pela qual, no fim do período revolucionário, a escravidão estava ainda mais consolidada do que antes dele. As fundamentações ideológicas para ela iam se tornando cada vez mais sofisticadas.

Chama a atenção que um movimento poderoso contra a escravidão não teve origem num dos países que produziram declarações dos direitos humanos no decurso de revoluções, mas na Grã-Bretanha. Ali se desenvolveu, especialmente a partir da década de 1780, um movimento de inspiração precipuamente religiosa, cujo alvo foi primeiramente o tratamento humano dos escravos, depois a restrição e a proibição do comércio de escravos e, por fim, a abolição da escravidão de modo geral. Esse movimento até recebeu impulsos da resistência religiosa norte-americana à escravidão, mas foi assumido como causa por amplos círculos da população bem antes que isso acontecesse nos EUA. A situação só se modificou dramaticamente a partir do início da década de 1830. Como já ocorrera na Grã-Bretanha, os ativistas que lideravam o movimento, como, por exemplo, William Lloyd Garrison,[31] declararam, de modo ainda mais

---

31 Mayer, *All on Fire. William Lloyd Garrison and the Abolition of Slavery*.

radical e até fanático, que quem defendesse a escravidão ou mesmo que a aceitasse passivamente estaria afundando no pecado. Eles não aceitaram mais contemporizações, como, por exemplo, que, no regime escravista, os escravos seriam conduzidos lenta e pedagogicamente até a emancipação. Mediante empenho de suas vidas, esses abolicionistas exigiram de modo irredutível a abolição imediata da escravidão sem condicionantes e sem indenização.

Não é possível apresentar aqui uma narrativa extensa da história desse movimento abolicionista na Grã-Bretanha e nos EUA. Em termos analíticos, no entanto, é de se perguntar como podemos explicar esse surgimento bastante repentino, ainda que temporalmente deslocado, de um movimento de massa em luta pelos direitos humanos dos escravos. Como ocorreu em relação à questão das origens das declarações dos direitos humanos,[32] não levaria a bom termo buscar a explicação ou do lado da religião ou do lado de um (suposto) Iluminismo antirreligioso. Nesse caso, é correto dizer que o movimento teve inspiração precipuamente religiosa; isso, porém, não é toda a explicação, mas só o seu início. O surgimento repentino não se explica a partir de uma religião que também existia em outra parte (EUA), e que ali não provocou nenhum movimento ou até serviu para justificar a escravidão. Fora do âmbito anglo--americano, não surgiu nenhum movimento, ou ele foi rapidamente interrompido ou só veio a ocorrer muito tempo depois.[33] Então, o que pôs em marcha esse impulso de sacralização da pessoa?

Duas possibilidades de explicação que se apresentam logicamente devem ser excluídas de antemão como sem serventia. Há quem ache plausível derivar movimentos sociais de uma lenta maturação

---

32 Cf. o capítulo 1 deste livro.

33 Extremamente interessante é a indicação de Jürgen Osterhammel (*Die Verwandlung der Welt. Eine Geschichte des 19. Jahrhunderts*, p.1189 et seq.) de que a China e o Japão se voltaram contra a escravidão muito antes da Europa e da América e que em Sião [antigo nome da Tailândia – N. T.] houve repressão da escravidão, não por pressão ocidental, mas em conexão com um reavivamento budista.

A sacralidade da pessoa

de orientações de cunho valorativo. Por exemplo, se a Declaração de Independência Norte-Americana e as Bills of Rights [declarações de direitos] já proclamaram a igualdade de todos os seres humanos, então cedo ou tarde o ideário fixado por escrito deveria impor-se irrestritamente, a despeito da inconsequência ou duplicidade dos revolucionários. Porém, essa concepção já não combina com o fato que deu início ao movimento de massa a favor do abolicionismo na Grã-Bretanha. De fato havia uma conexão com as revoluções francesa e norte-americana, mas ela foi muito mais complicada do que supõe a ideia de uma aplicação prática de declarações. As aspirações independentistas dos norte-americanos desencadearam uma análise de consciência em protestantes britânicos a respeito de quais teriam sido as falhas de sua parte que ensejaram esse desenvolvimento. No conflito com os revolucionários franceses desenvolveu-se um novo patriotismo britânico, "que não desejava atribuir a superioridade da sua própria nação somente ao desempenho econômico e ao poderio militar, mas também a sua capacidade de mostrar o caminho ao mundo no plano moral e jurídico".[34] Nos escritos de abolicionistas norte-americanos como Garrison, reiteradamente se faz referência aos documentos de fundação da República norte-americana, mas, no contexto de seus enunciados, isso se revela antes como estratégia retórica de legitimação de interesse, com a qual ele se sentia comprometido por outras razões, a saber, religiosas. Não é preciso negar totalmente que atores individuais buscaram inspiração em documentos políticos; mas como explicação para o surgimento de um movimento social, essa inspiração não serve de jeito algum.

A segunda explicação a ser excluída de antemão, em virtude do seu ceticismo em relação a teleologias idealistas, incorre no oposto e tenta explicar a partir de interesses materiais até mesmo um movimento social que opera com fortes argumentos morais, como é o dos abolicionistas. A tentativa mais conhecida de fazer isso é a de

---

34 Ibid., p.1193.

135

influência marxista feita por Eric Williams em seu livro *Capitalismo e escravidão*,[35] de 1944, a saber, a de derivar a abolição da escravidão, em primeira instância, da ascensão do moderno capitalismo industrial com a sua institucionalização do trabalho assalariado livre e, em segunda instância, de mudanças na importância relativa da economia caribenha dentro do Império Britânico. Em torno dessa tese desdobrou-se um debate de grande envergadura, que acabou numa espécie de consenso: a economia escravista não ruiu por falta de lucratividade. Ela permaneceu eficiente; justamente o início do século XIX trouxe o florescimento propriamente dito da economia de plantio tocada com escravos, visto que a Revolução tinha acabado de gerar uma demanda intensificada, por exemplo, por algodão como base da produção têxtil, o que impulsionou a dimensões totalmente novas a rentabilidade econômica da produção por meio de escravos e, consequentemente, a demanda por trabalho escravo. Não obstante, pode ter havido conexões entre o abolicionismo e o incipiente capitalismo industrial; mas elas não consistiram em que um modo de produção que de qualquer modo já estava em extinção apenas teria recebido um empurrão final ou que os próprios atores tivessem agido por motivos econômicos.

Porém, ao descartar essas duas possibilidades que naturalmente se apresentam, como explicaremos a gênese do abolicionismo? Eu gostaria de fazer menção a três elementos de uma explicação a meu ver bem mais convincente.

Em primeiro lugar, não há como não perceber o caráter religioso do movimento. Esse se refere, em primeiro plano, à autocompreensão cristã. Os movimentos abolicionistas da Grã-Bretanha e dos EUA foram carregados principalmente por atores que finalmente queriam levar a sério exigências morais que já estavam embutidas no cristianismo. A escravidão foi declarada como pecado; a resistência abolicionista era vista como um sinal de que realmente havia

---

35 Williams, *Capitalism and Slavery*.

A sacralidade da pessoa

a intenção de viver de acordo com as exigências morais de Cristo. Um aspecto característico disso era a indignação que se sentia especialmente quando os donos de escravos e seus apoiadores ofereciam resistência à evangelização dos escravos e, desse modo, operavam contra a ordem missionária de Cristo. O movimento antiescravista se tornou parte dos movimentos de reavivamento periodicamente recorrentes.

Esses movimentos, porém, não devem ser caracterizados simplesmente por seu conteúdo religioso, mas sobretudo por sua dinâmica específica. No seu meio, arautos proféticos estigmatizaram situações abusivas como pecaminosas e as interpretaram como ocasião para arrependimento. Porém, desse modo podem ser postos em marcha grandes processos coletivos de reorientação moral que não são derivados de constelações de interesses dos participantes. Com efeito, em tais processos, estes aprendem a definir de maneira totalmente nova os seus interesses. Nesse processo, a adoção de formas religiosamente exercitadas da confissão pública de pecados e a asseguração do renascimento moral ajudaram a politizar os objetivos morais. A palavra foi dirigida a pessoas de todos os estratos de formação; justamente também as mulheres, cujo papel na esfera pública sofria fortes restrições, puderam ascender à liderança de um movimento.[36] O movimento se mostrou sumamente criativo no uso dos seus recursos. A atenção redobrada no abolicionismo até mesmo levou à revisão do quadro muito disseminado de que só sob condições "pós-industriais" teriam surgido "novos movimentos sociais", para os quais os fins materiais não eram predominantes. Esse movimento não era precipuamente movido por interesses nem estava precipuamente orientado no Estado.[37]

---

36 Cf. Gestrich, Die Antisklavereibewegung im ausgehenden 18. und 19. Jahrhundert. Forschungsstand und Forschungsperspektiven, p.249, e a bibliografia ali citada.

37 Cf. a tese em Young, *Bearing Witness against Sin. The Evangelical Birth of the American Social Movement*. Cf. as publicações prévias desse autor em revistas: Young, Confessional Protest: The Religious Birth of U.S. National Social Movements,

Portanto, de fato é possível compreender o movimento abolicionista como um movimento que assumiu, numa modalidade moralista, a conclamação à descentralização moral que sempre estivera contida na fé cristã, ou seja, a ver o mundo a partir da perspectiva de outros e não só daqueles com quem estamos ligados por afinidades afetivas – o que pode não passar de mero prolongamento do amor de si –, a ver o mundo a partir da perspectiva "dos mais pequeninos dentro nossos irmãos".[38] Assim sendo, o primeiro componente de uma explicação é *a intensificação da motivação para a aplicação prática de uma moral universalista em princípio já presente*.

Porém, a motivação intensificada para a moral estava associada com deslocamentos cognitivos e estes representam o segundo componente da explicação. Pois mesmo que exista um alto grau de motivação moral para a descentralização, a autocompreensão da responsabilidade moral dependerá de pressupostos cognitivos. Para que nos sintamos responsáveis, temos de fazer constatações empíricas da conexão entre as nossas ações e as situações abusivas em outros lugares. O que consumimos realmente provém de um país em que escravos ou trabalhadores forçados participam da produção? Igualmente se situa no plano cognitivo o modo como avaliamos as nossas possibilidades de intervenção. Se renunciarmos ao consumo dessa mercadoria ou instarmos outros a boicotarem a mesma junto conosco, isso terá algum efeito sobre as condições nas quais essa mercadoria é produzida? Cada uma das nossas atitudes morais está inserida num contexto de assunções empíricas e, desse modo, falíveis sobre as condições, os meios e as consequências do seu próprio agir e do agir de outros e sobre os nexos causais entre a própria ação e a ação de outros.

Com base nessas noções, o historiador norte-americano Thomas Haskell, de modo engenhoso, estabeleceu uma conexão entre

---

American Sociological Review, p.660-88; e a subsequente controvérsia com Charles Tilly, ibid., p.689-95.

38 Mateus 25:40.

A sacralidade da pessoa

a ascensão do capitalismo industrial e o progresso ocorrido simultaneamente em termos de sensibilidade humanitária (*"humanitarian sensibility"*);[39] essa conexão é de um tipo bem diferente do contido nas tentativas de derivar a ação moral da busca dissimulada de interesses materiais. Nesse modo de ver as coisas, o que constitui a condição para um movimento como o do abolicionismo é uma trama global de relações sociais que brotam de razões econômicas. O mesmo processo que possibilita, por exemplo, aos empresários a vasta expansão de sua ação orientada por seu benefício próprio – seu próprio comércio de escravos, mas justamente não só por ele –, constrói para outros uma ponte que agora lhes permite estabelecer uma relação causal entre a rejeição moral de situações abusivas em outros lugares, que até aquele momento havia permanecido inefetiva, e a sua própria conduta de vida e, desse modo, vivenciar a responsabilidade pela eliminação dessas situações abusivas como possibilidade realista de ação e justamente como obrigação moral de fato. Com a expansão das relações de mercado cresce também o espaço para a responsabilidade moral relevante para a ação. Denomino esse segundo componente de *expansão socioestruturalmente causada da atribuição cognitiva da responsabilidade moral.*

O primeiro e o segundo componentes juntos abrem um espaço no qual se torna possível a articulação de experiências que antes não eram ouvidas. Aqueles que são capazes de descentralização moral concreta e estão motivados para ela dão ouvidos aos que relatam sobre o seu próprio sofrimento e o alheio. Eles até se põem ativamente em busca de testemunhos desse sofrimento. Só assim as experiências de opressão, de injustiça e violência, as experiências traumáticas, tornam-se articuláveis para muitos. Após a primeira onda de publicidade na era das revoluções, as comunidades eclesiais negras ofereceram espaço para dar expressão às experiências dos escravos. No movimento abolicionista, a resistência dos escravos

---

39 Haskell, Capitalism and the Origins of the Humanitarian Sensibility, p.235-79.

que continuamente se inflamava, a publicidade intensificada da crueldade das condições e dos testemunhos de escravos (fugidos) confluíram com os motivos morais dos ativistas. Os lamentos se converteram em apelos, os gemidos em exigências, a impotência se transformou em determinação. Para obter êxito político, era imperativo que o movimento abolicionista tivesse ainda um terceiro componente. Esse reside em seu caráter transnacional. Os abolicionistas britânicos – a exemplo de Jürgen Osterhammel – "entenderam-se desde o começo como ativistas de um projeto mundial. [...] A repressão do comércio de escravos e da escravidão aconteceu como uma reação em cadeia transatlântica, na qual cada ação local obtinha um sentido adicional advindo de um contexto maior".[40] Na ciência política, impôs-se a visão de que o movimento abolicionista representa a primeira forma das assim chamadas *transnational advocacy networks* [redes transnacionais de advocacia pública],[41] que hoje se revestem de grande importância em muitos campos políticos. Indivíduos e pequenos grupos de ativistas recolhem fatos cruzando fronteiras se preciso e encontram possibilidades de exposição e publicação desses fatos. Eles inauguram novos canais de comunicação entre ativistas de diversos países e com pessoas atingidas. Eles inventam formas de protestar, difundem-nas em outros países ou copiam modelos de outros países. Eles se comunicam sobre os modos de atingir seus objetivos no respectivo quadro nacional. Com efeito, as condições do êxito com frequência se restringem ao nível nacional, a despeito de toda a interconexão transnacional.

Porém, sem a composição de uma dimensão pública global que tornou possível transformar violações da dignidade humana em escândalos e sem essa articulação em rede transnacional, é duvidoso que qualquer dos ramos nacionais do movimento abolicionista teria tido algum êxito. A memória do movimento abolicionista de

---

40 Osterhammel, *Die Verwandlung der Welt. Eine Geschichte des 19. Jahrhunderts*, p.1191.
41 Keck; Sikkink, *Activists beyond Borders. Advocacy Networks in International Politics*.

A sacralidade da pessoa

massas na Grã-Bretanha voltou a inflamar-se ali durante a Guerra Civil Norte-americana e impediu o governo britânico de reconhecer diplomaticamente os Estados do Sul secessionistas ou mesmo de intervir na Guerra Civil.[42] Desse modo, o caráter transnacional do movimento tornou-se importante para a vitória dos Estados no Norte e o êxito da emancipação dos escravos na América do Norte, proclamada por Abraham Lincoln em 1863. Portanto, seria totalmente equivocado falar aqui – como acontece às vezes no contexto da política de direitos humanos – de um regime internacional que seria imposto de fora aos países individuais. Nesse caso, as transformações remontam, muito antes, aos próprios movimentos sociais. Denomino esse terceiro componente de *a organização transnacional prática do universalismo moral*.

Estas reflexões sobre a gênese dos movimentos abolicionistas na Grã-Bretanha e nos EUA naturalmente não são exaustivas nem de pontos de vista historiográficos nem do ponto de vista de uma teoria dos movimentos sociais que desenvolve de modo abrangente a ideia-chave deste livro, a saber, a dos processos de sacralização em geral e da sacralização da pessoa em especial.[43] A função das reflexões apresentadas nesse ponto foi apenas a de expor as linhas básicas de uma transformação de experiências de violência em ações guiadas por um universalismo moral. Mas, apesar do seu caráter histórico e sociocientífico, essas observações também têm um ponto alto filosófico-moral. Este consiste em contrapor-se construtivamente a uma concepção, segundo a qual uma moral universalista só poderia basear-se de modo consistente na força "motivação racional". Essa concepção de Kant, alvo de frequentes críticas, foi renovada por Jürgen Habermas na transformação de motivos kantianos operada no quadro de sua teoria da comunicação. Entretanto, no curso subsequente do desenvolvimento de seu pensamento, ele admitiu cada vez mais que a motivação racional teria pouca força no tocante

---

42 Davis, *Inhuman Bondage. The Rise and Fall of Slavery in the New World*, p.317 et seq.

43 Primoroso nesse sentido é o livro de Pettenkofer, *Radikaler Protest. Zur soziologischen Theorie politischer Bewegungen*.

à moral. Disso resulta, para ele, de modo tanto mais premente "a necessidade de uma complementação da moral apenas fracamente motivadora pelo direito obrigatório e positivo".[44]

Sem querer diminuir de algum modo a importância do direito como esteio das exigências da moral universalista, as reflexões aqui apresentadas visam a uma outra espécie de complementação da "pouca força da motivação racional".[45] O que se investiga aqui são as poderosas forças de motivação para a moral universalista que podem resultar de tradições culturais, como as religiosas, e de experiências intensas, tanto entusiasmantes como traumatizantes, e levar a ações individuais e coletivas. Na sacralização da pessoa residem essas forças motivadoras que possibilitam a percepção descentralizada e a ação político-moral.

Mas as reflexões sobre violência e dignidade humana não só têm um ponto alto filosófico-moral, mas também implicam uma exigência moral. Se os direitos humanos também são concebidos como uma forma de articulação da história da violência, então é imperativo que o seu caráter como tentativa de articulação seja preservado. Desse caráter é possível derivar, então, a exigência de ampliação, de levar em consideração o sofrimento ainda inarticulado – mas também a exigência de romper com a autossatisfação cultural. O que quer que tenha força compromissiva enquanto resultado de nossa história de violência não pode simbolizar ao mesmo tempo um triunfalismo cultural, segundo o qual os direitos humanos aparecem como uma possessão firmemente embasada que comprovaria a superioridade da nossa própria cultura. Na linha das reflexões sobre a sacralização da pessoa aqui explicitadas, isso representaria uma contradição em si, assim como sempre representou a utilização do símbolo central do sofrimento e do sacrifício da cultura cristã, a saber, da cruz, como sinal de guerra e vitória nas "cruzadas".

---

44 Habermas, *Die Einbeziehung des Anderen. Studien zur politischen Theorie*, p.51, nota 50.

45 Id., *Factizität und Geltung. Beiträge zur Diskurstheorie des Rechts und des demokratischen Rechtsstaats*, p.19.

IV. Nem Kant nem Nietzsche
O que é genealogia afirmativa?

Na introdução a este livro, já foi mencionado e introduzido brevemente o conceito "genealogia afirmativa". Neste capítulo, que possui o *status* de uma análise metodológica intermediária, será caracterizado mais detidamente esse conceito e assim também o método utilizado neste livro. No estado atual da discussão no campo da filosofia e da história dos direitos humanos, é preciso justificar em especial por que se tenta traçar uma "genealogia" dos direitos humanos e não uma fundamentação racional de sua pretensão de validade ou uma simples história de sua ascensão e disseminação. Além disso, é preciso justificar por que se lança mão, para essa genealogia, de um caráter "afirmativo" claramente divergente de Nietzsche. Com essa dupla justificação se pretende tornar plausível de uma só vez por que unicamente essa genealogia afirmativa faz jus ao fato da sacralização que aqui recebe tanta ênfase e por que, a despeito de toda a disposição de reconhecer as conquistas de Kant e Nietzsche e não retroceder a um ponto aquém delas, nenhum desses dois pensadores é capaz de fornecer a figura norteadora da argumentação aqui exposta.

A menção de Kant e Nietzsche naturalmente não esgota o espectro das posições possíveis. Eles são mencionados aqui porque os seus nomes corporificam quase simbolicamente duas das mais significativas e influentes posições fundamentais. Ao nome de Kant está vinculada a esperança de poder assumir ou desenvolver uma argumentação filosófico-moral que possa ter pretensão de validade universal e incondicional, independentemente de toda história. O nome de Nietzsche sinaliza o fim de toda esperança desse tipo, a noção da subjetividade irredutível de todo ato valorativo e a noção da contingência da história que acabou também com as esperanças de uma fundamentação histórico-filosófica dos valores.[1] Nos detalhes da argumentação de ambos os pensadores pode até haver muita coisa a ser corrigida, como pensa inclusive a maioria dos seus adeptos, mas para eles isso não muda nada no fato de que os respectivos projetos de pensamento mereçam ser seguidos. Assim sendo, dois dos mais importantes pensadores do final do século XX, Habermas e Foucault, podem ser interpretados sem dificuldade respectivamente como tentativa de reformulação teórico-comunicativa de Kant e como concretização histórico-cultural de Nietzsche. Em virtude do enorme significado simbólico de ambos os pensadores clássicos, as controvérsias em torno da interpretação dos seus escritos ficam carregadas de uma intensidade que vai muito além das dimensões filológica e biográfica. Kant de fato construiu, como diz a interpretação usual, a sua filosofia moral sobre o fato do livre-arbítrio humano, do qual faz parte a nossa capacidade de formular princípios universalmente válidos para a ação e orientar nossas ações livremente escolhidas nesses princípios exigidos pela razão e assim orientá-las pura e simplesmente na lei moral universalmente válida? Ou essa interpretação de Kant, por mais impressionante que seja o modo como elabora a ideia da autonomia da ação moral do ser humano frente às condições e inclinações do

---

1 Joas, *Die Enstehung der Werte*, p.39 et seq.

A sacralidade da pessoa

seu agir, seria insustentável, na medida em que, desse modo, daria a entender que ele construiu a sua filosofia moral sobre um enunciado metafísico-especulativo ou empírico-falível de cunho antropológico, que, quando muito, designa uma capacidade, cujo *status* normativo por isso mesmo não estaria justificado? Por essa razão, não seria mais convincente e mais coadunável com as intenções de Kant não derivar a sua filosofia moral do *fato* do livre-arbítrio humano, mas de um reconhecimento – similar ao da fé – do *valor* da liberdade humana, para o qual, todavia, faltaria toda e qualquer fundamentação última?[2] De modo semelhante em Nietzsche, podemos questionar: a sua proposta de que o confronto consciente com os processos valorativos evidencia a contingência da valoração e, assim, expõe apenas a mera subjetividade? Ou o seu modo de fazer análises genealógicas representaria um projeto ético e crítico em grau extremo, cujo alvo é justamente possibilitar aos indivíduos a adesão autêntica a valores?[3] Toda observação a respeito desses dois pensadores cai no terreno dessas controvérsias interpretativas muitas vezes travadas de maneira acalorada.

Acresce-se a isso que, como já foi mencionado, o campo dos posicionamentos possíveis sobre a relação entre história e normatividade é muito maior que o demarcado por esses dois nomes. A

---

2 Quanto a esse aspecto, especialmente instrutiva é a discrepância entre a síntese concisa do modo usual de ver a questão em Jerome B. Schneewind e a alternativa "teórico-valorativa" em Paul Guyer. Cf. Schneewind, Autonomy, Obligation, and Virtue: An Overview of Kant's Moral Philosophy, p.309-41; Guyer, *Kant on Freedom, Law, and Happiness*; Id., In praktischer Absicht: Kants Begriff der Postulate der reinen praktischen Vernunft, *Philosophisches Jahrbuch*, p.1-18.

3 Sobre a interpretação "destrutiva", cf. a minha própria interpretação de Nietzsche em *Die Enstehung der Werte*, p.37-57; sobre a alternativa cf., entre outros, Owen, *Nietzsche's "Genealogy of Morality"*; bem como a interpretação, que, na minha opinião, extrapola a aproximação entre "genealogia" e "crítica", de Saar, *Genealogie als Kritik. Geschichte und Theorie des Subjekts nach Nietzsche und Foucault*. Além disso, importante sobre o *status* de genealogia em Nietzsche e Foucault, ver MacIntyre, *Three Rival Versions of Moral Enquiry. Encyclopaedia, Genealogy, and Tradition*, principalmente p.32 et seq., 196 et seq.

dialética hegeliana e marxiana, o historismo e o positivismo, as filosofias vitalistas de Dilthey ou Bergson, tentativas de solução neokantianas, incluindo as argumentações de perfil bem próprio de Max Weber e Georg Simmel, a filosofia analítica da história e variantes contemporâneas de seguimento de todos os pensadores e escolas de pensamento mencionados poderiam igualmente reivindicar consideração nessa questão.

Ora, para não deixar que a justificação do procedimento escolhido para este livro se avolume a níveis enciclopédicos e, em contrapartida, evitar uma argumentação que alega simplesmente poder se abstrair dos modelos argumentativos historicamente disponíveis, tomei a decisão de usar um único pensador como pano de fundo para a minha exposição, mais exatamente aquele que, dentre todos os vultos históricos, encontra-se mais próximo dela. Esse procedimento também corresponde à corrente hermenêutica geral de todo o livro. O pensador a que recorro aqui nunca chega a falar propriamente de "genealogia afirmativa", mas chega bem perto do que se tem em mente com essa expressão. E, ademais, ele já proporcionou o que aqui se pretende evitar: uma exposição de proporções enciclopédicas.

Estamos falando de Ernst Troeltsch, mais exatamente de seu *opus magnum* tardio *Der Historismus und seine Probleme* [O historismo e seus problemas] e da coletânea de ensaios que complementa e torna essa obra mais precisa, redigida pouco antes de sua morte e publicada postumamente, que recebeu (não do autor) o título *Der Historismus und seine Überwindung* [O historismo e sua superação].[4] A obra tardia de Troeltsch, na qual quero me apoiar, teve uma história de influência desafortunada. Os títulos dados aos dois livros dão ocasião a mal-entendidos, quando não induzem a erro. *O historismo e seus problemas* soa como se se tratasse de um problema interno específi-

---

4 Troeltsch, *Der Historismus und seine Probleme* [1922]; Id., *Fünf Vorträge zu Religion und Geschichtsphilosophie für England und Schottland* (em 1924, intitulado *Der Historismus und seine Überwindung*). Os editores da edição completa das obras Troeltsch sabiamente desistiram do título dado ao livro em 1924.

A sacralidade da pessoa

co de uma escola da ciência histórica domiciliada principalmente na Alemanha, cujas aporias são explicitadas em centenas de páginas. Não é de se admirar que, com essa expectativa, o interesse do leitor se mantenha limitado. *O historismo e sua superação* dá a impressão de que Troeltsch tem a pretensão de ter encontrado uma saída para as aporias dessa escola, que, no entanto, parece não ter sido formulada de modo facilmente compreensível em nenhuma passagem do livro. Logo após a publicação, houve uma chuva de manifestações de decepção da parte da geração mais nova de filósofos, historiadores e teólogos protestantes e católicos porque Troeltsch não teria conseguido encontrar uma saída para o historismo relativista a despeito de toda a sua erudição. Além disso, espalhou-se o boato de que o próprio Troeltsch teria reconhecido o seu fracasso. Desde então, o discurso sobre o seu fracasso e a sua resignação atravessa toda a bibliografia a seu respeito. Até mesmo em autores que têm afinidade fundamental com Troeltsch encontram-se múltiplos enunciados de distanciamento em relação a essa obra, que "sem dúvida se caracteriza não só pela incompletude, inomogeneidade e contraditoriedade, mas também pela falta de clareza categorial, pela falta de precisão teológica e filosófica e por cascatas linguísticas no estilo da pura asseveração metafísica".[5] Até hoje não há tradução dessa obra para o inglês, o que prejudicou enormemente sua recepção internacional.[6] Logo em seguida, a controvérsia em torno da obra de Wilhelm Dilthey começou a empanar a influência de Troeltsch após a sua morte prematura, fato apontado por Gadamer.[7] Só em tempos mais recentes surgiram algumas poucas sistematizações de mais fôlego e com maior compreensão da sua argumentação, não

---

5 Ruddies, "Geschichte durch Geschichte überwinden". Historismuskonzept und Geschichtsdeutung bei Ernst Troeltsch, p.217.

6 Sobre a (não) recepção dessa obra nos EUA, cf. Paul, "Der Historismus" in North America, p.200-17.

7 Hans-Georg Gadamer, *Wahrheit und Methode. Grundzüge einer philosophischen Hermeneutik*, Tübingen, 4. ed. 1975, p.479.

por acaso da pena de teólogos protestantes, já que, sem a sensibilidade para a dimensão religiosa da formulação do problema e da tentativa de resposta por parte de Troeltsch, não há como encontrar um acesso adequado à sua obra tardia.[8] Com efeito, a pergunta feita por Troeltsch não visava à dificuldade enfrentada por uma certa escola científica, mas pura e simplesmente a uma das problemáticas mais profundas da consciência moderna, na medida em que entre as suas características está a de ter interiorizado a gênese histórica de toda fé, de toda pretensão de validade referente à verdade e à atribuição de valor. Dilthey formulou isso classicamente no discurso que proferiu por ocasião de seu septuagésimo aniversário:

> Um antagonismo aparentemente irreconciliável surge quando se acompanha a consciência histórica até suas últimas consequências. A finitude de todo fenômeno histórico, seja ele uma religião ou um ideal ou um sistema filosófico, ou seja, a relatividade de todo tipo de concepção humana a respeito do nexo entre as coisas é a última palavra da visão de mundo histórica, em que tudo flui no processo, em que nada é permanente. E contra isso se levanta a necessidade do pensamento e a busca da filosofia por um conhecimento de validade geral. A visão de mundo histórica é quem liberta o espírito humano da última corrente que a ciência natural e a filosofia ainda não arrebentaram – mas onde estão os meios para superar a anarquia das convicções que ameaça irromper?[9]

É bem evidente que a crítica histórica da Bíblia e seus efeitos perturbadores especialmente sobre o cristianismo protestante constituíram a primeira configuração dessa crise, que cedo ou tarde arrastaria consigo todas as pretensões de validade supratemporais. Dilthey vislumbrou como a tarefa de sua vida repensar a possibilidade das pretensões de validade universais no horizonte dessa historização radical da consciência e expressou a esperança de que

---

8 Schwöbel, "Die Idee des Aufbaus heißt Geschichte durch Geschichte überwinden". Theologischer Wahrheitsanspruch und das Problem des sogenannten Historismus, p.261-84; Rendtorff, Geschichte durch Geschichte überwinden. Beobachtungen zur methodischen Struktur des Historismus, p.285-325.

9 Dilthey, Rede zum 70. Geburtstag [1903], p.9.

A sacralidade da pessoa

seus "jovens companheiros de jornada", seus alunos, completassem a jornada iniciada por ele. Foi precisamente isso que Troeltsch tentou e, como afirmamos aqui, logrou fazer. Ele vê a própria historização radical da consciência como uma revolta sumamente moderna contra a moderna naturalização do pensamento antes e durante o Iluminismo. Ele lembra o entusiasmo com que "a libertação dos conceitos matemático-mecânicos referentes à natureza"[10] foi vivenciada de início, a revitalização de toda a vida espiritual propiciada pela análise histórica, especialmente no tocante à compreensão da arte e da literatura, e o *páthos* histórico com que foi acompanhada a criação dos Estados nacionais. Porém, sem nenhuma ilusão, ele também viu com que rapidez esse entusiasmo obrigatoriamente arrefeceu e deu lugar à sensação de um "historismo ruim". Troeltsch descreve o historismo ruim como "relativismo ilimitado, ocupação lúdica com as coisas, paralisação da vontade e da própria vida",[11] a sensação de estar sendo impedido de moldar corajosamente o futuro em vista das enormes massas de saber histórico e de perder totalmente o chão firme do presente devido às diversas possibilidades de construção da história. Por essa razão, constantemente ocorre que muitos desiludidos retornam do historismo entendido nesse sentido para o naturalismo; a rivalidade entre ambos leva a que eles se alternem em ciclos segundo a moda do momento ou então sejam experimentadas – por exemplo, na disciplina da sociologia – curiosas combinações deles nas teorias da mudança social. Outros retornam ainda mais no tempo e anseiam por voltar às condições que reinavam antes do abalo naturalista ou histórico dos dogmas religiosos ou de outros dogmas. Porém, para Troeltsch não há retorno para um tempo anterior ao naturalismo e historismo, nem para o dogma eclesial nem para "seu descendente, o dogma racionalista".[12] Ele visualiza, sobretudo no neokantismo

---

10 Troeltsch, *Der Historismus und seine Probleme* [1922], p.178.
11 Ibid., p.242.
12 Ibid., p.291.

da sua época, a renúncia ao dogma racionalista, ou seja, a renúncia a um "sistema universalmente racional, cuja aceitação fundamental ao menos em princípio torna tudo necessário e previsível e, assim, objetivo e seguro, de modo que as incertezas se devem meramente à 'subjetividade' enigmática".[13] Essa renúncia lhe parece coisa fácil, na medida em que não se trata de "abandonar algo que alguma vez tivéssemos possuído",[14] mas de sermos libertados de um fantasma que sempre permaneceu programático – "de todo tipo de fantasmagoria conceitual que costuma nos induzir a erro na formação de nossos critérios ou atrofiar a coragem e o viço para produzi-los".[15] O posicionamento ríspido de Max Weber quanto à relação entre história real e sistema axiológico não só não o convence, como até mesmo chega a assustá-lo. Ele vê nele um simples lado a lado de

> uma gélida pesquisa sobre o ser no âmbito histórico, apresada na pura teoria, iluminada por forte sociologia, visando esclarecer a nossa situação e possibilidade de futuro, o espaço de manobra e o tipo de recursos com que podemos construir o futuro, e, ao lado dela, de modo totalmente estranho e inopinado, a escolha de um valor dentre o irreconciliável politeísmo dos valores, ao qual se deve toda a energia e a serviço de cuja realização se colocam todos os conhecimentos histórico-sociológicos.[16]

Esse posicionamento de Weber é, para Troeltsch, a "solução desesperada de um positivismo heroico",[17] que impressiona quando confrontado com as superficialidades "da juventude exaltada pelo romantismo e dos utópicos confiantes na racionalidade ou alunos carentes do ânimo propiciado pela ideia humanitária clássica e pelas teorias alemãs mais antigas do Estado",[18] mas que justamente não contém uma solução para o problema da mediação entre história

---

13 Ibid., p.378.
14 Ibid.
15 Ibid.
16 Ibid., p.354.
17 Ibid., p.355.
18 Ibid.

e normatividade, mas tão somente uma confissão de falta de uma solução para ele.

Mas, então, como é a solução apresentada por Troeltsch? Em vez de acompanhar a estrutura do seu grande livro, que de fato é tudo menos claro e abrangível, tentarei reconstruir aqui em seis passos a sua argumentação, que raramente foi aclarada analiticamente, sendo, na maioria das vezes, apresentada indiretamente por meio das interpretações de outros pensadores. A meu ver, esses passos parecem compor uma sequência de inferências sem lacunas, dotada de grande concludência e originalidade. Porém, tampouco quero ocultar o fato de que a minha reconstrução das reflexões de Troeltsch em forma de uma justificação da "genealogia afirmativa" representa uma interpretação que não resulta de modo inequívoco da própria obra de Troeltsch. A ênfase no que segue não reside na interpretação de um clássico, mas na justificação do método que está na base deste livro.

O fato da formação de ideais

Denomino o *primeiro passo* da tese o *fato da formação de ideais*. "Toda vida carrega dentro de si o seu ideal"; esta frase extraída do escrito de Leopold von Ranke intitulado *Politisches Gespräch* [Diálogo político], de 1836, expressa de modo marcante essa ideia.[19] Certamente a intenção é reverberar aqui o "fato da razão prática pura" de Kant, mas a formulação distinta permite identificar de imediato uma dupla diferença em relação a Kant. O conceito do ideal é, em primeiro lugar, muito mais amplo e admite uma variância interna muito maior que o da moral, que era o conceito visado por Kant; em segundo lugar, quando se fala de *formação* do ideal e não simplesmente de ideal ou moral, em vez de chamar a atenção para a validade perene destes, aponta-se para a gênese imprevisível dos valores, e

---

19 Von Ranke, *Politisches Gespräch* apud Troeltsch, *Der Historismus und seine Probleme* [1922], p.407.

Hans Joas

também para a importância da retrocessão em pensamento até a gênese, quando se tem a intenção de apreender o que realmente está em jogo num valor surgido.

A apreciação de Kant bem como a delimitação em relação a ele e especialmente em relação ao neokantismo desempenham um papel central para a autolocalização de Troeltsch. Esse é o ponto de partida para quem quer estabelecer a mediação entre história e normatividade, não podendo restringir de antemão a dimensão dos valores e das normas a uma moralidade supratemporal; "de qualquer modo, unicamente a partir da dimensão moral não é possível chegar à compreensão nem à construção lógica da história".[20] Terminologicamente, Troeltsch se vale de uma diferenciação perfeitamente tradicional entre o "moral" e o "ético" para expressar a sua ideia. Mas valores "éticos" ou "valores culturais são valores assumidos, pretendidos, não coincidentes com a natureza e o fluxo da vida, provenientes da criação espiritual autônoma e têm em comum com os valores morais esse caráter de dever, não constituindo, porém, eles próprios, valores morais".[21] Esses valores éticos são os que surgem e desaparecem historicamente e são eles que podem ser extraídos da própria história. Kant, no entanto, procedeu de modo diferente. Ao passo que, no caso das ciências da natureza, ele de fato tentou extrair os critérios avaliativos da reflexão sobre seus pressupostos e métodos, ele não fez isso no caso da pesquisa histórica empírica, que, para ele, em sentido estrito, de qualquer modo não possuía caráter científico. Nesse caso, ele obtém o critério de avaliação de uma área por si só não histórica e apenas o aplica à história. Essa área é a da razão moral; ela

> significava a comunidade consumada da humanidade com base na liberdade moral e na autodeterminação, para cujo cerne puramente espiritual-intencional ele reclamava o abrigo de uma ordem legal que tornasse compossível a liberda-

---

20 Troeltsch, *Der Historismus und seine Probleme* [1922], p.269.
21 Ibid., p.391.

A sacralidade da pessoa

de conjunta dos indivíduos, em última instância, um pacto legal mundial dos povos livres.[22]

É totalmente forçoso que, no caso de um ideal obtido em termos filosófico-morais a-históricos, a relação com a história só pode consistir em que toda a dimensão histórica seja avaliada segundo a proporção de sua aproximação ao ideal e que todos os agentes sejam moralmente instados a se tornar ativos na história nos termos desse ideal.

Escrevendo cem anos depois de Kant e no ponto alto do grandioso desdobramento das ciências históricas do espírito e do Estado, Troeltsch não mais se deixa convencer pelo modo como Kant lidou com o problema da história e da normatividade. Para ele, o único mérito inquestionável dos neokantianos contemporâneos é o de terem feito progressos na direção de uma lógica da constituição de objetos da ciência histórica; mas, justamente por agirem assim, eles transformaram a multiplicidade histórica dos valores éticos numa multiplicidade de perspectivas subjetivas e ficam sem uma resposta para a pergunta por sua gênese. Quando se animam a explicar causalmente essa gênese, esses valores éticos se convertem em epifenômenos de processos a serem explicados em termos biológicos, psicológicos e sociológicos. Porém, quando uma explicação da gênese de valores éticos é tida como impossível, resta para eles apenas esquematizações formais ou "uma posição injustificável, antilógica, de seleção e relação voluntariosas".[23] Para Troeltsch, esse também é o beco sem saída em que tinha entrado Max Weber em função de sua orientação pelo neokantismo.[24]

Nesse ponto, há o risco de dois mal-entendidos agravantes. A argumentação aqui exposta pode ser concebida como se a possibi-

---

22 Ibid., p.316.
23 Ibid., p.269.
24 Nisso também reside a razão pela qual não tratei nem dos neokantianos nem de Max Weber em meu livro sobre a gênese dos valores como contribuintes ao discurso sobre essa problemática.

lidade de uma moral dependente da cultura estivesse sendo contestada de modo geral ou como se estivessem sendo rejeitadas as exigências morais pleiteadas por Kant. Contudo, nenhuma das duas imputações decorre do que foi dito até aqui. Não há como contestar que o próprio caráter formal do dever moral permite a formulação de normas morais e que estas,

> libertas de todo e qualquer conteúdo, exercem sobre nós a pressão tanto mais incisiva do puro dever: os valores individuais da autonomia, firmeza de caráter, coerência, dignidade, superioridade sobre os instintos e veracidade, bem como os valores sociais do respeito mútuo, da justiça, e, por fim, na relação comum de todos com a comunidade que os abarca, os valores da solidariedade, da união recíproca.[25]

Totalmente inquestionável é

> que esses valores formais, em função de sua formalidade e de sua decorrência do dever em geral, possuem uma validade universal, racionalmente necessária, sempre que um dever seja reconhecido e na medida em que este por si só esteja elaborado de forma clara e tenha adquirido autonomia.[26]

Entretanto, justamente essa formalidade a-histórica tem como consequência que toda "aplicação" desses critérios morais formais, seja à ação moral dos indivíduos, seja à avaliação da ação moral de outros ou das qualidades morais de épocas e culturas inteiras, permanece na dependência de um preenchimento com conteúdo, de uma tradução em valores "éticos". Na situação da ação, as orientações irredutíveis na direção do "bem" topam – assim se pode dizer numa terminologia diferente – com a instância verificadora do "justo". O justo, sempre, só pode ser instância verificadora, um "filtro de normas" (Paul Ricœur) – a não ser que ele próprio se converta num bem específico, no valor da justiça. Sociedades e culturas inteiras também se encontram no campo de tensão entre seus sistemas

---

25 Troeltsch, *Der Historismus und seine Probleme* [1922], p.391.
26 Ibid.

A sacralidade da pessoa

axiológicos de conteúdo particular e o potencial de uma moral que pressiona na direção da universalidade. Toda cultura coloca ao redor da moral potencialmente universal um cercado específico, ao definir os campos e as condições em que pode ser aplicada. Para incluir ou excluir pessoas de outra nacionalidade, etnia, raça, religião, de outro sexo, de outra idade, de outra constituição mental e de outra moralidade são fornecidas fundamentações específicas de cada caso. Porém, tanto no caso da ação moral de indivíduos como na avaliação de culturas inteiras, seria um erro desconhecer, na empolgação do pleito por uma moral universalista, que nenhuma cultura pode prescindir de um determinado sistema de valores particular e de uma determinada interpretação particular do mundo. Porém, "particular" de modo algum significa o mesmo que "particularista".

O fato da peculiaridade cultural dos sistemas axiológicos não leva a excluir a possibilidade de levar em consideração pontos de vista universalistas. Bem pelo contrário, ele suscita a pergunta por quais seriam as tradições culturais específicas com maior possibilidade de proporcionar um vínculo sob o ponto de vista da universalidade do justo.[27]

Entre Kant e Troeltsch se situam, no entanto, as tentativas talvez mais ambiciosas dentre todas as empreendidas até aqui de mediação entre história e normatividade – a dialética hegeliana e a dialética marxiana –, e deve-se mencionar brevemente pelo menos a razão pela qual Troeltsch não adere a elas. Ele dedica a ambas discussões extensas e sumamente eruditas, o que, nessa época, não podia ser considerado nenhuma obviedade. Ele defendeu ambas contra um grande número de simplificações e deturpações polêmicas em voga no seu tempo. No entanto, no fim das contas, a partir de sua

---

27 Recorro aqui a algumas formulações que utilizei em outro texto, sem qualquer conexão com Troeltsch, muito antes, apoiado no pragmatismo e em Paul Ricœur, para a elucidação fundamental da relação entre o bem e o justo. Cf. Joas, *Die Enstehung der Werte*, p.265 et seq. Bem parecido em Troeltsch, *Fünf Vorträge zu Religion und Geschichtsphilosophie für England und Schottland*, p.83.

perspectiva, a crítica de racionalista não recai só sobre Kant, mas também sobre Hegel. Também "ele queria um sistema axiológico absoluto, racionalmente fundamentado, que, todavia, também tinha a peculiaridade de gerar de dentro de si mesmo as individualidades históricas em sequência, conexão e consumação lógicas".[28] Desse modo, surge uma racionalização e uma teleologia do devir histórico, entretanto, não no sentido de uma justificação barata de todo real como racional, mas no sentido de uma seleção do material histórico que permite perceber a identidade última do real com o racional:

> Somente os pontos altos do devir, dos quais irradiam a autoapreensão e a conscientização da razão, junto com as suas pressuposições e precondições, constituem o objeto da ciência histórica, ou seja, o movimento de uma via luminosa que resplandece das grandes massas agregadas, à margem da qual a grande quantidade dos que ficaram para trás e dos apáticos, a penca dos acasos e dos pecados permanecem no escuro.[29]

A conexão entre esses pontos altos nem precisa ser de cunho empírico-causal; é dialético-lógico, o que, nesse caso, deve significar o mesmo que necessidade teleológica. Esta de modo algum é construída de maneira simplesmente apriorística, como diz a crítica a Hegel desde o tempo dos jovens hegelianos. Hegel estava perfeitamente orientado pelo saber empírico como pressuposto da exposição construtiva; mesmo que seja correto o que historiadores empiristas, sociólogos e marxistas objetaram contra as exposições históricas de Hegel, a saber, que elas "não fazem jus à complexidade, à condicionalidade material nem aos interesses reais e múltiplos da vida histórica, mas em parte apaga, em parte esquece tudo isso devido a uma tendência monista violenta",[30] então isso atinge, num primeiro momento, só a realização do seu grande projeto de síntese e não a intenção por trás dele. Essas deficiências ainda não chegam a invalidar a ideia de uma apreensão dos alvos históricos.

---

28 Troeltsch, *Der Historismus und seine Probleme* [1922], p.319.

29 Ibid., p.459.

30 Ibid., p.479.

A sacralidade da pessoa

Um peso maior deve ser dado a outra objeção levantada desde o tempo dos jovens hegelianos, segundo a qual o método inteiro de Hegel pressupõe – como ele próprio admitiu – que a coruja de Minerva só alça voo após o crepúsculo, o que quer dizer que a totalidade de um processo só poderá ser reconstruída dessa maneira depois que o processo estiver concluído e, a partir do resultado, for possível deduzir completamente os pressupostos de seu surgimento. Troeltsch contesta que essa deficiência do método de Hegel tenha algo a ver com entusiasmo reacionário pela Prússia, mentalidade quietista ou *hýbris* intelectual, mas, não obstante, vislumbra na reflexão insuficiente sobre a relação entre teleologia histórica e inovação histórica não antecipável a deficiência decisiva e insanável de Hegel. Esta, por sua vez, de modo algum teria sido superada pela sua extrapolação marxiana. Por mais importantes que tenham sido as correções econômico-sociológicas de Hegel por Marx e pelo marxismo – retornarei a isso no sexto passo dessa reconstrução da argumentação de Troeltsch –, os valores do marxismo que compõem a utopia do movimento que acreditou nele de modo algum teriam sido extraídos da história nem se contraporiam a esta com uma "estranheza totalmente messiânica".[31] Se todas as formações históricas de valor e sentido forem "apenas espelhamentos de interesses de classe e pontos de vista de classe para dentro do domínio de uma validade universal apenas suposta e ilusória",[32] não há como existir algo diferente disso. Nessa ótica, não há no marxismo nenhuma fundamentação de valores, nem metafísica, nem transcendental, nem histórica. O que resta é meramente uma esperança utópica de configuração futura e um entusiasmo atual com os valores que são afirmados como "correspondência a uma situação histórica bem determinada de uma classe oprimida e que padece com as relações dadas".[33]

---

31 Ibid., p.341.
32 Ibid., p.340.
33 Ibid., p.341.

Assim sendo, se a conexão com Kant, Hegel e Marx não é facilmente possibilitada, porque estes não superaram o afunilamento dos ideais em moral no sentido estrito ou não resolveram de modo convincente o problema da mediação entre história e pluralidade de valores, então é preciso buscar o vínculo com outras tradições. Troeltsch menciona, antes de tudo, Schleiermacher e Humboldt, bem como todo o vasto caudal das ciências de orientação histórica, a saber, as ciências "do Estado, do direito, da economia, da arte, da religião, da ciência" do século XIX,[34] quando se trata de uma consciência crescente da pluralidade de ideais culturalmente vivos. Essa consciência, todavia, é necessária não para avaliar povos, Estados, culturas só com critérios que lhes são estranhos, mas para entendê-los nas relações de valor vivenciadas por eles mesmos como válidas. Só então o fato da pluralidade dos ideais vividos terá sido cabalmente reconhecido. Enquanto meramente existente, essa pluralidade ainda poderia ser captada por sistematizações válidas de uma vez por todas, mas uma noção mais aprofundada obriga a abandonar também essa esperança. Trata-se da noção da produção futura de novos ideais com os quais o presente ainda nem sonha, "a produção do ideal de cada época a partir de dentro de si mesma mediante a crítica criativa, espontânea e livre e mediante a interpenetração de si mesma".[35] Com razão, Troeltsch denomina essa noção aprofundada de uma nova ideia.[36] O significado dessa nova ideia, porém, vai muito além da concessão abstrata de que inovações na área dos valores não podem ser excluídas para o futuro. Muito antes, ela traz para o centro das atenções a formação de ideais, a gênese dos

---

34 Ibid., p.397.
35 Ibid., p.325.
36 Ele a atribui (ibid., p.325) a Rudolf Eucken. A meu ver, no entanto, parece inequívoco que, antes de Eucken, Nietzsche e os pragmatistas norte-americanos já tiveram essa ideia. Émile Durkheim também se acercou gradativamente dessa ideia da gênese contingente de novos ideais morais. Cf. sobretudo o seu último escrito (inconcluso) de 1917: Durkheim, Einführung in die Moral, principalmente p.35.

A sacralidade da pessoa

valores, quando se trata da mediação de história e normatividade, e isso com consequências de grande alcance.

A todas as tentativas de "dissolver os ideais que espontaneamente e em virtude da autocerteza interior emergem na história em meras ilusões, produtos ou reflexos psicologicamente deriváveis",[37] Troeltsch contrapõe o fato da formação de ideais e a irredutibilidade dos ideais que assim surgem. Trata-se de autoilusão de épocas sem criatividade formular o "próprio presente como conhecimento livre de ilusões, que tudo explica e [...] o passado como era romântica das ilusões".[38] Na realidade, a geração de critérios nunca cessa. Portanto, quando se ressalta o fato da formação de ideais, não se trata da rejeição de uma avaliação valorativa de fatos históricos. Nesse sentido, a delimitação em relação a Kant e outras formas do racionalismo tornou-se passível de ser entendida equivocadamente. No entanto, trata-se de renunciar mesmo a critérios a-históricos, visto que a sua utilização só denuncia o autoesquecimento histórico do sujeito que proclama esses critérios. Deve-se renunciar

ao caráter dos critérios [...] que é incompatível com o caráter individual de todas as formações históricas reais e com a produção momentânea própria, que também pertence à história e, por isso, tem de ser individual: à validade universal, à atemporalidade, à absolutidade e abstratividade desses critérios, à sua indiferenciação em relação à razão em si ou ao ente divino universal.[39]

Não se trata, portanto, da renúncia a critérios, mas da renúncia à pretensão de não tê-los extraído da própria história. "Certeza de si sem atemporalidade" é o teor da fórmula que se aplica aqui.[40]

Ainda dentro desse primeiro passo da argumentação deve ser aclarado que essa certeza de si sem a pretensão de atemporalidade pressupõe que, no caso dos ideais formados, dos valores assim

---

37 Troeltsch, *Der Historismus und seine Probleme* [1922], p.359.
38 Ibid., p.360.
39 Ibid.
40 Ibid.

surgidos, não se trata de ideias que ocorrem subjetivamente ou de hipóteses que se considera úteis, em relação às quais não se teria como afirmar nenhuma certeza. Esses ideais não são escolhidos ou decididos. Típico deles é, muito antes – como tentei mostrar no meu livro *Die Enstehung der Wete* [A gênese dos valores] – um senso de evidência subjetiva associado à intensidade afetiva. As experiências e não as fundamentações são constitutivas das adesões intensas a valores. Troeltsch também fala de "senso de evidência"[41] ou de "absolutidade subjetiva".[42] Não capturamos os nossos valores, mas somos capturados por eles, ou – assim formula Troeltsch – o nosso capturar, em tal caso, é "um produzir que se entende como obediência".[43] Por essa razão, tal formação de ideais é acompanhada pela consciência de não ter posto algo arbitrariamente, mas "de estar apreendendo nela um traço interior do desenvolvimento, um movimento interior da vida do universo ou da divindade".[44] A "revelação" é o conceito fenomenologicamente apropriado a essa experiência, a sensação de ter sido partícipe de uma revelação que, por sua vez, enseja um senso de comprometimento, "um comprometimento da nossa existência com a realização de valores válidos por si sós".[45] Precisamente sobre esse caráter de comprometimento Kant teria dito tudo o que é necessário. No entanto, essa experiência não atua simplesmente em conexão com uma moral válida de uma vez por

---

41 Ibid., p.373.

42 Id., *Fünf Vorträge zu Religion und Geschichtsphilosophie für England und Schottland*, p.117. A meu ver, com o conceito de "absolutidade subjetiva", Troeltsch visa o mesmo teor para o qual Max Scheler havia encontrado, em discussão com a teoria da lei individual de Georg Simmel, a expressão genial de um conhecimento evidente do "bom-em-si para mim" [*An-sich-Guten für mich*]. Cf. Scheler, *Der Formalismus in der Ethik und die materiale Werteethik* [1916], p.482. Sobre Simmel e Scheler quanto a esse aspecto, ainda sem levar Troeltsch em consideração, ver Joas, *Die Enstehung der Werte*, p.152.

43 Troeltsch, *Der Historismus und seine Probleme* [1922], p.374.

44 Ibid., p.361.

45 Ibid., p.312.

todas ou em conexão com um "valor" individual, mas frente à totalidade individual de uma formação cultural inteira global.

A individualidade específica dos fenômenos históricos

A alusão à totalidade individual de um fenômeno histórico já denomina o *segundo passo*. Para Troeltsch, o fato da formação de ideais, do qual a argumentação partiu sistematicamente, constitui *a individualidade específica dos fenômenos históricos*. A individualidade nesse sentido obviamente não é um fenômeno meramente numérico. Cada objeto inanimado, cada planta ou cada animal também podem ser individuais em termos de inconfundibilidade e insubstituibilidade. Porém, o conceito da individualidade assume um sentido bem mais elaborado quando os indivíduos em questão possuem ideais ou, melhor dito, dispõem da capacidade da formação de ideais. Nesse caso, não faremos jus à sua individualidade se os entendermos como meramente fáticos, não considerando essencial a eles, portanto, a relação imanente entre a facticidade de tal indivíduo e as concepções de valor bem próprias dele. Não entenderemos um ser humano se desconhecermos os seus valores e só o julgarmos pelas suas ações, que jamais representarão a realização completa dos seus ideais. Nós mesmos jamais queremos ser julgados por outros só pelas nossas ações, mas estamos certos de que não nos resumimos a essas ações. O conceito de individualidade, entendido dessa maneira, significa

> não só a especificidade puramente fática de cada complexo histórico-espiritual, mas junto com esta uma individualização do ideal ou do que deve ser [...], que não chega a ser realizado de modo exaustivo na forma específica de cada caso, mas é almejado e concretizado de modo mais ou menos satisfatório, dependendo das circunstâncias.[46]

Desse modo, o conceito de individualidade torna-se central para a teoria dos valores, e isso "no sentido de uma união de fático

---

46 Ibid., p.394.

e ideal, do naturalmente dado e do circunstancialmente dado e, ao mesmo tempo, eticamente incumbido".[47] Não é só para a teoria dos valores que ele se torna central, mas também e simultaneamente para a constituição do objeto das ciências históricas. A categoria fundamental destas é a da "totalidade individual"[48] no sentido elaborado recém-descrito.

A individualidade nesse sentido não está restrita ao ser humano individual. Visto que o objeto histórico é constituído pelo conceito de totalidade individual e esta, por sua vez, "pelo conceito de um valor ou sentido imanente",[49] "individualidades coletivas" podem também e muito bem ser objeto da historiografia científica: "povos, Estados, classes, estamentos, eras culturais, tendências culturais, comunidades religiosas".[50] De fato, Troeltsch declara até mesmo "complexos procedimentais de toda espécie, como guerras, revoluções etc." como totalidades de sentido desse tipo. Isso não deve ser entendido equivocadamente como falsa transposição de categorias que só fazem sentido em relação a seres humanos individuais para entidades coletivas mistificadas. Só o que ocorre é que os ideais vividos, via de regra, não são percebidos como norteadores apenas por um indivíduo humano e nem necessariamente foram criados ou descobertos pelas pessoas que se orientam por eles.

Uma vez mais, longas passagens da obra de Troeltsch são dedicadas à reflexão sobre a história das manifestações do espírito humano. Por um lado, ele tenta responder à pergunta referente a como tomou forma e se desenvolveu essa compreensão elaborada de individualidade; por outro lado, ele reflete sobre o aspecto referente a por que essa compreensão topa com a incompreensão de amplas parcelas das ciências e da filosofia. Já foi dito que Schleiermacher constituiu um impulso importante. Dilthey e Simmel, Windelband

---

47 Ibid., p.404.
48 Ibid., p.205.
49 Ibid., p.245.
50 Ibid., p.206.

A sacralidade da pessoa

e Rickert estão entre os que aportaram as contribuições mais importantes para declarar que o individual nesse sentido é a característica específica do mundo histórico. Troeltsch acompanha com enorme argúcia os emaranhados da argumentação desses autores. Pensadores como Hermann Lotze, que, via de regra, são tratados como meros epígonos do idealismo alemão, aparecem, nessa perspectiva, como "prógonos"[51] de um novo modo de pensar, que não está mais preso ao racionalismo da filosofia alemã clássica, mas que, no final das contas, não tiveram o ânimo necessário para reunir os conceitos de individualidade e de valor na maneira descrita e colocá-los como base da ciência histórica. Troeltsch demonstra suma simpatia por Dilthey, o qual, mesmo sem promover qualquer redução do "espírito" a mera "vida", superou a concepção hegeliana de que o espírito obedece as leis de seu movimento lógico ou até que a "natureza" e o "espírito" estariam sujeitos às mesmas leis. A isso se contrapunham o "multicolorido próprio da experiência, a profusão das contradições, o direcionamento prático e a irracionalidade"[52] da vida, que sempre só podem ser espiritualmente processados, mas jamais superados. Embora alguns pensadores do neokantismo – Windelband mais que Rickert – ao menos se aproximam dessa compreensão de individualidade, no caso deles a história está indecisa entre uma ciência histórica alheia a valores e um mundo de valores a-histórico. De modo ainda mais drástico que Rickert e ainda menos plausível para Troeltsch, Max Weber promove uma dissociação entre investigação da causalidade e "uma posição valorativa desprovida de ciência, libertada de todo racionalismo validador e de toda metafísica, bem como de toda religião e especulação".[53]

Portanto, a incompreensão propriamente dita por parte da tradição hermenêutica em relação à compreensão específica de individualidade da escola de Schleiermacher-Dilthey é vista por Troeltsch numa

---

51 Ibid., p.736.
52 Ibid., p.716.
53 Ibid., p.853.

tradição cognitiva que ele percebe como a contraparte direta desta. Ele fala de "positivismo anglo-francês".[54] Visto que este não tem conhecimento do conceito de individualidade surgido no romantismo ou, quando o conhece, condena-o polemicamente como "mística", a psique dos indivíduos aparece nele como agregado de elementos individuais, da mesma forma, grupos de pessoas e sociedades inteiras aparecem como meras agregações de seus membros, e uma ponte entre a facticidade desses fenômenos de agregação e valores universais de fato é intransitável. Essa ponte só se torna possível passando pelo desvio de supostas leis (semi)naturais de cunho psicológico, econômico ou sociológico, que são então interpretadas simultaneamente como leis valorativas do desenvolvimento histórico:

> O desenvolvimento rumo ao pacifismo e ao industrialismo ou rumo à democracia e à organização da humanidade ou rumo à higiene científico-racional dos povos e da humanidade ou rumo à maior felicidade possível para o maior número possível ou rumo ao socialismo mundial que planejadamente sanará os danos causados pela moderna exploração da natureza ou rumo à seleção dos mais aptos e à livre concorrência do manchesterismo: é isto que aparecerá então como a essência dessas leis naturais.[55]

Mediante a orientação pelo modelo da ciência natural também na investigação de objetos históricos individuais, a análise estatística das conexões entre elementos individuais adquire uma importância que ele jamais poderia assumir na tradição hermenêutica direcionada para a apreensão de totalidades de sentido.

Quando a possibilidade da formação de ideais é convertida, na maneira descrita, em cerne da determinação de fenômenos históricos específicos, isso acarreta uma profusão de complicações. Metodologicamente essa ideia chama a atenção para "a análise dos pontos nodais criativos e das tendências oriundas deles",[56] porque, nesse caso, é de máximo interesse analítico determinar o ponto no

---

54 Ibid., p.333.
55 Ibid., p.334.
56 Ibid., p.945.

A sacralidade da pessoa

tempo e o contexto da gênese de valores e complexos de valores. Filosoficamente, a concentração na formação de ideais suscita a pergunta se de fato há alguma possibilidade de surgir algo novo no tempo e em que medida esse novo só poderia resultar de uma necessidade imutável ou transcenderia essa necessidade. Nessa questão, em que o neokantismo alemão lhe poderia ser de pouca valia, mas cuja importância tinha aumentado dramaticamente em virtude de Darwin e da nova teoria da evolução, Troeltsch é suficientemente precavido para remeter aos neokantianos franceses, como, por exemplo, Charles Renouvier,[57] aos quais ele atribui terem "elucidado com nitidez o problema dos novos começos e da criação".[58] Porém, mais do que esses, foi Henri Bergson que tomou "liberdade, criação e originalidade"[59] como ensejo para principiar de modo totalmente novo: "Assim, ele adentra o cerne dos nossos problemas como nenhum outro".[60]

Essa indicação mostra claramente que Troeltsch gostaria de fundamentar ainda mais solidamente a sua concepção de formação de ideais e individualidade histórica, que foi obtida essencialmente a partir da reflexão sobre problemas da historiografia. Poder-se-ia dizer que ele almeja conferir-lhe primeiramente um fundamento

---

57 O pensamento de Renouvier teve importância constitutiva para a formação intelectual tanto de William James como de Émile Durkheim. Cf. o artigo da fase inicial de James, Bain and Renouvier [1876], p.321 24; mas sobretudo o registro no diário, motivado por Renouvier, datado de 1870: "My first act of free will shall be to believe in free will", em James, H. (org.), *The Letters of William James*, v.1, p.147. Sobre Durkheim e Renouvier, cf. a frase dita por Durkheim e transmitida por René Maublanc [1930]: "*Si vous voulez mûrir votre esprit, attachez-vous à l'étude scrupuleuse d'un maître, démontez un système dans ses rouages les plus secrets. C'est ce que j'ai fait et mon éducateur fut Renouvier*" [Se quereis maturar o vosso espírito, que vos atenhais ao estudo escrupuloso de um mestre, que desmonteis um sistema em suas peças mais secretas. Foi o que fiz e quem me instruiu foi Renouvier] apud Fournier, *Émile Durkheim (1858-1917)*, p.52.

58 Troeltsch, *Der Historismus und seine Probleme* [1922], p.936.

59 Ibid., p.937.

60 Ibid.

antropológico e, em seguida, indo além disso, um fundamento metafísico. Como fundamento antropológico poderiam ser concebidas as numerosas referências à criatividade do agir. Especialmente nas explanações sobre uma "lógica formal da história", Troeltsch chega a falar da "originalidade criativa dos indivíduos singulares"[61] e da sua relação com as condições previamente dadas do seu agir. Na filosofia da história contemporânea a ele, essa dimensão da ação humana era tratada, antes de tudo, como o problema dos grandes indivíduos, para não dizer dos grandes homens. Troeltsch está consciente de que o problema só assumiu essa forma "a partir do domínio absoluto do conceito naturalista de causalidade ou de uma psicologia que seguiu exclusivamente esse conceito".[62] Para o historiador em sua práxis cotidiana, mas também para o teórico da ciência não orientado pelo naturalismo, é evidente, em contraposição, que não são só os "grandes homens" que superam as suas próprias condições, mas que a todas as pessoas e a todas as suas formações sociais e culturais adere um momento indissolúvel de originalidade:[63]

> Ora, essa originalidade pessoal é própria da força das influências transformadoras e determinantes sobre o todo, que não é apenas algo dado, mas que observamos sobretudo em sua produtividade surpreendente e imprevisível. É o elemento da *criatividade*, que não se restringe ao individualmente estabelecido nem à especificidade de cada um, mas que produz a partir de si mesmo os grandes impulsos transformadores, que não constituem o único tema do historiador, mas um que é especialmente importante para ele. Esse elemento aparentemente reside em cada ser humano individual, podendo avolumar-se através de todos os graus da predominante passividade até chegar à mais potente força propulsora. Ele representa a força decisiva do novo, daquilo que ainda não estava contido nos elementos precedentes, mas que, na conjunção destes, passa a impor-se e introduz na realidade, pela constante multiplicação do real, novas formações, energias, iniciativas.[64]

---

61 Ibid., p.219.

62 Ibid., p.219 et seq.

63 A ampla elaboração de uma teoria da ação que tem essa ideia como ponto de partida foi objeto de meu empenho em *Die Kreativität des Handelns*.

64 Troeltsch, *Der Historismus und seine Probleme* [1922], p.220.

A sacralidade da pessoa

Porém, se, nesse sentido, a ação de todas as pessoas está sempre produzindo coisas novas e as realizações criativas de destaque se corporificam "em instituições e energias espirituais",[65] então a lógica da historiografia não deve tratar esse fato como periférico. Ao contrário, ela deve visar justamente "a essa incalculável novidade e facticidade da produção".[66] Não se trata de rejeitar a causalidade e a racionalidade, mas de formular um conceito de causalidade e de racionalidade que seja adequado aos fatos da ação humana e às formações oriundas dessa ação. Para Troeltsch, a imersão nos fatos históricos leva a uma "lógica do novo e do criativo",[67] que só pode parecer irracional para quem defende uma compreensão estreita de racionalidade contra toda evidência.[68]

---

65 Ibid., p.221.
66 Ibid.
67 Ibid.
68 Ainda não existe uma comparação ampla entre o pensamento de Troeltsch e o pragmatismo. Mas um primeiro passo importante nessa direção foi dado por Friedrich Jaeger, Ernst Troeltsch und John Dewey: Religionsphilosophie im Umfeld von Historismus und Pragmatismus, p.107-30. Visto que atualmente, para muitos, a imagem do pragmatismo é cunhada pelos escritos de Richard Rorty, e visto que ele contribuiu com um texto original e influente para o debate em torno dos direitos humanos (Rorty, Menschenrechte, Vernunft und Empfindsamkeit [1993], p.241-68), gostaria de assinalar brevemente a diferença entre as suas teses e a argumentação exposta por mim aqui. Compartilho com Rorty a apreciação cética da força motivadora das razões apresentadas em termos argumentativo-racionais e correspondentemente também do papel das fundamentações filosóficas de cunho fundamental na história dos direitos humanos. Porém, não compartilho com ele a concepção de que as razões não poderiam desdobrar a sua força argumentativa para além das fronteiras de determinados contextos culturais. É por isso que tampouco considera correto quando Rorty propõe trocar a argumentação totalmente pela narração. A minha proposta de "genealogia afirmativa" defende, em contraposição, uma imbricação específica de narração e argumentação que transcende o contexto dado. De maneira nada menos que espetacular, Rorty desconsidera uma das ideias-chave do pragmatismo, a saber, a da experiência e sua articulação. É isso que confere um tom voluntarista ao seu discurso sobre a "invenção" de novas metáforas, sobre a "conversão" para um novo vocabulário da descrição de si mesmo e do mundo e sobre a manipulação dos sentimentos de outros. Não é

Dessa fundamentação antropológica faz parte, para além da tese do caráter criativo da ação humana, também o problema da intersubjetividade – ou na linguagem de Troeltsch – do "conhecimento do *psíquico alheio*". Ele o identifica como o problema-chave de uma gnosiologia da história e como um objeto central da reflexão filosófica em geral, e isto pela simples razão de que, no conhecimento do psíquico alheio, "residem as possibilidades e dificuldades do pensar, filosofar e agir conjuntos em geral".[69] Nesse processo, a referência a outra pessoa não constitui só um pressuposto do agir coordenado, mas, muito além disso, uma transformação e um enriquecimento constante de cada agente, porque, na interação com o outro, "fluem energias elementarmente novas do eu alheio para o eu próprio".[70] Como já ocorrera em Ranke e Dilthey, também em Troeltsch as circunscrições da compreensão histórica assumem tons francamente eróticos, quando se fala, por exemplo, da "capacidade de entrega ao e de penetração no psíquico alheio".[71] É o desejo do historiador e de toda compreensão que animam aqui as exposições. Entretanto, mediante a autolimitação da práxis escolada da compreensão, esta deve ser ao mesmo tempo mantida livre de toda e qualquer "mística fantasiosa".[72] A possibilidade da pura intuição é expressamente negada. "Sempre haverá a *ligação desse conhecimento intuitivo a mediações*

---

correto dizer que, se perguntados por que nos sentimos ligados a determinados valores e a uma determinada imagem de mundo, nós nos reportamos à pura contingência da nossa socialização. Percebemos esses valores e essas imagens de mundo, muito antes, como articulações adequadas das experiências feitas por nós ou por outros e nos afastamos deles não por resolução, mas porque nos deparamos com uma articulação que vivenciamos como ainda inadequada. Rorty não capta nem a pretensão de verdade específica que reside nisso e que de fato se diferencia das pretensões de verdade de cunho cognitivo, nem a necessidade de não trocar simplesmente a filosofia pela literatura, mas de desenvolver uma genealogia afirmativa com um máximo de empiria histórica e sociocientífica.

69 Troeltsch, *Der Historismus und seine Probleme* [1922], p.991.
70 Ibid., p.997.
71 Ibid., p.998.
72 Ibid.

sensíveis simples ou derivadas".[73] O conhecimento do psíquico alheio é necessariamente mediado por signos.[74]

Troeltsch vai ainda mais longe e dá a entender em diversas passagens que as teses do caráter criativo da ação, do conhecimento do psíquico alheio e da formação de ideais também devem se refletir no plano metafísico. Para isso, ele se apoia em sua interpretação da teoria das mônadas de Leibniz e na filosofia da participação de Malebranche. Esse aspecto será omitido aqui. Só o que eu gostaria de mencionar é que Troeltsch tende para essa fundamentação metafísica porque ela lhe parece oferecer um modo de não explicar a criatividade humana em termos antirreligiosos, mas ver nela, ao contrário, uma participação no espírito divino.[75]

Ora, se, portanto, indivíduos, coletividades e instituições são inconcebíveis sem formação de ideais e se a sua individualidade histórica específica, atinente a sentido e valor, que transcende a individualidade biológica, é constituída justamente por essa formação de ideais, então isso significa também que os objetos da análise histórica nunca poderão ser concebidos como em repouso. Quem tem um ideal, não tem como não se posicionar em relação a ele; ele também será necessariamente posicionado por outros no espaço imaginário que se expande desse modo. Alasdair MacIntyre, Charles Taylor e Paul Ricœur elaboraram, na filosofia atual, de modo especialmente nítido a estrutura narrativa da nossa autocompreensão.[76] Sobre-

---

73 Ibid.

74 Há paralelos estimulantes, a serem examinados de modo mais preciso, entre as reflexões de Troeltsch sobre esse aspecto resultantes do historismo e a filosofia da temporalidade de George Herbert Mead oriunda do pragmatismo. Cf. Mead, *Philosophy of the Present*; e sobre isso, Joas, *Praktische Intersubjektivität. Die Entwicklung des Werkes von George Herbert Mead*, p.164-94.

75 Sobre isso, cf. o excelente artigo de Schwöbel, "Die Idee des Aufbaus heißt Geschichte durch Geschichte überwinden", p.276.

76 Cf. MacIntyre, *Der Verlust der Tugend*; Taylor, *Quellen des Selbst. Die Enstehung der neuzeitlichen Identität*, principalmente p.93 et seq.; Ricœur, *Das Selbst als ein Anderer*. Cf. também Joas, *Die Enstehung der Werte*, principalmente p.205 et seq.

tudo Taylor reconhece que devemos interpretar o nosso agir como busca de ideais e, como tal, avaliá-lo em vista do êxito obtido nessa busca. Perguntamos pelo rumo que nossa vida tomou até agora e averiguamos se a ação que estamos prestes a empreender nos faz avançar na direção dos nossos ideais ou se nos afasta deles. A meu ver, Troeltsch teve essa mesma intuição ao afirmar que do conceito fundamental de individualidade histórica decorre o "nexo contínuo do devir". Sendo assim, o *terceiro passo* consiste na introdução do conceito de *desenvolvimento no sentido de um nexo contínuo do devir*.

Desenvolvimento histórico

O conceito de desenvolvimento histórico corre o risco de ser mal-entendido de múltiplas maneiras. Ao usá-lo, não se tem em mente nem "progresso", nem "evolução", nem uma interpretação hegelianizante de valores introjetada em linhas de desenvolvimento com a correspondente mistura de ciência e convicção.[77] O conceito filosófico-histórico de progresso é interpretado já por Troeltsch, como o foi por pensadores influentes (Karl Löwith) depois dele, sem meias palavras como "secularização da escatologia cristã" no sentido da ideia "de um objetivo último universal a ser atingido pela humanidade inteira, transposto da esfera do milagre e da transcendência para a da explicação natural e da imanência".[78] Porém, esse conceito de progresso só poderia ser captado em determinados períodos históricos de avanço perceptível e só pela fé. O conceito histórico de desenvolvimento, em contraposição, designaria apenas linhas de desenvolvimento individuais, nas quais seria possível constatar, em cada caso, uma aproximação (ou um afastamento) em relação às respectivas formações de ideais. Tais linhas de desenvolvimento até podem chegar a se agrupar numa totalidade; com frequência, porém, elas simplesmente se mantêm paralelas uma

---

77 Troeltsch, *Der Historismus und seine Probleme* [1922], p.854.
78 Ibid., p.230.

à outra ou decorrem sucessivamente. Assim como são inevitáveis esses conceitos abstrativos ("o protestantismo"), na mesma medida é tarefa do historiador restabelecer a fluidez da ação e da experiência congelada pela abstração. Para isso, certamente será preciso reconstruir desenvolvimentos ascendentes, articuladores e realizadores de sentido em cada caso específico. "Só que a essa ascensão toda vez segue uma desagregação, um esgotamento ou um fortalecimento, que aparecem, então, como declínio rápido ou lento. Não há como falar de um progresso global contínuo que acumula e faz avançar tudo, sempre em expansão".[79]

Também o conceito de evolução, como introduzido por Herbert Spencer nas ciências da cultura e da sociedade, deve ser entendido de modo bem diferente do conceito de desenvolvimento histórico. Trata-se apenas de marcar a diferença, não de emitir um juízo sobre o valor da teoria da evolução para as ciências da cultura e da sociedade. Pode haver múltiplas possibilidades de aplicação dessa teoria, que aqui não serão tratadas. A diferença está fundada no fato de que o conceito de evolução não visa a uma continuidade do sentido, ou seja, a uma vinculação criativa do presente da ação com um passado que sempre será o ponto de referência dos ideais norteadores. A teoria da evolução obviamente permanece presa a uma compreensão de tempo das ciências naturais, ao passo que o tempo histórico provém da experiência subjetiva, que "não possibilita nenhuma medição, mas somente cesuras que são interpostas de modo mais ou menos arbitrário segundo nexos de sentido e grandes mudanças de sentido".[80] Por essa razão, a formação de uma teoria nunca significa ascensão à condição de leis universais; caso não queira se dissolver em abstrações vazias, ela jamais poderá se afastar totalmente da "descrição de individualidades comparadas".[81]

---

79 Ibid., p.232.
80 Ibid., p.230.
81 Ibid., p.236

Porém, embora sua delimitação em relação a "progresso" e "evolução" seja convincente, essa ideia de desenvolvimento não seria mesmo assim mera reverberação débil da metafísica hegeliana – "fraude romântica", como se expressou, com sua habitual incisividade, Max Weber, decerto em diálogo com Troeltsch?[82] Troeltsch constata aqui que o seu conceito de desenvolvimento foi, num primeiro momento, simplesmente mal-entendido por Weber. Para ele, Weber, seu amigo de longa data e rival, é guiado por valores sólidos que ele advoga pessoalmente; estes são "a fé na dignidade humana, da qual ele deduziu a democracia como ordem estatal relativamente mais justa e mais ética, e a fé no futuro e na grandeza política da Alemanha".[83] Porém, tão característica de Max Weber quanto essas duas orientações de valor é a disciplina férrea com que ele rejeita "interpretar esses valores a partir de linhas de desenvolvimento",[84] prejulgar a explicação científica por meio deles ou misturá-la com eles. A "separação fundamental entre causalidade dada e valor devido, que jamais devem ser considerados conjuntamente no crescimento e na realização do valor",[85] é algo que Weber compartilha com Rickert e com todo o neokantismo; mas é ele que lhe confere a expressão mais rude.

O mal-entendido reside apenas no fato de que a ideia do desenvolvimento no sentido aqui descrito não quer acabar com a tarefa do posicionamento pessoal nem quer declará-la tacitamente como liquidada. Ela permanece preservada como tarefa quando constatamos, nos processos históricos, aproximações e distanciamentos em relação a formações de ideais históricas, por mais próximas ou distantes que elas estejam de nós. O que está em jogo é a investigação de desenvolvimentos históricos quanto a suas referências ideais e a "sensação de

---

82 Ibid., p.382.
83 Ibid., p.854.
84 Ibid.
85 Ibid., p.853.

evidência e realidade"[86] suscitada no pesquisador por ocasião dessa investigação. Essa sensação de não só ter construído, mas também de ter se apossado de uma tendência factual do desenvolvimento histórico, obviamente não pode ser decisiva em argumentações. Mas tampouco podemos a abstrair, se realmente quisermos elucidar a lógica da pesquisa histórica a partir da práxis do historiador.

Por essa razão, diferentemente de Weber, Troeltsch não se apoia tanto no criticismo neokantiano nem na psicologia "puramente experimental, de cunho legal-universal e genético-causal",[87] mas – lembrando Dilthey – na "psicologia compreensiva e empática, a qual, no fim das contas, sempre precisa contar com inclinações, disposições e formações superiores de valores e deve mergulhar na corrente do seu devir acompanhando o seu entendimento e interpretando o seu sentido".[88] Nesse ponto reside também uma razão adicional para a simpatia manifesta, ainda que de modo algum acrítica, de Troeltsch por Henri Bergson. Para este, a relação entre ação, liberdade e metafísica se apresenta

praticamente ao inverso que em Kant. Não são o intelecto e a matemática o entendimento puro, livre de todo aspecto prático, nem o ético-prático é o primeiro a desvelar a liberdade e o absoluto, mas o primeiro é condicionado pela situação prática da vida e o segundo é a vivência e a certeza imediatas da razão metafísica das coisas, da vontade e da vida em si, livres, criadoras, ilimitáveis, sendo que, para Bergson, o ético não recua de modo insuspeito para trás da liberdade e da criação, da mobilidade ilimitável [...]. A intuição é a libertação em relação ao intelectualismo e ao matematicismo, a elevação para o nível da metafísica, mas não para uma metafísica uma vez mais fechada e racionalmente necessária dos fins e valores absolutos, mas para uma metafísica da produtividade e da liberdade que é totalmente imprevisível e sempre põe coisas novas.[89]

Da perspectiva dessa posição apoiada em Dilthey e Bergson, que de resto também tem grande afinidade com o pragmatismo

---

86 Ibid., p.854.
87 Ibid., p.715.
88 Ibid.
89 Ibid., p.939.

Hans Joas

norte-americano, o ceticismo de Weber frente a um conceito de desenvolvimento histórico nesse sentido se evidencia infundado e até contraditório em si. Com efeito, Weber eliminou de sua sociologia comparativa "todo resquício de uma tendência teleológica de cunho histórico-universal",[90] e fez isso por uma boa razão, mas as suas investigações grandiosas e saturadas de realidade sobre a história agrária e comercial, sobre a gênese do capitalismo moderno, sobre a história da cidade e do Estado, sobre a ética econômica das religiões mundiais perfazem juntas apenas "fragmentos de uma grande visão global sociológica histórico-desenvolvimentista".[91] Isso torna inevitável a pergunta se a imagem histórica que resulta de suas análises realmente "foi deduzida essencialmente em termos genético-causais das ligações legais entre os componentes elementares",[92] como ele proclama metodologicamente, ou se, em suas afirmações de grandes tendências históricas, que vão do "desencantamento" até a "racionalização", não estão embutidas suposições de desenvolvimentos históricos que Weber coerentemente não pode professar.[93]

Troeltsch lamenta a adesão de Weber ao positivismo nessas questões, ainda que se trate de um positivismo sensibilizado para a pesquisa histórica mediante instrumentos como o "tipo ideal" e a concepção da "possibilidade objetiva"; no que se refere aos contemporâneos, ele situa a si próprio claramente mais próximo de Georg Simmel e Max Scheler. Ambos se atêm ao conceito de desenvolvimento fundado na práxis do historiador e ao mesmo tempo o

---

90 Ibid., p.595.

91 Ibid.

92 Ibid., p.854.

93 A concepção latente de desenvolvimento de Weber é o ponto de partida da obra da vida de Wolfgang Schluchter. Cf. sobretudo o livro Schluchter, *Die Entwicklung des okzidentalen Rationalismus*. Wolfgang Knöbl expôs a ideia interessante de que o fosso entre as análises de constelações sensíveis à contingência feitas por Weber e suas categorias processuais resistentes à contingência resultam de não ter resolvido a questão da fundamentação do valor. Cf. Knöbl, Makrotheorie zwischen Pragmatismus und Historismus, p.287 et seq.

A sacralidade da pessoa

purificam de imputações teleológicas. Não obstante, Troeltsch não se dá por satisfeito com as soluções de ambos. O que o perturba em Scheler é o dualismo de um platonismo das ideias de valor e uma concepção filosófico-vitalista do fluxo da vida. Porém, com base nesse dualismo, o "desenvolvimento" só pode se apresentar do seguinte modo: "um sistema de ideias em si desprovido de desenvolvimento é apropriado e disseminado num fluxo vital que flui interminavelmente, num fluxo vital continuado, que quer viver cada vez mais".[94] A despeito de toda a sensibilidade de Scheler, em especial para com a fenomenologia dos sentimentos morais e também para com a história, ele acaba abstraindo os próprios valores da história. Ele teria sido "poupado da falta de substância e do egocentrismo de Simmel, da insegurança cismática de Dilthey, da objetividade meramente formalista de Windelband e Rickert e da arbitrariedade de Nietzsche",[95] mas a sua limitação dogmática impede-o, ao mesmo tempo, de elaborar de modo realmente consequente o conceito de desenvolvimento em conexão com o fato da formação histórica de ideais.

A última citação já deixou transparecer que Troeltsch tampouco achou satisfatória a solução de Georg Simmel. Para tornar compreensíveis as razões disso, é preciso levantar um problema que se apresenta como um perigo inverso quando se abandona um conceito teleológico de desenvolvimento, que poderia ser designado como o perigo de um episodismo histórico. Se não há, como no pensamento progressista ou em Hegel, um nexo histórico de sentido, então a história pode esfacelar-se em partes desvinculadas, que podem até ser comparadas, mas que não são ligadas uma à outra por nenhum laço. O óbvio quando se parte do fato da formação de ideais é que todas as formações históricas devem ser apreciadas primeiramente em si mesmas, por seus próprios

---

94 Troeltsch, *Der Historismus und seine Probleme* [1922], p.911.
95 Ibid., p.915.

ideais. Mesmo que, ao dar esse passo, ainda façamos abstração do fato de que o historiador não poderá deixar de relacionar a si mesmo e seus valores com o valor imanente individual das formações históricas, deparamo-nos com os limites de um modo de análise imanente nesse sentido. Com efeito, esse modo de análise só poderia nos dizer algo apresentando "as imagens do passado talvez como meros exemplos edificantes, entusiasmantes ou de advertência e intimidação".[96] Mas isso não é mais possível assim que for introduzido, mesmo que só no âmbito da formação histórica individual, o conceito de desenvolvimento histórico no sentido aqui descrito. Porque o desenvolvimento dentro dessa formação mesma, abstraindo ainda todo e qualquer posicionamento do historiador a partir de sua época,

> jamais se efetua isoladamente, mas sempre em interação com outras totalidades, e é justamente dos cruzamentos e das misturas que surgem as formações mais ricas e importantes. Os gregos e o Oriente, os germanos e a Antiguidade, a Idade Média e o islamismo são exemplos conhecidos disso. Porém, isso já nos obriga a ajustar o desenvolvimento da totalidade individual ao contato recíproco e ao movimento das totalidades vizinhas. Não existe história isolada de desenvolvimento. Mas se não existe isso, toda exposição que queira ir mais fundo deve sempre abranger o entrelaçamento das diversas totalidades e, ao fazer isso, ampliar, por fim, essa esfera até a última fronteira, a humanidade.[97]

Nem mesmo a imbricação do desenvolvimento de todas as totalidades poderá, nesse caso, ser simplesmente dissociada da questão do desenvolvimento do sentido. Assim sendo, o problema da história universal decorre necessariamente do conceito de desenvolvimento.[98]

A perspectiva da história universal se torna inevitável sempre que o conceito de desenvolvimento histórico é levado a sério, mas, ao mesmo tempo, na prática, a história universal só pode ser rea-

---

96 Ibid., p.246.
97 Ibid.
98 Cf. ibid., p.963.

A sacralidade da pessoa

lizada de modo limitado. Visto que Troeltsch, a despeito de todo o seu direcionamento para a história universal, quer evitar um conceito de humanidade puramente abstrato, ele reivindica considerar primeiramente apenas os "grupos de eventos fechados, coesos em termos visuais e causais reais, já consumados no tempo".[99] Ele se mostra claramente cético frente a uma história universal que não esteja aterrada desse modo. Não é preciso aprofundar aqui a questão empírica referente a até que ponto, na época de Troeltsch ou hoje, a "humanidade" não é só um conceito abstrato, mas designa uma interconexão de eventos. Importante aqui é que, para Troeltsch, a ideia da história universal necessariamente deriva da ideia de desenvolvimento histórico, não importando se depois ela é realizável na prática ou não.

Essa ideia já pôde ser concebida, mesmo sem o conceito especificamente histórico de desenvolvimento, por exemplo, no messianismo judeu, na doutrina cristã da redenção e no direito natural estoico:

> Não se necessitava então do conceito de desenvolvimento, visto que se dispunha de verdades a-históricas universais e a relação entre esse universal e a multiplicidade histórica e o individual oferecia dificuldades facilmente superáveis. Tinha-se um alvo e, de um modo ou de outro, ele era rapidamente compatibilizado com a história.[100]

No Iluminismo e em Herder, em Hegel e Comte, em alguns pensadores inspirados pela filosofia vitalista e em alguns historiadores de ofício encontram-se então projetos de história universal. Depois de Hegel e Comte, no entanto, predominou cada vez mais o ceticismo frente ao sentido de tal empreendimento. Dilthey, por exemplo, temia que ir além da reconstrução de formações históricas individuais converteria a história em mero "decurso de uma ideia abstrata ou em teatro de marionetes",[101] no qual os atores seriam

---

99 Ibid., p.1002.
100 Ibid., p.1003 et seq.
101 Ibid., p.799.

apenas executores de um plano supra-histórico. De modo muito parecido, Benedetto Croce visou livrar-se "do marionetismo do individual, que é incontestável em Hegel", e superar o teleologismo, "o sistema axiológico apriorístico que culmina no Estado e no espírito absoluto, junto com sua realização plena definitiva que estende tudo até o ponto final".[102] Porém, particularmente instrutivo no que se refere à reaquisição do conceito de desenvolvimento histórico – contra Rickert e Max Weber – e aos perigos que espreitam esse empreendimento é Georg Simmel, ao qual Troeltsch correspondentemente dedica uma extensa discussão crítica. Ele chega a elogiar Simmel por sua compreensão mais rica – que a do neokantismo – de história e individualidade histórica. Porém, assim como foi grandioso o senso de Simmel para a criatividade individual na história, senso que o capacitou para redigir suas monografias sobre grandes pensadores e artistas, assim também o seu olhar ficou totalmente fixado no "dever-ser individual de certos círculos culturais, ou melhor, de certas personalidades": "Não há nem mesmo uma história da filosofia, mas somente análises de cada uma das 'atitudes' filosóficas que emergem da corrente do pensamento das massas".[103] Epistemologicamente dotado de suma sensibilidade, mas sem os panos de fundo religiosos de Ranke e Humboldt, um kantianismo "sem Deus e sem alma"[104] – esta é a suma de Troeltsch no que tange a Simmel. A ideia de desenvolvimento é realizada aqui nas formações individuais, mas é simultaneamente destruída no momento em que se pretende aplicá-la à conexão entre as individualidades históricas.

O inevitável posicionamento do historiador

Porém, essa conexão se torna definitivamente inevitável quando a posição do historiador passa a fazer parte da reflexão. Por isso,

---

102 Ibid., p.923.
103 Ibid., p.884.
104 Ibid., p.886 et seq.

A sacralidade da pessoa

o *quarto passo* consiste na demonstração do *inevitável posicionamento* [*selbstpositionierung*] *do historiador* com seus ideais em relação à formação de ideais efetiva na história. Com efeito, o fato da formação de ideais não tem importância só para a determinação do objeto das análises históricas, mas também para o presente e para a situação de quem pratica a análise histórica. Um simples experimento ideal pode demonstrar isso. Por mais que busquemos reconhecer e defender verdades duráveis ou valores de caráter supratemporal, ainda assim podemos contar com que seremos tratados pelas gerações subsequentes ("historiadores vindouros")[105] como individualidades históricas no sentido do nosso segundo passo argumentativo. Porém, ao antecipar a futura historização do nosso pensamento e da nossa valoração, nós mesmos já visualizamos a contingência fundamental dos nossos próprios posicionamentos e das nossas próprias pretensões de validade. Quem se recusa a dar esse passo, esquiva-se do ímpeto pleno da historização. Troeltsch vislumbra tal recusa em operação onde o fazer da pessoa aparece como superação da história, como mera eliminação do lastro histórico.[106] Ele pensa no "sistema natural" do Iluminismo, para o qual

> a ciência histórica consistia essencialmente na remoção crítica do passado e, quando muito, na demonstração do *consensus gentium* sempre existente sobre as verdades naturais da razão, quando, nesse último caso, ela não preferisse restringir-se simplesmente aos chineses e aos povos da natureza.[107]

No caso de uma consciência histórica que abrange a autorreflexão sobre o presente e o próprio fazer, fica claro que a rejeição de valores cultivados até o presente momento constitui um ato histó-

---

105 Ibid., p.394.

106 Isso corresponde ao conceito chamativo de Charles Taylor *"subtraction story"* (termo que, na edição alemã, foi traduzido por *"Subtraktionstheorie"* – teoria da subtração) [e na edição brasileira por "história/narrativa de subtração"]. Cf. Taylor, *A Secular Age*, p.22 passim (ed. alemã: *Ein säkulares Zeitalter*, p.48 passim).

107 Troeltsch, *Der Historismus und seine Probleme* [1922], p.281.

rico tanto quanto o prosseguimento destes, fica claro que os nossos próprios ideais de um modo ou de outro têm uma história como todos os demais, além disso, uma história que precisa ser posta em relação à história analisada. Jamais "elegemos" os nossos valores à parte das situações históricas, às quais só as aplicaríamos posteriormente. Por essa razão, a concepção kierkegaardiana de um "salto" – concepção que "o levou a ingressar num pietismo muito violento, exacerbado, absolutamente individualista"[108] – constitui uma exageração do momento incontestável da decisão e da ação ousada que sempre está dada quando um agente possui a vontade "para a sua própria formação de ideais responsável"[109] e, desse modo, professa conscientemente valores, cuja pretensão de validade ele experimentou através de evidência subjetiva. Eduard Spranger encontrou uma expressão feliz para essa posição de Troeltsch que aqui é sustentada: "*historismo existencial*".[110] O momento da decisão existencial de fato não é encoberto por imagens teleológicas ou evolucionistas da história; mas ele tampouco é extirpado da história, como se esta pudesse ser pura e simplesmente superada por meio de qualquer decisão. Além disso, o que acontece na formação responsável de ideais não é descrito equivocadamente como se a experiência da evidência subjetiva mesma proviesse da nossa vontade;[111] muito antes, ela está fora do alcance desta. Experimentamos valores como demanda dirigida a nós ou então não os experimentamos, e isso vale tanto para o presente como para o

---

108 Ibid., p.383.

109 Ibid., p.382.

110 Spranger, Das Historismusproblem an der Universität Berlin seit 1900, p.434. Não há como negar que os escritos de Troeltsch, sobretudo os do período anterior à Primeira Guerra Mundial, ainda portam traços mais nítidos de uma filosofia da história de cunho teleológico. O "historismo existencial" repousa sobre uma consciência mais intensa da contingência histórica.

111 A argumentação clássica referente a esse ponto foi proposta por James, Der Wille zum Glauben [1896], p.40-67 [ed. orig.: The Will to Believe]; sobre isso cf. Joas, *Die Enstehung der Werte*, p.67-72.

A sacralidade da pessoa

nosso encontro com os ideais de épocas passadas e culturas estranhas que falam a nós por meio de objetos históricos.

Agora se admite com mais frequência que a constituição do objeto histórico dependeria da apreensão dos valores imanentes a este e que nós de fato não podemos nos referir aos valores de outras épocas ou culturas sem refletir sobre os nossos próprios valores, e, não obstante, às vezes faz-se, nesse ponto, uma inferência diferente da do historismo existencial de Troeltsch. Faz-se a exigência de apresentar a relação entre formações de ideais presentes e formações de ideais passadas

> de modo puramente teórico, sem qualquer posicionamento e sem qualquer adaptação de todo o processo a um sentido a ser realizado no presente e no futuro; exige-se, portanto, cortar totalmente os fios que ligam os nexos de sentido historicamente visualizáveis com quaisquer decisões de sentido e configurações de sentido no presente. Não faltam exigências desse tipo e há historiadores que veem nisso a dignidade bem peculiar da ciência histórica.[112]

Para Troeltsch, porém, a ausência de finalidade exigida por tal pesquisa, na medida em que não se trata, por exemplo, de prestações de serviço do tipo editorial, constitui um caminho equivocado que leva ao "historismo ruim".[113] Desde a polêmica de Nietzsche,[114] isso quer dizer "relativismo ilimitado, ocupação lúdica com as coisas, paralisação da vontade e da própria vida":

> Nesse caso, o interesse próprio de quem investiga e explana não está mais totalmente excluído, mas se transforma em alegria em vista do jogo dos fenômenos, da multiplicidade do real, converte-se em tudo entender e tudo perdoar, em mero interesse formativo ou até em ceticismo com todos os efeitos morais de uma ironia livremente moldada, assumindo nos temperamentos fortes a forma de sarcasmo, nos temperamentos brandos e benévolos a forma de humor.[115]

---

112 Troeltsch, *Der Historismus und seine Probleme* [1922], p.242.
113 Ibid.
114 Nietzsche, *Vom Nutzen und Nachteil der Historie für das Leben, Unzeitgemäße Betrachtungen. Zweites Stück*, p.209-85.
115 Troeltsch, *Der Historismus und seine Probleme* [1922], p.242.

Porém, Troeltsch considera problemáticas não só as consequências psicológicas de um *éthos* contemplativo e de uma ascese em matéria de posicionamento. Ele também considera, "em termos lógicos, totalmente impossível não avançar dos domínios das possibilidades que historicamente se abrem e se reavivam rumo à formação de sentido bem própria e não aproveitar a contemplação histórica para a própria decisão e criação".[116] Todo sentido histórico é potencialmente um sentido atual. Sempre nos sentimos conclamados a buscar orientação nele ou tomar posição contra ele. Quando não nos sentimos conclamados para tanto, ele permanece morto para nós, sendo que nem como historiadores conseguimos reavivá-lo. Mas, quando nos sentimos conclamados esse apelo vai muito além da pesquisa rumo a uma ação no presente, direcionada para o futuro. Nós nos sentimos, então, como atores que acolhem determinados passados e determinados desenvolvimentos e projetamos os mesmos para o futuro. Trata-se, em cada caso, de "um desdobramento do que é durável na direção daquilo que deve ser, do modo como o observador o sente a partir da sua condição. Não as tendências factuais mais fortes, mas as tendências possíveis mais valiosas do passado e do presente" são aquelas com que nos vinculamos.[117] Assim sendo, a nossa ação acolhe os ideais historicamente amadurecidos e procura realizá-los para além de suas concretizações históricas ou talvez até para além de suas possibilidades de concretização.

Desse modo, o sentido da teleologia histórica é radicalmente transformado. A construção da história enquanto consecução gradativa de um fim último, na qual os sujeitos atuantes não desempenham nenhum papel ou apenas o papel de marionetes se converte "na teleologia da vontade que forma e molda o seu passado em futuro a partir do momento presente".[118] Porém, pelo fato de essa

---

116 Ibid., p.243.
117 Ibid., p.251.
118 Ibid., p.299.

A sacralidade da pessoa

mesma vontade se refletir sobre as condições de seu surgimento, essa teleologia referente à ação e não objetivista ainda assim não é voluntarista. Muito antes, desse modo a formação da vontade e a construção da história se corrigem reciprocamente. "Essa é a única maneira filosófica possível de dominar o historismo".[119] Isso não significa que, com essa maneira filosófica de dominar, tenha sido alcançado um fundamento a partir do qual as disciplinas que se ocupam com objetos históricos e, portanto, também com o presente, possam avançar para sempre dali por diante de modo continuado e cumulativo. Pelo contrário, essa noção nos ensina que as diferenças da construção da história são e sempre permanecerão inevitáveis em virtude da mudança histórica, de novas situações de ação e novas formações de ideais. "Um cristão, um humanista, um pessimista ou um realista do poder, a despeito da mais rígida dedicação e asseguração crítica, sempre construirão [a história] de maneiras diferentes, porque os eventos eficazes e decisivos necessariamente parecerão diferentes para cada um deles".[120] Desse modo, o posicionamento valorativo atual e a reconstrução de processos históricos se entrelaçam de tal maneira que não há como identificá-los certeiramente só com uma diferenciação simples entre ser e dever, fatos e valores.[121] Onde o próprio ser em pauta comporta um dever – como no caso das normas e dos valores historicamente surgidos –, entramos em relação não só com a facticidade, mas também com as pretensões de validade das formações históricas. Não substituímos a discussão sobre a validade pela discussão sobre a gênese ao declararmos a gênese como relevante do ponto de vista da teoria da validade.[122]

---

119 Ibid.

120 Ibid., p.1012.

121 Sobre isso, ver o primoroso texto de Hilary Putnam, *The Collapse of the Fact/Value Dichotomy*.

122 No capítulo 6 deste livro, retomarei a questão das consequências desse argumento para a comunicação referente a valores.

Genealogia afirmativa

Assim chegamos ao *quinto passo*, à introdução propriamente dita da concepção da *"genealogia afirmativa"*. A inevitabilidade do posicionamento do cientista que trabalha com a história frente a teores de sentido que se encontram nas formações históricas individuais e em seus desenvolvimentos foi fundamentada com o apelo que o sentido historicamente corporificado exerce sobre nós e ao qual só poderemos cerrar-nos mediante falsa coação ou ao preço do reavivamento defectivo desse sentido histórico. Esse apelo é percebido no respectivo presente histórico de cada um e se volta, nesse presente, para uma nova ação, direcionada para o futuro. No prefácio à sua grande obra, Troeltsch chama a atenção para o "deslocamento do problema" que na sua época havia se tornado irrefutável: "a teleologia objetiva baseada nas leis da natureza, do espírito ou do universo e a contemplação do curso total da humanidade foram substituídas pela síntese cultural atual a ser criada pelo sujeito".[123] Não se trata, portanto, de uma alternativa entre orientação na história e orientação no presente, mas o esforço por uma compreensão historicamente fundada do presente está a serviço da solução de problemas de orientação atuais. Quanto mais graves forem esses problemas de orientação atuais, tanto maior deve resultar, de acordo com essa lógica, a necessidade de fundamentação histórica e não se fortalecer, por exemplo, o desejo de desvencilhar-se da história para ficar livre para o presente e o futuro.

Inconfundível nesse ponto é, em Troeltsch, uma figura de argumentação que remonta à interpretação histórico-crítica protestante da Bíblia.[124] Como ocorre nesta, as questões de orientação levantadas num presente bem determinado e a contrariedade com o fato de que certas interpretações de textos históricos se tornaram letra

---

123 Troeltsch, *Der Historismus und seine Probleme* [1922], p.163 et seq.
124 Quem reconheceu e expôs isso com a máxima clareza foi Rendtorff, "Geschichte durch Geschichte überwinden", p.301. Em Troeltsch, cf. *Der Historismus und seine Probleme* [1922], p.1042.

A sacralidade da pessoa

morta dogmaticamente petrificada geraram, no início, o impulso de revitalizar esses textos mediante a reacomodação destes nos contextos históricos de seu surgimento. Essa historização aumenta, num primeiro momento, a sua estranheza, a sua distância cultural e cronológica em relação ao presente dos que perguntam. Porém, ao se abrirem para o caráter de apelo presente nesse estranho vitalizado, eles experimentam, ao mesmo tempo, algo novo que não permanece como algo exótico no passado, mas os reorienta individual e coletivamente. Essa perspectiva, que num primeiro momento é teológica, ou seja, de não perceber o pensamento histórico como ataque à fé, mas de ver nele o caminho real para a revitalização da fé, é declarada, na figura de argumentação descrita e para além do âmbito da fé e da teologia, como modelo de toda a compreensão produtiva da história.

Dilthey já foi defendido por Troeltsch contra o preconceito de que ele teria se perdido e ficado sem rumo em meio à compreensão histórica total e, assim, estaria condenado ao epigonismo, ao qual se poderia atestar a falta de criatividade e, fundado precisamente nela, o enriquecimento indiscriminado às custas das realizações criativas de outros. Contudo, justo e inversamente a isso, seu alvo teria sido fazer "circular vivamente todos os fluidos e todas as energias da história mediante a imediatidade da vivência".[125] Porém, Troeltsch reivindica para si um equilíbrio metodicamente bem mais consciente entre reconstrução da história e orientação presente. Com grande veemência ele proclama que uma cultura que permanece viva deve "voltar a demolir a história mítica e convencional sempre que ela já tiver tomado forma, para possibilitar o contato de Anteu com a terra-mãe de seu devir".[126] Naturalmente, o que assim surge

> será novamente demolido e substituído [...] pela mesma razão. Isso prosseguirá enquanto estiver presente a força soberana da refundição, simplificação, do aprofundamento e da revitalização da posse histórica, da obtenção de energias

---

125 Troeltsch, *Der Historismus und seine Probleme* [1922], p.802.
126 Ibid., p.1042.

originárias sempre renovadas e da eliminação do lastro que constantemente vai se acumulando. Perdendo-se essa força, a ciência histórica perde sentido e interesse. Em função apenas do saber a respeito de coisas passadas ninguém a desejará. Nesse caso, ela se converterá em escolástica e será esquecida junto com esta, porque não se carecerá dela na barbárie geral e na nova primitividade.[127]

Não foi só o cristianismo que pôde se revitalizar mediante a investigação histórica de si mesmo. O mesmo vale para a referência historizante e, justamente por isso, revitalizante sempre renovada à Antiguidade, à Idade Média ou qualquer que seja o período do passado. É claro que essas orientações do presente obtidas da história são necessariamente controvertidas. Com efeito, cada uma delas constitui por si só uma individualidade histórica. Porém, posições individuais não são simplesmente "uma variação inócua de uma totalidade homogênea. [...] Não há aí a possibilidade de um simples jogo de individualidades quaisquer nem de uma equalização final de todas num ponto médio, mas o que se exige é uma luta".[128] Por mais intensa que seja a relação das ciências com a história em seu progresso, elas jamais reunirão seu saber sobre a história de modo simplesmente cumulativo, mas sempre se apropriarão e defenderão de maneira nova e controversa os teores históricos de sentido.

O "historismo existencial" que se expressa por meio de todas essas reflexões foi designado aqui de método da "genealogia afirmativa". Esse método é genealógico porque se livrou radicalmente da concepção de contemplação da teleologia objetiva, a qual havia sido justamente a realização de Nietzsche. Troeltsch tem total clareza sobre o papel metodológico pioneiro de Nietzsche nesse ponto, embora ele não se pronuncie especificamente sobre o conceito nietzschiano de "genealogia". De Nietzsche provém, segundo Troeltsch, "grande parte da crise e da autoavaliação do historismo moderno";[129] ele teria

---

127 Ibid., p.1043.
128 Id., *Fünf Vorträge zu Religion und Geschichtsphilosophie für England und Schottland*, p.97.
129 Id., *Der Historismus und seine Probleme* [1922], p.332.

"entendido e sentido realmente o problema de uma fundamentação dos valores a partir da ciência histórica".[130] "Os elementos para uma teoria da ciência histórica"[131] estariam todos disponíveis em Nietzsche: a problemática do tempo histórico, a relação entre o conceito de desenvolvimento e os valores, sua conexão com a configuração do futuro. Porém, não se pode dizer que Nietzsche tenha apresentado alguma solução para os problemas levantados de uma maneira genial. Teses deterministas e voluntaristas se cruzam, não existe um vínculo entre criatividade presente transvaloradora e tradição que continua exercendo vivamente os seus efeitos desde o passado e à qual se deve dar seguimento. Responsável pela contraditoriedade insatisfatória de Nietzsche é, para Troeltsch, o seu ateísmo, o pressuposto lógico da "proclamação soberana e genial da forte individualidade que constitui o seu próprio e único deus".[132] É notável que, numa época em que a secularização progressiva e irreversível se converteu numa proposição difundida e que aparentemente não carecia de nenhuma explicação adicional, Troeltsch parece ter considerado o ateísmo de Feuerbach e Schopenhauer, Marx e Nietzsche como um fenômeno histórico passageiro. Com efeito, ele defende as realizações desses autores como do tipo que continuarão tendo a mesma importância "quando o ateísmo, do qual elas primeiramente se originaram, um dia fizer parte da história".[133]

Mas essa reconstrução do passado de cunho genealógico, isto é, consciente da sua contingência, deve ser chamada de "afirmativa" porque o retrocesso aos processos de formação de ideais, à gênese de valores, não nega a nossa ligação com estes nem nos eleva a uma condição de decisão soberana quanto a nossas adesões a valores, mas porque ela nos torna receptivos para o caráter de apelo do sentido historicamente corporificado. O retroceder não

---

130 Ibid., p.331.
131 Ibid., p.764.
132 Ibid., p.330.
133 Ibid., p.763.

serve à vã apropriação de uma série de ancestrais renomados em favor de uma posição que de qualquer modo já interiorizamos – como frequentemente acontece no embate de opiniões quando se ressalta a superioridade das próprias tradições. Isso não passaria de uma briga por distinção, na qual se pretende melhorar o seu próprio *status* apelando para as origens. Não se pretende chamar de afirmativa a asserção de um estado fático no presente, mas a asserção do apelo que advém dos ideais historicamente formados, a prontidão para realizar valores surgidos em tempos passados ou talvez até supostamente em vigor no presente, mas dos quais diverge a realidade social que se adorna com eles. Valores que, no presente, são experimentados com evidência subjetiva e intensidade afetiva – como, no contexto deste livro, o valor da dignidade humana universal –, são examinados, então, quanto à sua gênese histórica. Nesse mister, o interesse metodológico da genealogia afirmativa está voltado para "os pontos nodais criativos e para as tendências que deles se originam".[134] Mas a nenhuma dessas tendências se imputa uma teleologia cujas pessoas sejam o fim. A teleologia só chega a surgir através da referência revitalizante que fazemos ao caráter de apelo dos ideais historicamente amadurecidos. O que de início era mera evidência subjetiva, é depurado pelo mesmo processo até chegar à clareza argumentativa historicamente saturada, que, no entanto, jamais alcançará uma esfera de pura fundamentação da validade abstraída da história.

O apelo que emana do sentido historicamente corporificado deve ser ouvido e acolhido no plano individual, mas isso quer dizer que ele só atua, por assim dizer, de individualidade histórica para individualidade histórica e que toda a pretensão de universalidade desaparece no mar das particularidades históricas? Isso seria um mal-entendido completo da argumentação aqui exposta, assim como das intenções de Troeltsch, mais exatamente, em dois aspec-

---

134 Ibid., p.945.

A sacralidade da pessoa

tos. Por um lado, Troeltsch era suficientemente kantiano para – o que já foi indicado no primeiro passo – admitir o alcance de um universalismo moral formal, cujos limites ele, todavia, vislumbra no ponto em que se trata de ideais culturais concretos. Só a partir do universalismo moral formal justamente não seria possível formar um desses. Embora entrementes o impulso kantiano tenha recebido um reforço empírico mediante a psicologia empírica do juízo moral e das faculdades sociais de crianças e jovens, o limite traçado por Troeltsch continua a persistir. A pergunta pelo modo de agir que permitiria uma justificação universalista, pelas tradições culturais e instituições a que se pretende dar continuidade e quais se pretende transformar, não pode ser respondida evitando a particularidade histórica.

Por outro lado, o apelo que emana do sentido historicamente corporificado não é, justamente, um apelo dirigido a nós em nossa simples subjetividade, mas um apelo a todos, um apelo que nos parece plausível, porque nele é suscitada uma demanda que tem validade também independentemente de nós. Quando experimentamos um valor, nós justamente o experimentamos como válido por si só e, ao experimentá-lo como tal, passa a ser nossa obrigação reconhecê-lo. A individualidade no sentido histórico não é subjetividade no sentido de oposição à objetividade e à validade universal. O conceito expressa, muito antes, a noção de que, no plano dos valores (ou dos "ideais culturais"), toda busca por validade atemporal nunca deixará de ser um fenômeno temporal. Não se trata, portanto, de uma oposição a pretensões de valor universais ou da negação de sua possibilidade; trata-se da consideração consequente da necessária relacionalidade com a situação na qual essas pretensões surgem, são sustentadas e obtêm reconhecimento. Isso não leva a renunciar à ideia da validade universal, mas esta é transformada dentro do espírito de uma consciência radical da contingência histórica:

> Toda universalidade autêntica não consiste em validade para a humanidade,
> possibilidade da ideia da humanidade ou produção idêntica, em toda parte, da

razão autônoma, racional, libertada ou esclarecida; ela é, antes, força viva que avança a partir das formações particulares individuais, força viva da vida em sua totalidade, que funda a sua racionalidade sobre a consonância interior com a tendência básica da vontade vital divina, intuitivamente apreendida e intuída a partir da história, consolidada e aprimorada na equiparação e nos embates práticos.[135]

Muitos contemporâneos que simpatizavam com a tendência básica dessa consciência histórica radical da contingência devem ter se sobressaltado no final da última citação, quando o enunciado que presumivelmente lhes pareceu plausível repentinamente revelou, através da alusão à "vontade vital divina", o sentido teológico que ele (também) tinha para Troeltsch. Trata-se de uma ideia específica de Deus que é inerente ao historismo existencial de Troeltsch, a saber, a concepção de um Deus que se revela historicamente e na história, e isto, não só em um único ponto ou de uma vez por todas, mas na ação humana.[136] É essa concepção que o norteia quando ele analisa o Iluminismo europeu como época de transição entre a validade inconteste do cristianismo e a relativização histórica e cultural de todas as certezas que estava irrompendo, como época de "negação ou, ao menos, circunscrição da dimensão histórica pela construção racional", um "último dique contra a consciência histórica em marcha, a contragosto adaptando-se a esta de muitas formas".[137] O racionalismo de Kant, na sua visão, pode ser identificado como "reverberação secularizada do absolutismo religioso".[138] Porém, compartilhar os motivos religiosos de Troeltsch não é pressuposto para consentir na sua argumentação metodológica, pelo menos não em proporção maior do que é consentir nos motivos religiosos de

---

135 Ibid., p.379.
136 Sobre a dimensão teológica da argumentação de Troeltsch, cf. as já mencionadas interpretações de Rendtorff e Schwöbel. Eu tratei mais detidamente esses aspectos em Eine deutsche Idee von der Freiheit? Cassirer und Troeltsch zwischen Deutschland und dem Westen, p.288-316.
137 Troeltsch, Der Historismus und seine Probleme [1922], p.185.
138 Id., Die Zufälligkeit der Geschichtswahrheiten [1923], p.557.

A sacralidade da pessoa

Kant e Hegel ou consentir nos motivos antirreligiosos de Marx e Nietzsche quando se trata do procedimento adotado por eles.

Todavia, o que decorre forçosamente da argumentação é que, nesse caso, um universalismo moral ou jurídico é remetido às fontes históricas e culturais das quais se nutrem os seus motivos e as suas ideias. Porém, isso justamente não quer dizer que a história da humanidade possa ser tanto construída como orientada por um padrão normativo fixo, por ser este tido como justificado. A isso Troeltsch contrapõe o seguinte: "O que pode haver é sempre só a tarefa de extrair da esfera cultural própria individual e do seu desenvolvimento a síntese cultural que a resume e que aprimora a sua formação, sendo que, de acordo com todo esse pressuposto, essa mesma síntese necessariamente é algo historicamente individual".[139] Concretamente, isso significa para ele que, na Europa do seu tempo, só poderia haver "uma história mundial do europeísmo".[140] Esta não deve cerrar os olhos para a história universal, mas justamente se restringir às realidades dos processos fáticos de universalização. As razões alegadas para isso são naturalmente do tipo empírico. Na retrospectiva, eles se evidenciam como estranhamente inadequados em vista de processos de universalização já em andamento no plano real. Troeltsch parece subestimar a inserção da economia europeia em contextos mundiais, o significado do colonialismo e do imperialismo e o caráter global da guerra *mundial*. Erroneamente, ele prenuncia para a América do Norte[141] uma aproximação cada vez maior da Europa; contrariamente à objeção dos principais orientalistas, ele exclui o islamismo da história universal do europeísmo.[142] Voltando-se contra o seu próprio escrito mais antigo sobre as doutrinas sociais das igrejas e dos grupos cristãos, ele passa a enfatizar o caráter do cristianismo como "religião da Europa".[143] Todos estes são estrei-

---

139 Id., *Der Historismus und seine Probleme* [1922], p.392 et seq.
140 Ibid., p.1025.
141 Ibid., p.1048.
142 Ibid., p.1045.
143 Ibid., p.1037.

tamentos contra os quais se pode argumentar com boas razões históricas.[144] Entretanto, tal crítica só mostrará que, no plano metodológico, é acertado o que Troeltsch expôs: uma compreensão menos eurocêntrica da Europa também depende, por sua vez, do tipo de argumentação que aqui foi designada de "genealogia afirmativa".

Já o primeiro passo dessa argumentação, o da ênfase no fato da formação de ideais, poderia ter levantado a suspeita de que um método de análise de fenômenos históricos que tem nisso o seu ponto de partida é patética ou ridiculamente "idealista". Por acaso ela não se abstrai dos interesses materiais, da importância da economia e do poder, da hipocrisia e da repressão de tudo aquilo que, desde Feuerbach, Marx, Nietzsche (e Freud), foi proposto em termos de análises desilusionantes por meio da hermenêutica da suspeita praticada por estes? Tal análise da história não estaria condenada, enquanto história dos ideais, a permanecer mera história das ideias? Não seria como percorrer um caminho que passa pelos cumes montanhosos, em vez de atravessar as baixadas das lutas cotidianas?

Realismo sociológico

Ora, há boas razões para suspeitar de todos os hermeneutas da suspeita, mas isso não quer dizer que não se possa aprender com eles. Por essa razão, no sexto passo, trataremos de defender a genealogia

---

144 Na discussão sobre a determinação do "europeísmo" por Troeltsch, não consigo me livrar da impressão de que se trata de uma espécie de hiperlegitimação das restrições materiais no volume planejado como continuação deste, ou seja, a sua "síntese cultural". Divergindo de numerosos intérpretes, mas concordando com o editor Hans Baron, defendo a concepção de que o volume intitulado *Aufsätze zur Geistesgeschichte und Religionssoziologie* [Ensaios sobre a história do espírito e a sociologia da religião], publicado postumamente, transmite uma boa imagem dos conteúdos do livro não escrito. Quanto à minha própria visão, cf. a introdução em Joas, Wiegandt (orgs.), *Die kulturellen Werte Europas*, p.11-39. Instrutiva é a comparação entre o "europeísmo" de Troeltsch e a teoria do tempo axial de Jaspers. Cf. Miyang Cho, The German Debate over Civilization: Troeltsch's Europeanism and Jaspers's Cosmopolitanism, *History of European Ideas*, p.305-19.

A sacralidade da pessoa

afirmativa *contra a suspeita de falta de realismo*. Assim como a consciência histórica da contingência, intrínseca ao procedimento genealógico de Nietzsche no que diz respeito à gênese de valores, é constitutiva da argumentação proposta, também a abertura e virada da dialética hegeliana da história pelo marxismo são centrais para uma genealogia afirmativa empiricamente fundamentada.

Troeltsch não deixa nenhuma dúvida quanto à alta estima que tem por Marx e Engels e por toda uma série de seus continuadores. Embora o problema da fundamentação dos critérios do juízo histórico de valor, como foi mencionado anteriormente, não seja solucionado por Marx, Troeltsch encontra no marxismo, de qualquer modo, "mais consideração pelo real e histórico que nas soluções puramente racionais ou até nas soluções pessimistas-niilistas".[145] A importância científica de Marx, o seu desempenho ou ao menos o seu papel como incentivador, são apreciados ainda mais claramente quando lhe é atribuído "um novo conceito de conexão interior de todas as formações culturais e de movimento interior da história", e quando é ressaltada como "a maior realização do marxismo a descoberta e análise da própria sociedade capitalista moderna como um fenômeno histórico totalmente singular".[146] Dois motivos de Marx para dissociar-se da escola de Hegel são acolhidos como progressos no pensamento histórico que marcaram época: "o impulso para a imediatidade da vida sensível concreta em contraposição à espiritualidade totalmente conceptualizada do sistema e a necessidade de alvos futuros racionalmente necessários em lugar da simples verificação e compenetração do processo já consumado".[147] Troeltsch chega a chamar o *Manifesto comunista* de demonstração arrebatadora do que a dialética marxista é capaz de produzir:[148]

---

145 Troeltsch, *Der Historismus und seine Probleme* [1922], p.341 et seq.

146 Ibid., p.541.

147 Ibid., p.542.

148 A minha tentativa de fazer uma retrospectiva de feitio sociocientífico do *Manifesto comunista* resultou menos eufórica: Joas, Globalisierung und Wertentstehung –

"Finalmente estava aí novamente um projeto de história universal que se encontrava em firme conexão com um alvo cultural universal, mas que estava livre de toda abstratividade irrealista e de todo sentimentalismo. Nisso repousa o seu fascínio".[149] Marx tinha uma mente totalmente histórica, que não queria explicar a história mediante leis de molde científico-natural, mas mediante a identificação de leis estruturais histórico-individuais e as tensões que delas resultavam e promoviam desenvolvimentos. Do ponto de vista puramente filosófico, as modificações introduzidas por Marx na dialética hegeliana teriam sido "devastações terríveis de seu sentido original e único possível, de seu fundamento metafísico--lógico e de seu alvo metafísico-ético, de sua conexão totalmente indispensável com a análise da autoconsciência e da interligação que fez entre ser e valor".[150] Porém, justamente essas "devastações" filosóficas representam também uma libertação das amarras e um ganho em termos de realismo histórico.

> Todavia, ainda sobra o suficiente em termos de unilateralidade, violência, tendenciosidade e obstinação, para não falar da escuridão do pano de fundo privado de Deus e de ideias, sobre o qual foi pintado esse quadro da história que é uma mescla de realismo e até de fatalismo econômico e de revolucionismo ético.[151]

O ganho reside na noção de concentração na investigação da dinâmica histórica, na noção "de unidade individual-concreta, suscetível de interpretação e exposição, de todas as formações históricas, da unidade de sentido e do direcionamento teleológico de todas as totalidades históricas individuais e também de sua presumível conexão entre si e uma após a outra".[152] Entretanto, o preço que a dialética marxista pagou pelo ganho em termos de realismo históri-

---

Oder: Warum Marx und Engels doch nicht recht hatten, *Berliner Journal für Soziologie*, p.329-32.

149 Troeltsch, *Der Historismus und seine Probleme* [1922], p.552.

150 Ibid., p.557 et seq.

151 Ibid., p.556.

152 Ibid., p.566.

co frente a Hegel foi bastante alto. Sobretudo em Engels, a dialética é em parte naturalizada, em parte convertida numa teleologia ingênua da história mundial a caminho do comunismo, que, por sua vez, encontra-se numa relação totalmente obscura com o *páthos* da ação revolucionária. Não obstante toda a simpatia por alguns motivos e não obstante todo o respeito por algumas realizações, surge a impressão de que a transformação marxiana da dialética hegeliana representa mais um enredamento aporético em seus problemas não resolvidos do que uma solução para eles. A solução para o problema da mediação entre análise realista da história e fundamentação refletida de valores não pode ser obtida nem a partir da dialética marxiana nem a partir da dialética hegeliana original.

Ficou embutida no marxismo uma tensão não resolvida entre o impulso crítico à ideologia e a sua própria pretensão de verdade. Por um lado, expõem-se "todos os valores, verdades e sentimentos comuns independentes da economia como simulacros impotentes e manifestos em sua impotência";[153] por outro, levanta-se pelo menos para as ciências naturais, em passagens periféricas para a grande arte, e do começo ao fim naturalmente para a sua própria teoria social, a pretensão de não serem autoengano. A tensão só é resolvida mediante a concepção de que estaria prestes a acontecer uma espécie de conquista histórica definitiva, depois da qual estaria superado para sempre o autoestranhamento que ganha expressão como formação de ideologia. Desse modo, o senso histórico intenso dos fundadores do marxismo é caracterizado por sua perspectiva de superação de toda a história como ela jamais foi e à sua própria teoria é atribuído o caráter de uma antecipação a algo que historicamente não poderá mais ser reconsiderado. Assim, o ganho em termos de realismo frente a uma dialética "idealista" logo é desperdiçado mediante uma invalidação utópica da historização radical.[154]

---

153 Ibid., p.572.
154 Karl Mannheim teve, já em 1924, a ideia genial de exigir uma comparação do grande livro de Troeltsch sobre o historismo e, como ele diz, a "mais profunda e

Por essa razão, esse ganho deve ser assegurado de outra maneira, mediante o rompimento com a dialética marxista. Nesse processo, o impulso dado pelo marxismo pode se tornar sumamente fecundo. Evidentemente, Troeltsch estima que o marxismo exerça uma influência tão forte sobre os principais historiadores e sociólogos de orientação histórica do seu tempo que trata vários deles – principalmente Tönnies, Plenge, Bücher, Sombart e Max Weber – no capítulo de sua obra dedicado ao marxismo. Também na grande história da guerra, de Hans Delbrück, ele detecta um pendor inconfundivelmente marxista.[155] As tentativas que se afiguram como mais importantes são as de Sombart e Weber de conceder ao marxismo a grande importância da economia, mas neutralizar as conclusões erradas que ele tirou disso, mediante a elaboração do quanto, na assim chamada base mesma de toda vida sociocultural, "já está embutida uma certa índole psíquica, própria do respectivo círculo cultural, que já conferiu à mais elementar das ordens vitais certas colorações e direcionalidades, ou que determinadas revoluções econômicas só adquirem importância e força quando se associam a certas posturas espirituais".[156] Precisamente as investigações de Max Weber sobre a gênese de um "espírito do capitalismo" são pertinentes nesse ponto, bem como seus estudos comparativos sobre a ética econômica das religiões mundiais, provando que enunciados universais sobre base e superestrutura como os do marxismo acabam não tendo muita serventia. O problema visado da relação entre desenvolvimentos históricos econômicos e desenvolvimentos históricos culturais é

---

mais significativa" de todas as tentativas de reformulação da dialética marxista da história, a saber, a obra de Georg Lukács intitulada *História e consciência de classe*, de 1923. Ao que eu saiba, até hoje não foi feita essa comparação. Em vista do enorme significado do livro de Lukács para a assim chamada Teoria Crítica da Escola de Frankfurt, continua a residir aqui de fato um desafio do mais alto nível para o diálogo entre essa tradição e um historismo cristãmente inspirado. Cf. Mannheim, Historismus [1924], p.296, nota 30.

155 Troeltsch, *Der Historismus und seine Probleme* [1922], p.588.

156 Ibid., p.575.

A sacralidade da pessoa

de natureza tal que "não permite nenhuma solução universal, mas oferece sempre e em toda parte um quadro individualmente distinto em conexão com relações específicas".[157] Portanto, na mesma medida em que Troeltsch se distanciou da posição de Weber acerca da fundamentação dos critérios históricos, ele se sente próximo dele na virada sociológico-realista.[158]

A genealogia afirmativa que aqui se pretende justificar deve ser entendida, antes de tudo, como uma tentativa de fundamentação de valor refletida em termos históricos. Porém, isso não a desobriga das tarefas da análise histórica de cunho sociológico-realista. Sem estas, ela própria se converteria em construção ideológica. Quem toma como ponto de partida o fato da formação de ideais resiste a toda e qualquer tentativa de conceber a dinâmica histórica no sentido de processos determinados pelas leis da natureza ou a interpretá-la a partir de meras conjunturas de interesses. Quem procede assim nem por isso cerra os olhos ao papel da busca de interesses, do poder e da ofuscação ideológica na história. Em Troeltsch, assoma ao primeiro plano uma tarefa que é essencial para uma genealogia afirmativa realista nesse sentido, a tarefa de uma periodização sociologicamente fundamentada.

Com o marxismo ele compartilha o ceticismo frente a toda periodização que é construída precipuamente a partir de facticidades culturais. Hegel é para ele o suprassumo dessa periodização

---

157 Ibid., p.595.

158 Por essa razão, é totalmente coerente quando Troeltsch, numa nota de rodapé (ibid., p.596), justapõe e contrapõe a sua própria grande exposição da história do cristianismo enquanto exposição "sociológica, realista e ética" à de Adolf von Harnack enquanto "essencialmente ideológica e dogmática". Por essa razão, trata-se de um completo desvirtuamento quando um autor tão importante para o desenvolvimento da historiografia social como Hans Rosenberg inclui Troeltsch no rol dos historiadores que encontraram "guarida na ocupação com fenômenos esotéricos, ao concentrarem a sua energia na investigação da história das ideias e na aclaração de problemas da filosofia do espírito e da teoria histórica, ignorando quase completamente o mundo material e a realidade socioeconômica da vida". Rosenberg, Zur sozialen Funktion der Agrarpolitik im Zweiten Reich, p.104.

"puramente ideológica" da história. "Com efeito, o seu Estado é a autoconstrução jurídica de um espírito coletivo ou de um psiquismo, que, por seu turno, é determinado, em última instância, mediante um pôr religioso-metafísico da consciência; esta cria para si, no curso dos destinos, povos e nações".[159] Porém, Hegel certamente não representa a única tentativa desse tipo. Muitos se esforçaram até em nosso tempo por transformar periodizações histórico-artísticas ("pós-modernidade"), histórico-filosóficas ou histórico-religiosas em periodizações históricas universais. Por muito tempo foi típico da tradição alemã da ciência histórica utilizar etapas do desenvolvimento do Estado como princípio de subdivisão e entender isso como ganho em termos de realismo frente à periodização ideológica. Entretanto, nesse procedimento, o Estado mesmo foi concebido com frequência, também na esteira de Hegel, de modo essencialmente idealizado e não tanto "como uma formação de forças bem reais e de necessidades materiais, cuja satisfação é que produz o substrato para uma forte tomada de consciência e autoformação do espírito relativamente autônomas e que preenchem curtos espaços de tempo".[160]

Interessante, porém, é que em Troeltsch justamente não é, como ocorre no marxismo e em muitos outros aparentes realistas, a convicção da irrelevância última da religião ou da metafísica ou a convicção de seu caráter meramente epifenomênico que o leva à rejeição de uma periodização histórica fundada na religião ou na metafísica. Pelo contrário, ele justamente considera acertado dizer que grandes períodos culturais são determinados por "uma consciência metafísica peculiar".[161] No entanto, é preciso distinguir nitidamente entre uma base difícil de apreender de religiosidade vivida e as religiões institucionalizadas e formalizadas como doutrina religiosa: "O religioso-metafísico conduz para as últimas tendências duradouras dos períodos, mas não é possível utilizá-lo como meio para uma perio-

---

159 Troeltsch, *Der Historismus und seine Probleme* [1922], p.1054.

160 Ibid., p.1063.

161 Ibid., p.1054.

A sacralidade da pessoa

dização objetiva por sua inapreensibilidade e por sua não identidade com as correntes da religião organizada oficial".[162] Na base disso está a concepção justificada de que toda institucionalização e toda consolidação doutrinária da experiência e articulação religiosas leva inescapavelmente para o campo dos interesses e poderes sociopolíticos e, por essa razão, não pode ser utilizada analiticamente como independente deles. Essas reflexões concordam com o que eu disse no contexto da introdução dos conceitos de sagrado e de sacralização.[163] O que interessa é a dinâmica dos processos de sacralização e o constante deslocamento no teor dos objetos, aos quais é atribuída a qualidade de sagrado. Esses processos de gênese e deslocamento da sacralidade têm lugar no interior de "grandes formas sociológico-econômico-políticas estáveis, que, em cada caso, oferecem-se à visualização e podem ser conceitualmente analisadas".[164] De acordo com isso, toda reconstrução de uma formação de ideais, de uma gênese de valores, empreenderá a periodização de acordo com os pontos nodais criativos desse desenvolvimento bem determinado; porém, para uma história que não é projetada como a genealogia afirmativa de um determinado valor, uma "concepção um pouco mais exterior da periodização"[165] se mostra mais adequada.

A fim de abrir-se para o apelo do sentido historicamente corporificado, não há necessidade da análise histórico-sociológica de sua gênese. Quando, porém, esse sentido, isto é, quando as ideias e os valores historicamente surgidos tiverem se tornado abstratos, dogmática ou convencionalmente petrificados, então a pesquisa histórica no sentido da genealogia afirmativa é o caminho para a revitalização, porque só o encontro com a vitalidade original voltará a tornar perceptível o sentido que sempre remeteu para além das condições de sua gênese. Para as tarefas do presente, que com efeito

---

162 Ibid.
163 Cf. capítulo 2, p.88-93.
164 Troeltsch, *Der Historismus und seine Probleme* [1922], p.1079.
165 Ibid.

é o alvo dessas revitalizações históricas, Troeltsch encontra, bem no final de suas reflexões de grande abrangência, a seguinte fórmula metafórica: "Criar um novo corpo sociológico para o conteúdo ideológico e inspirar o corpo sociológico com uma espiritualidade nova e viçosa, com uma nova síntese, adaptação e remodelação dos grandes conteúdos históricos".[166]

Assim sendo, a reinterpretação do sentido historicamente corporificado é apenas uma das coisas; para que se dê conta desse sentido, para que o apelo não seja só ouvido, mas também realizado, é preciso obter um quadro realista das condições do presente para a realização dos ideais historicamente surgidos e de seu potencial inaproveitado. Os valores não devem permanecer simples valores. Eles só viverão se forem defendidos argumentativamente enquanto valores, mas sobretudo se forem sustentados por instituições e corporificados em práticas.[167] Assim, uma genealogia afirmativa dos direitos humanos deve levar em consideração, na análise histórica, as dimensões dos valores, das instituições e das práticas, bem como a interação dessas dimensões; mas ela também deve estar orientada para as chances e os perigos da realização em todas essas dimensões e em sua interação.

---

166 Ibid., p.1097 et seq.
167 Sobre o triângulo composto de valores, instituições e práticas, cf. a análise do movimento antiescravista no capítulo 3, p.128-142.

V. Alma e dom
Imagem fiel de Deus e filiação divina

A tese-chave das três linhas de raciocínio histórico-sociológicas que aqui foram expostas tem o seguinte teor: a ascensão dos direitos humanos e da ideia da dignidade humana universal deve ser entendida como um processo de sacralização da pessoa. Essa tese contém em si mesma uma rejeição de todas as concepções em que essa ascensão é concebida como produto de uma determinada tradição, como, por exemplo, a cristã, e ademais como um produto que, por assim dizer, inevitavelmente teve de brotar dos germes da tradição em algum ponto da história. As tradições como tais, afirmo eu, não produzem nada. Decisivo é o modo de sua apropriação pelos atores contemporâneos nas condições específicas em que vivem e no campo de tensão de práticas, valores e instituições em que se encontram. Instituições e práticas, todavia, possuem um peso próprio que oferece resistência às divergências dos atores em relação ao espírito neles corporificado e que pode corrigi-las, mas isso só até um certo ponto. Quando o "espírito" tiver se esvaído das instituições, não há mais confiança nelas.

Esses enunciados podem facilmente ser concretizados no exemplo da relação entre cristianismo e direitos humanos. Houve uma

Hans Joas

justificação cristã da escravidão, uma coexistência não muito problemática com a tortura, uma rejeição das declarações dos direitos humanos do século XVIII, e até um ceticismo generalizado em relação à Declaração Universal dos Direitos Humanos de 1948. Com certeza também houve o oposto: o engajamento cristão pela eliminação da tortura e da escravidão, influência sobre e aceitação das declarações dos direitos humanos dos séculos XVIII até o XX. Para o cristão individual ou às vezes até para a comunidade cristã individual pode ter ficado evidente em cada caso o que o evangelho exigia, mas isso não ocorreu para todos em seu conjunto e muito menos independentemente da época e cultura.

Sendo assim, se a tradição é dispensada como fator essencial da explicação, isso nem remotamente quer dizer que ela não deva ser examinada mais de perto. Porém, é preciso inverter a direção do olhar. É certo que as tradições não produzem nada, mas elas precisam adotar uma postura em relação a uma inovação. A ascensão dos direitos humanos como um tipo em muitos aspectos novo de sacralização da pessoa representa um desafio para o cristianismo, e também para outras tradições religiosas e seculares de valores e interpretações do mundo, à luz do qual seus adeptos têm de reinterpretá-la.

No caso dos direitos humanos, essa reinterpretação diz respeito primeiramente à área dos fundamentos do pensamento político e da compreensão do direito. O espectro das reações possíveis vai desde a rejeição radical até a total apropriação e até a invenção de uma tradição que faz com que esta apareça como a autora propriamente dita da novidade.[1] Alguns poucos exemplos devem bastar aqui. Do lado do cristianismo católico, após a rejeição brusca dos direitos humanos em conexão com a polêmica contra a Revolução Francesa e a perseguição contra a Igreja por ela promovida, iniciou-se uma

---

1 Quem trata nesses termos o discurso católico-personalista dos direitos humanos do século XX é Moyn, Personalismus, Gemeinschaft und die Ursprünge der Menschenrechte, p.63-91.

A sacralidade da pessoa

mudança de pensamento já durante o período do fascismo e do nazismo. Um papel importante nessa mudança foi desempenhado por filósofos como Jacques Maritain, teólogos como o jesuíta norte--americano John Courtney Murray e pelos porta-vozes de numerosas organizações leigas católicas.[2] A mudança de pensamento foi além do plano político e envolveu a questão de se os direitos humanos realmente necessitam de uma fundamentação no direito natural – como alegou por muito tempo o Magistério Eclesiástico – ou se o ponto crucial em torno do qual tudo gira não seria, antes, uma compreensão específica da personalidade do ser humano. Essa compreensão podia ser desenvolvida no quadro do direito natural ou apontar para além deste.

Porém, o ceticismo frente à possível proximidade em relação ao direito natural (católico) determinou, pelo menos na Alemanha, a reação inicial aos direitos humanos por parte de teólogos protestantes do período do pós-guerra. Assim como a fundamentação no direito natural tende a fazer vista grossa para a natureza pecaminosa do ser humano, que também afeta o seu conhecimento racional, também os direitos humanos e os direitos fundamentais da Constituição podem aparecer como uma "Magna Carta da autonomia humana", o que para cristãos evangélicos seria algo inadmissível.[3]

---

2 Maritain, *The Rights of Man and Natural Law*. Sobre John C. Murray e seu livro *We Hold These Truths. Catholic Reflections on the American Proposition*, cf. Vögele, *Menschenwürde zwischen Recht und Theologie. Begründungen von Menschenrechten in der Perspektive öffentlicher Theologie*, p.180 et seq. Já em 1937, o papa Pio XI produz formulações que defendem os direitos humanos em termos personalistas e jusnaturalistas. Cf. Moyn, *The Last Utopia. Human Rights in History*, p.50.

3 Citação do discurso proferido pelo então ministro da Justiça alemão, Gustav Heinemann, no dia 22 de dezembro de 1967, por ocasião da concessão do título de doutor *honoris causa* pela Faculdade de Teologia da Universidade de Bonn. O texto completo está em Heinemann, *Der Rechtsstaat als theologisches Problem*, p.34 apud Vögele, *Menschenwürde zwischen Recht und Theologie. Begründungen von Menschenrechten in der Perspektive öffentlicher Theologie*, p.397. Apresso-me a acrescentar que Heinemann argumentou justamente contra essa desconfiança dos teólogos evangélicos.

Contra isso era preciso desenvolver modos de pensar alternativos, que ressaltassem, por exemplo, a ruptura com a confiança luterana no Estado ou dessem relevo a uma fundamentação cristológica. Em relação a outras tradições religiosas é possível apresentar o mesmo espectro de reações.[4] Mas também escolas filosóficas poderiam ser mencionadas. Afinal, o representante clássico do utilitarismo, Jeremy Bentham, designou os direitos humanos originalmente de "bobagem sobre pernas de pau"[5] – uma concepção que hoje, decerto, só poucos representantes desse pensamento gostariam de ser flagrados defendendo-a. Todas as tendências de pensamento que colocam no centro uma sacralização diferente daquela da pessoa – a nação, a classe, a civilização, a raça – têm de posicionar-se em relação aos direitos humanos tanto quanto as tradições religiosas. A sacralização da nação pode ser fundida com a da pessoa quando a causa da própria nação é identificada com a dos direitos humanos; isso aconteceu repetidamente no nacionalismo francês e no norte-americano.[6] O nacionalismo alemão conseguiu mobilizar uma compreensão superior do indivíduo contra a compreensão "ocidental", tentando, desse modo, desbancar os direitos humanos.[7] Também ocorreu, na Alemanha ou em outra parte, que a resistência contra os direitos humanos entendidos em termos individualistas pôde

---

4 Entre o público em geral, o islamismo atualmente desperta máximo interesse no tocante a esse aspecto. Cf. sobre isso, por exemplo, Krämer, Wettstreit der Werte: Anmerkungen zum zeitgenössischen islamischen Diskurs, p.469-93; Id., *Gottes Staat als Republik. Reflexionen zeitgenössischer Muslime zu Islam, Menschenrechte und Demokratie.*

5 Bentham, Anarchical Fallacies. Being an Examination of the Declaration of Rights Issued during the French Revolution [1792], p.523.

6 Cf., por exemplo, Durkheim, *L'Allemagne au-dessus de tout: La mentalité allemande et la guerre.* Sobre isso, cf. Joas, *Kriege und Werte. Studien zur Gewaltgeschichte des 20. Jahrhunderts,* p.107 et seq. A respeito do universalismo missionário norte-americano, continua muito importante o livro de Knud Krakau, *Missionsbewußtsein und Völkerrechtsdoktrin in den Vereinigten Staaten von Amerika.*

7 Joas, Eine deutsche Idee von der Freiheit? Cassirer und Troeltsch zwischen Deutschland und dem Westen, p.288-316.

A sacralidade da pessoa

ser declarada como componente da própria identidade nacional ou cultural. A ideia da civilização pôde entrar em jogo como origem dos direitos humanos. Ela pôde então mostrar os direitos humanos como a sua própria posse assegurada associada à exortação moral, à difusão e à agregação a ela de outras civilizações não tão valiosas. Porém, quando as civilizações eram derivadas de bases biológicas, essa ideia também pôde se converter fluidamente em teoria da raça e racismo. Pode-se até interpretar estes como tentativas pseudocientíficas de destruir de uma vez por todas as bases do universalismo dos direitos humanos.

Até mesmo a centralização marxista do discurso político no domínio de classes, na luta de classes, na revolução e na utopia comunista ofereceu um espectro de possibilidades. Assim, os direitos humanos puderam ser apresentados como tentativa ideológica burguesa de encobrimento do domínio de classes e como distração das transformações propriamente importantes na posse dos meios de produção. Porém, os marxistas também puderam apresentar o comunismo como a realização propriamente dita das exigências dos direitos humanos: "A Internacional propugna o direito humano". Isso ainda pode ser constatado até mesmo nas argumentações dos representantes do bloco soviético durante a redação da Declaração Universal e no discurso das sociedades socialistas reais.[8]

E, nos EUA, dos quais se difundiu uma imagem de profunda simpatia pelo universalismo dos direitos humanos, a resistência contra a Declaração Universal após a sua sanção foi enorme. Um senador muito influente afirmou que a Declaração "é totalmente estranha ao direito norte-americano e à tradição norte-americana"[9]

---

8 Há material sobre isso em Simpson, *Human Rights and the End of Empire. Britain and the Genesis of the European Convention*; e em Amos, Unterstützen und Unterlaufen. Die Sowjetunion und die Allgemeine Erklärung der Menschenrechte, 1948-1958, p.142-68.

9 Tratarei mais sobre isso no capítulo 6. Sobre a citação do senador John Bricker (republicano de Ohio), cf. Lauren, *The Evolution of International Human Rights. Visions Seen*, p.246.

e tentou impedir, por meio de uma emenda constitucional, que a política norte-americana se orientasse pela Declaração. Faltou pouco para que sua tentativa fosse bem-sucedida. Essas reações e seus desenvolvimentos não serão examinados aqui em detalhes. A tarefa deste capítulo é outra. Eu gostaria de perguntar como fica o desafio feito pela ascensão dos direitos humanos à tradição cristã em relação aos dois componentes dessa tradição mais frequentemente citados quando se afirma uma origem cristã dos direitos humanos: o da imagem fiel de Deus e o da filiação divina. Esses dois componentes de modo algum são idênticos um ao outro. Pode ocorrer inclusive, dependendo da confissão, que um deles seja pelo menos temporariamente rejeitado e apenas a outra seja ressaltada.[10] Ora, este capítulo não contém uma visão geral das tentativas atuais de teólogos ou filósofos cristãos de prestar esclarecimentos sobre esses dois componentes do pensamento cristão, mas oferece duas propostas próprias de articular esses dois componentes da tradição de maneira nova sob as condições do pensamento contemporâneo e em conexão com dois vultos centrais da filosofia social e da sociologia (William James, por um lado; Talcott Parsons, por outro). Nesse processo, o caráter de imagem fiel de Deus se transforma na ideia de um cerne divino essencial de todo e qualquer ser humano: a sua alma imortal. A filiação divina se transforma na ideia de que a nossa vida é um dom, do qual decorrem, como de todo e qualquer dom, obrigações que restringem a disponibilidade

---

10 Leiner, Menschenwürde und Reformation, p.49-62. Dentre a bibliografia teológica a perder de vista sobre a filiação divina ou então sobre o caráter de imagem fiel de Deus e sua conexão com os direitos humanos, limito-me a mencionar dois títulos especialmente recomendáveis: Lutterbach, *Gotteskindschaft. Kultur- und Sozialgeschichte eines christlichen Ideals*; Angenendt, *Toleranz und Gewalt. Das Christentum zwischen Bibel und Schwert*, principalmente p.110 et seq. Sobre a história da crítica católica aos direitos humanos, cf. Isensee, Die katholische Kritik an den Menschenrechten. Der liberale Freiheitsentwurf in der Sicht der Päpste des 19. Jahrhunderts, p.138-74 (mais a discussão, p.175-81).

A sacralidade da pessoa

que temos de nós mesmos. Nesse tocante, a alma também é pensada como dom; ela não é adquirida pelo ser humano, mas criada por Deus e "insuflada" no ser humano. Com esse passo, a argumentação não passa dissimuladamente para a disciplina teológica. As propostas são concebidas de tal maneira que não pressupõem fé. Entretanto, elas visam ao menos demonstrar aos que não creem o que é que eles não creem. Em sua obra sobre bioética,[11] Michael Sandel tenta mostrar, com base no exemplo da temática do dom, a qual também será tratada aqui, o tipo de sensibilidade para a indisponibilidade implícito nessa ideia e que perigos a sua perda acarreta, de modo que uma nova articulação dessa ideia é importante para todos, crentes e descrentes. De modo semelhante, trata-se aqui da apropriação crítica da riqueza de uma tradição, sem qualquer triunfalismo, mas também sem ressentimento contra ela.[12]

Da alma para o si-mesmo[13]

Romances policiais começam frequentemente com a morte, geralmente com um caso espetacular de homicídio, tudo em seguida girando em torno de sua elucidação. Esses romances podem ser escritos a partir da perspectiva de um narrador onisciente ou na forma da primeira pessoa de um observador ou de participantes envolvidos de alguma outra maneira no acontecimento. Alguns autores também experimentaram uma perspectiva em que o criminoso se revela como um ser especialmente atraente ou ao menos muito humano, de modo

---

11 Sandel, *Plädoyer gegen die Perfektion. Ethik im Zeitalter der genetischen Technik.*

12 Nessa direção, cf. a minha discussão com Avishai Margalit: Joas, Die Politik der Würde und die Sakralität der Person, *Deutsche Zeitschrift für Philosophie*, p.325-33; também id., *Braucht der Mensch Religion? Über Erfahrungen der Selbsttranszendenz*, p.130-42.

13 Este subcapítulo é uma versão revisada do meu ensaio de mesmo título em Hingst, Liatsi (orgs.), *Pragmata. Festschrift für Klaus Oehler*, p.216-29.

que o leitor não é simplesmente confrontado com os atos maus de um ser de qualquer modo totalmente estranho, mas indiretamente com as suas próprias inclinações e potencialidades sinistras. Desse modo, não só são frustradas as expectativas convencionais dos leitores, mas, num nível muito mais profundo, põe-se em risco uma espécie de confiança originária do leitor no narrador, que, no entanto, não poderá ser destruída totalmente para que o leitor de algum modo ainda consiga se expor comodamente às descrições de maldade e crueldade. Bem menos conhecido que esses experimentos (como, por exemplo, nos livros de Patrícia Highsmith), é outro rompimento ainda mais ousado com as regras do gênero e as expectativas dos leitores, a saber, um livro que começa com o assassinato do eu narrador! Por razões bem compreensíveis, a maioria dos autores desistiu dessa possibilidade ou nem mesmo a cogitou como possibilidade. E como poderia mesmo uma narrativa ter continuidade depois de um começo reconhecidamente tão dramático? Por acaso o morto deveria descrever a história que levou ao seu assassinato ou até as consequências de sua morte, o luto e o susto dos seus parentes, talvez até o alívio e a alegria mal disfarçada deles?

Entretanto, há um livro em que se tentou exatamente isso. Falo do grande narrador canadense Robertson Davies e de seu romance *Murther and Walking Spirits* [Assassinato e espíritos ambulantes], publicado em 1991.[14] Para espanto do leitor, o narrador é morto logo na primeira frase do livro; o próprio narrador também declara o seu espanto sobre esse golpe inesperado do destino, mas acrescenta imediatamente que o susto tem pouca duração. Obviamente, tal estratégia narrativa pressupõe que o eu continue existindo após o seu assassinato, podendo observar os vivos a partir de uma nova forma de existência e preservar a memória de sua anterior andança terrena. Visto que praticamente todas as religiões contêm representações sobre uma vida após a morte, a referida suposição de modo

---

14 Davies, *Murther and Walking Spirits*.

A sacralidade da pessoa

algum teria sido percebida como sensacional em todas as culturas marcadas por essas religiões. Bem pelo contrário: a continuação da vida após a morte era algo totalmente certo para a maioria das pessoas presentes na história, mais certo que a maior parte dos fatos da vida cotidiana, tão certo que medo e pavor ou então alegria antecipada podiam se tornar elementos determinantes da conduta de vida. Também literariamente, a perspectiva de uma alma que viaja pelo cosmo ou pelo céu e o inferno era totalmente disseminada, por exemplo, na Europa, bastando pensar em Dante, Milton ou Goethe.

Ora, não se deve temer que tudo isso tenha sido dito aqui para louvar Robertson Davies como escritor cristão que simplesmente mantém, intocado pelas dúvidas modernas, as representações tradicionais sobre a imortalidade da alma. Isso seria totalmente incorreto. Davies, muito antes, inventou um artifício genial que também faz jus ao confronto das pessoas com as múltiplas ofertas de interpretação religiosa num mundo "globalizado". Para ele, a alma (e, desse modo, o eu do seu narrador) ingressa, após a morte, numa espécie de estágio intermediário, no qual não só não está decidido no sentido cristão como será a sentença final, se o que está para acontecer é a salvação eterna no céu, a condenação eterna no inferno ou o castigo temporário no purgatório – essa decisão não só ainda não foi tomada, talvez porque o tribunal celeste esteja em atraso com as suas decisões por sobrecarga de trabalho, mas porque, em termos gerais, ainda está em aberto se essas representações são as corretas ou se o que está para acontecer não será antes uma reencarnação num novo ser vivo terreno. Ora, nesse estágio, que estou tentado a chamar de sala de espera transcendente pós-mortal, o eu narrador assassinado de Davies de fato consegue acompanhar como a sua mulher se diverte com o seu assassino, que de qualquer modo já era amante dela e cometera o assassinato para ter o caminho livre nesse aspecto e em todos os demais.

Todas essas peculiaridades são descritas aqui para expor a enorme importância que o conceito de alma teve para a autocompreensão dos seres humanos, mas também para não escamotear as dificuldades que temos hoje com esse conceito. Essas dificuldades foram percebidas presumivelmente primeiro por John Locke e pela escola do pensamento empirista, mas então conceitualizadas com precisão sobretudo por Kant, sem que elas, no entanto, tivessem levado os dois pensadores mencionados à renúncia total de assumir a existência de uma alma. Foi só no século XIX que o ceticismo frente à concepção da alma se tornou dominante. Com exceção da neoescolástica católica e de alguns sectários esotéricos, como os teosofistas, não havia mais ninguém que ainda defendesse com convicção esse conceito carregado de tradição. Os representantes do materialismo – quer se tratasse mais do materialismo histórico ao estilo de Marx ou do materialismo médico ao estilo de Rudolf Virchow – simplesmente quiseram se livrar da representação de uma alma que lhes parecia como absurdamente inútil. Sob a sua influência e também em conexão com a psicologia enquanto disciplina científica em surgimento, passou-se a falar não mais de alma, mas do psíquico. Para explicações psicológicas, o conceito de alma era considerado, na melhor das hipóteses, supérfluo, na pior delas, nocivo. No seu manual sobremodo influente intitulado *Princípios de psicologia*,[15] do ano de 1890, William James cita um autor que designa toda a ideia de alma como uma criatura parida por um estilo de pensamento filosófico, cuja máxima é caracterizar como explicação de tudo o mais justamente aquilo de que nada se sabe. Facilmente se pode encontrar enunciados parecidos, extremamente negativos, sobre o conceito de alma em períodos posteriores da história da ciência. O conceito de alma se tornou o suprassumo de todos os conceitos não deriváveis *ultra qua non*. Os behavioristas, por exemplo, atribuíram um papel semelhante ao conceito de cultura e recomendaram, de modo correspondente, que também este fosse eliminado; e, quando um neopragmatista ateísta militante como Richard Rorty escreve

---

15 James, *The Principles of Psychology* [1890], p.329.

A sacralidade da pessoa

que seres humanos nada mais seriam que "animais complexos sem um ingrediente extra específico",[16] ele naturalmente tem em vista aquele ingrediente especial que a tradição cristã sempre atribuiu aos seres humanos, a saber, a alma.

Mas nem todos os pensadores do século XIX que consideraram obsoleto o conceito de alma propuseram a sua simples exclusão da terminologia científica. Outros recomendaram a sua transformação, um resgate de partes do seu teor significante, colocando essas partes que mereciam ser defendidas sobre novas bases filosóficas e científicas. Foram essas tentativas de transformação do conceito de alma que levaram ao conceito de si-mesmo [*Selbst*], que hoje utilizamos na psicologia e na sociologia. Nesse sentido, podemos falar de um importante desenvolvimento científico que levou *da alma para o si-mesmo*. Os pragmatistas desempenharam um papel decisivo nesse processo e o conceito de si-mesmo e sua composição é um dos temas-chave do pragmatismo clássico. Muitas vezes já foi descrito, inclusive por mim mesmo, como foi importante nesse aspecto o extenso capítulo sobre o si-mesmo na psicologia de James e como se tornou ponto de partida para a geração subsequente, mais jovem, de pragmatistas, para pensadores como John Dewey, George Herbert Mead e Charles Horton Cooley, que, a partir daí, retomaram estímulos recebidos de Fichte e Hegel sobre a intersubjetividade humana e desenvolveram com base neles uma teoria da constituição social do si mesmo e assentaram as bases para uma psicologia social de orientação sociológica.[17] Também há estudos sobre a compreensão que Peirce tinha do si-mesmo ou sobre essa problemática na obra de outros autores daquela época, em grande parte esquecidos, que também apresentaram suas contribuições, como James Mark Baldwin ou Mary Whiton Calkins. A maioria dos intérpretes, eu inclusive, considerou essa transformação *da alma em*

---

16 Rorty, Response to Richard Bernstein, p.70.
17 Joas, *Praktische Intersubjektivität. Die Entwicklung des Werkes von George Herbert Mead.*

si-mesmo até agora como avanço que marcou época na história das ciências sociais, como autêntica conquista do pensamento norte-americano e como impulso para importantes desenvolvimentos posteriores, como a psicologia da identidade de Erik Erikson e a *teoria da ação comunicativa* de Jürgen Habermas – uma conquista que, no entanto, foi totalmente ignorada pelos estruturalistas e pós-estruturalistas franceses, para seu próprio prejuízo duradouro. Não é necessário recapitular aqui extensamente essa história. Porque o ponto central que tenho em vista nesse momento não é repetir essa louvação, mas submeter essa história a uma revisão crítica. Como fizeram outros, eu também narrei essa história por muito tempo como pura história de progresso sem qualquer reverso. Sem querer desdizer algo da apreciação feita dessa conquista científica, eu gostaria de direcionar a atenção agora para uma certa unilateralidade dessa transformação da concepção da alma na concepção do si-mesmo. A minha tese é que o conceito de alma continha três componentes de significado, mas que a linha dominante do pragmatismo só se empenhou pela transformação de *um* desses componentes. O significado de "alma" era mais rico que o reconhecido por esses pensadores. Ao ignorarem esses outros componentes de significado, eles foram induzidos ao erro e tiveram de pagar um preço por sua conquista. Por essa razão, proponho retornar mais uma vez ao ponto da história do espírito em que Mead e Dewey se afastaram de James. Se fizermos isso, a meu ver, ficará evidente que James era mais sensível para com esses outros componentes de significado e, por isso, tentou transformar o conceito de alma de modo mais abrangente e mais ambicioso que os pragmatistas mais jovens. Portanto, gostaria de contar agora essa velha história de maneira nova.[18]

---

18 Entre os poucos intérpretes do pragmatismo na Alemanha que levaram a sério em todos os aspectos os motivos religiosos de James encontra-se Klaus Oehler. Cf., por exemplo, o seu livro *Sachen und Zeichen. Zur Philosophie des Pragmatismus*, p.46 et seq.

A sacralidade da pessoa

Desde a gênese da filosofia ocidental na Grécia antiga e durante toda a história do pensamento cristão, houve controvérsias sobre a questão referente ao que seria propriamente a alma e a como deveríamos imaginar a sua relação com o corpo. Essas controvérsias geralmente giravam em torno da pergunta se a alma seria algum tipo próprio de substância e, em caso afirmativo, quais seriam as propriedades dessa substância e se ela estaria ligada ao corpo. Nas palavras de James, a alma foi imaginada como "substância espiritual simples, à qual eram inerentes as diversas faculdades, operações e afetos psíquicos".[19] Porém, uma "substância imaterial" não seria uma contradição em si, um "círculo quadrado"? Na filosofia alemã, Kant pôs um ponto final nesses modos de falar que, a seu ver, resultam da preguiça de pensar. Para ele, a alma não é uma substância; tal suposição surgiria, antes, da transposição injustificada da estrutura da subjetividade transcendental a uma entidade objetivamente dada. Porém, é perfeitamente digno de menção que, já antes de Kant, tanto do lado empirista como do lado racionalista, foram apresentados importantes argumentos, que eram apropriados para abalar a concepção metafísico-substancial da alma, dos quais mais tarde resultaram possibilidades de desenvolvimento diferentes das que resultaram da crítica de Kant. John Locke, por exemplo, escreveu no 27º capítulo do seu *Ensaio sobre o entendimento humano*, que, mesmo assumindo que haja tal substância, que se conservasse idêntica a si mesma no decorrer do tempo e pudesse continuar a existir após o fim da existência física, tal substância seria irrelevante para nós (seção 24). Com efeito, essa substância estaria presente dentro de nós quase como um corpo estranho impessoal, que não poderia representar uma resposta para a pergunta pela imortalidade. As pessoas que fazem a pergunta pelo que virá depois da morte não ficarão satisfeitas com a resposta de que algo de sua substância se conservará, uma vez que a imortalidade deveria ter a ver, como reconheceu Locke,

---

19 James, *The Principles of Psychology* [1890], p.326.

com a identidade personalíssima do indivíduo, com os seus feitos e as suas experiências. Segundo Locke, deve haver, por essa razão, adicionalmente à substância da alma, uma identidade pessoal não substancial importante para a prática. Poderíamos considerar esse raciocínio como um paralelo moderno a antigas posições teológicas, segundo as quais a concepção de que a alma seria imortal por si só, ou seja, fora de sua relação com Deus, seria herética. E, no caso do racionalista Descartes, o dualismo radical "corpo-alma" e a fundamentação de todo o conhecimento a partir da certeza de si do eu pensante solitário soterram a sua terceira "Meditação", na qual ele procura mostrar que o eu só é poupado do trabalho de Sísifo da autoasseguração sempre renovada diante da dúvida abrangente que se avoluma diante dele, porque podemos ter certeza de Deus e porque isso nos dá uma capacidade que jamais poderíamos dar a nós mesmos. O que estou tentando dizer é que, em Locke, Descartes e Kant, podemos ver como a alma vai se transformando numa concepção de subjetividade, ainda que esta seja do tipo em que a relação com o Deus criador permanece necessária.

Em muitos trechos, a psicologia científica do século XIX voltou a repisar, agora em base empírica, os desenvolvimentos e as alternativas do desenvolvimento da filosofia pré-kantiana e kantiana. Aqueles que, como Hermann Lotze ou Wilhelm Wundt, quiseram superar a concepção metafísico-substancial de alma sem se tornar materialistas se depararam com o problema de terem de descrever a alma como algo dado, mas não substancial. Wilhelm Wundt desenvolveu, no quadro de sua "psicologia voluntarista", a assim chamada teoria da atualidade, segundo a qual a alma não representa uma substância, mas uma atividade, um acontecimento. Considero a estreita ligação da filosofia pragmatista com a psicologia funcionalista do final do século XIX como continuação ou como paralelo da ideia de Wundt. Quando concebemos o "psíquico" como a realização de funções durante a regulação de processos organísmicos, não estamos contestando a sua existência, mas também não estamos afirmando a existência de uma substância psíquica. James se ocupou com essas questões no capítulo de sua obra dedicado à "atenção", Dewey, em seu ensaio clássico de 1896, intitulado "The Reflex Arc Concept in Psychology" [O conceito de arco reflexo em psicologia],[20] mas a discussão filosófica mais detalhada dessa questão encontra-se no texto de George Herbert Mead, de 1903, que traz o título de "The Definition of the Psychical" [A definição de psíquico],[21] um ensaio, aliás, que, nos EUA, nunca mais foi reimpresso integralmente desde que ele foi publicado pela primeira vez num lugar obscuro. Portanto, o passo para uma compreensão funcionalista do psíquico é a consequência de uma crítica produtiva da metafísica da substância. Porém, esse só pode ser um primeiro passo. Com efeito, tal psicologia funcionalista tem de reconstruir conceitualmente não só o psíquico como tal, mas também a unidade, a identidade, a continuidade e a individualidade da vida psíquica. Como uma psicologia poderia tornar compreensíveis a identidade e a individualidade de pessoas sem recorrer às "substâncias imateriais"?

Como já foi mencionado, o texto central sobre a transformação da alma em si-mesmo foi o capítulo 10 dos *Princípios da psicologia*, de James. O autor usa ali o conceito de "si-mesmo", num primeiro momento, assim como usamos hoje o conceito de personalidade, ou seja, não só no sentido do modo como a pessoa é dada a si mesma, mas no sentido abrangente daquilo tudo que perfaz uma pessoa. James retoma uma antiga piada e diz que a pessoa consiste de três partes: alma, corpo e roupa.[22] Ele, porém, diz isso em tom totalmente sério, na medida em que ele conta os haveres de uma pessoa como parte dela em termos de autoexpressão e sustentação desta; em nossas reflexões, não devemos isolar precipitadamente as pessoas de seu entorno material. Ao lado desse "si-mesmo mate-

---

20 Dewey, The Reflex Arc Concept in Psychology (1896). In: Id., *The Early Works*: *1882-1898*, p.96-110.

21 Mead, The Definition of the Psychical, *Decennial Publications of the University of Chicago*, p.77-112 (ed. alemã: Die Definition des Psychischen, p.83-148).

22 James, *The Principles of Psychology* [1890], p.280.

rial" concebido em termos amplos, James identifica um "si-mesmo social", que ele define mediante todos os reconhecimentos que recebemos de nossos semelhantes humanos; um "si-mesmo espiritual", ou seja, a "nossa capacidade de argumentar e fazer diferenciações, a nossa sensibilidade moral e nossa consciência, a nossa vontade indomável",[23] e, por fim, o "puro eu" como a capacidade de refletir sobre todos os componentes de nossa personalidade e de perceber por nós mesmos a nossa continuidade no tempo.

O elemento mais importante para o nosso contexto é o que James chama de *"the self of all the other selves"* [o si-mesmo de todos os demais si-mesmos], a capacidade das pessoas de experimentarem a si mesmas como centro de sua própria atividade. Está totalmente claro para James que, com isso, ele está tocando o ponto mais controverso de todos. Para os "espiritualistas", essa autopercepção no sentido de um centro de atividade decorre pura e simplesmente do fato de a alma existir; para os materialistas, essa autopercepção é uma ficção:

> Alguns diriam que se trata de uma simples substância ativa, da qual eles teriam consciência desse modo; outros diriam que não se trata de nada além de uma ficção, o ente imaginário que é designado com o pronome "eu", e entre esses extremos é possível encontrar posições intermediárias de todos os tipos.[24]

O próprio James tentou encontrar uma saída ao concentrar-se na dimensão corporal da autopercepção de organismos ativos num dado ambiente. Aprovação e rejeição, atenção e esforço tornam-se reconhecíveis, assim, como estrato fundamental da subjetividade. Essa dimensão corporal é bem mais rica em conteúdo que o eu transcendental de Kant. Para James, o "transcendentalismo" de Kant é apenas uma versão recatada do substancialismo, e o "eu" de Kant – acrescenta ele de modo bastante polêmico – apenas uma variante "barata e repulsiva" do conceito de alma. Visto dessa forma,

---

23 Ibid., p.283.
24 Ibid., p.286.

A sacralidade da pessoa

o "eu" de Kant é uma substância dessubtancializada, uma casca vazia, incapaz de apreender nossa autoexperiência corporal. Em vez dele, James até prefere o antigo conceito de alma, mas, a exemplo dos materialistas, ele acredita que este não tenha nenhum valor explicativo científico. A concepção semifuncionalista que James tem do si-mesmo constituiu o ponto de partida para as significativas inovações introduzidas por Cooley e Mead. Eles acharam insatisfatório que James não tenha relacionado de modo coerente a gênese da consciência com situações problemáticas no agir, que ele tenha tratado o si- -mesmo social só como um dos aspectos do si-mesmo e não como constitutivo de todos os aspectos e que ele não tenha examinado a lógica específica das situações interpessoais de ação, nas quais a autorreflexividade se torna funcional. O primeiro ponto poderia ser chamado de crítica pragmatista à concentração de James no "fluxo da consciência", o segundo, uma exigência dirigida a James para que investigasse a constituição social do si-mesmo, que significa muito mais do que investigar a acomodação do si-mesmo no leito das relações de reconhecimento, e o terceiro ponto constitui uma extensão da compreensão funcionalista do psíquico para a lógica da constituição do si-mesmo. Desde o começo até seus escritos tardios – leia-se, por exemplo, o longo necrológio de 1929 a Cooley, o outro grande "pragmatista sociológico" –, Mead articulou esses pontos críticos. Aduzo aqui uma única citação:

> James [...] reconheceu já muito cedo a influência do ambiente social sobre o indivíduo na formação da personalidade individual; contudo, a sua contribuição psicológica para a questão das propriedades sociais do si-mesmo consistiu antes no fato de ter mostrado em que medida este se estende também para o ambiente social. Ele não mostrou como o si-mesmo primeiro se constitui a partir da interação social. A posição de Cooley é superior às demais na medida em que ela lhe permite descobrir que na consciência tem lugar um processo social, dentro do qual surgem o si-mesmo e os demais.[25]

---

25 Mead, Cooleys Beitrag zum soziologischen Denken in Amerika [1930], p.337 [vertido a partir da tradução para o alemão modificada por Joas]. Excelente texto

Inteiramente no espírito do pragmatismo, mas indo além dos seus precursores, Mead examinou exatamente esse tipo de situações de ação, no qual uma atenção intensificada para objetos do ambiente não é suficiente para garantir uma continuidade bem-sucedida da ação. Em situações sociais, o próprio agente é fonte de estímulos para o seu parceiro. Por essa razão, ele precisa estar atento aos seus próprios modos de agir, uma vez que eles provocam reações no parceiro e, desse modo, passam a ser condições para a continuidade de suas próprias ações. Nesse tipo de situações, exige-se funcionalmente não só consciência, mas também autoconsciência. Com essa análise da autorreflexividade, Mead tentou reconstruir pragmatisticamente o legado do idealismo alemão.

Não posso fazer aqui uma elaboração exata de sua teoria da comunicação que visa à consecução desse objetivo. Porém, no presente contexto, é preciso ressaltar que Mead inequivocamente considera sua teoria da gênese do si-mesmo uma tentativa consciente de contribuir para a superação do conceito de alma e em geral de naturalizar categorias tradicionalmente cristãs. Também neste ponto cito só uma passagem comprobatória:

> O comportamento do ser humano em seu ambiente social é de tal ordem que pode tornar-se objeto para si mesmo, fato que faz dele um produto do desenvolvimento evolutivo mais desenvolvido que os animais. No fundo, é esse fato social – e não a suposta posse de uma alma ou de um espírito que lhe teriam sido dados individualmente de modo misterioso e sobrenatural, mas não aos animais – que o diferencia.[26]

Desse modo, em Dewey e Mead, a teoria do si-mesmo se tornou parte de um projeto intelectual de secularização.

Mas não em James! Como em muitos dos seus escritos, James tenta também nesse ponto tornar reciprocamente compreensíveis

---

sobre Cooley e as questões aqui tratadas é Schubert, *Demokratische Identität. Der soziologische Pragmatismus von Charles Horton Cooley*.

26 Mead, *Geist, Identität und Gesellschaft* [1934], p.179, nota 1 [vertido a partir da tradução alemã modificada por Joas].

A sacralidade da pessoa

os dois lados das controvérsias materialista-espiritualistas. No final do sexto capítulo dos seus *Princípios de psicologia*, ele revela que, até aquele ponto, havia argumentado de modo quase materialista porque pretendia demonstrar de modo imanente a insuficiência desse modo de pensar: "procedendo assim talvez eu conseguisse forçar alguns espíritos materialistas a perceber com intensidade tanto maior a respeitabilidade da posição espiritualista". E ele acrescenta: "O fato é que não podemos nos permitir o luxo de tratar com desprezo nem um único dos grandes objetos tradicionais da fé. Quer o percebamos ou não, reiteradamente muitas razões positivas e negativas nos atraem na sua direção".[27] E, numa passagem posterior no mesmo livro, James expõe que a "teoria da alma" talvez seja totalmente supérflua para fins científicos, mas que há outras razões, "outras exigências de cunho mais prático", que o impedem de dar o assunto por encerrado com o que foi dito. Ele menciona duas dessas razões, duas tarefas para uma transformação completa do conceito de alma após o declínio de uma compreensão metafísico-substancial, e essas duas tarefas ainda não cumpridas também são indicações para os outros dois componentes significativos do conceito, aos quais fiz alusão no início. Na linguagem de James, o primeiro desses problemas que ainda aguarda uma solução é o da "imortalidade, para a qual a simplicidade e a substancialidade da alma parecem oferecer um garantia sólida";[28] a "segunda suposta necessidade de uma substância da alma é a nossa responsabilidade diante do juízo divino".[29]

Seria um mal-entendido se isso levasse à concepção de que James teria simplesmente oscilado indeciso entre duas opções: renunciar ao conceito de alma por razões científicas, mas querer preservá-lo por razões religiosas. Ele sabe muito bem que a concepção de alma metafísico-substancial não é realmente apropriada

---

27 James, *The Principles of Psychology* [1890], p.181.
28 Ibid., p.330.
29 Ibid., p.331.

para responder a essas duas perguntas motivadas pela religião, mas ele tenta manter abertas essas duas questões e não ignorá-las ou declará-las ultrapassadas por uma perspectiva secularista. Mas que aspecto teria uma maneira pragmatista de lidar com esses problemas? James escreve fazendo alusão às consequências práticas de sua compreensão do psíquico para uma postura frente à vida após a morte:

> Contudo, quando se faz um exame preciso da alma, ele não garante nenhuma imortalidade do tipo que nos interessa. A fruição da simplicidade do tipo atômico *in saecula saeculorum* não parece ser, para a maioria das pessoas, a suprema plenitude que ardentemente desejariam para si. A substância de fato precisa emitir a partir de si um fluxo de consciência que se encontra em continuidade com o fluxo presente, para que nossa esperança possa surgir daí, mas a simples persistência de uma substância *per se* não oferece nenhuma garantia para isso. Além disso, o progresso geral da moral levou a que hoje nos pareça um tanto ridículo o modo como os nossos antepassados basearam as suas esperanças de imortalidade na simplicidade de sua substância. A demanda por imortalidade é hoje, por sua essência, teleológica. Consideramo-nos imortais porque nos consideramos apropriados para a imortalidade.[30]

Nessa passagem, não é difícil reconhecer o argumento protoexistencialista de John Locke. Talvez a convicção espontânea de *"to be fit for immortality"* [ser apropriado para a imortalidade] seja mais fraca em nossa cultura contemporânea que na época de James. Porém, James ao menos reconhece que aqui reside um problema e isso o diferencia de Dewey e Mead. Em sua psicologia anterior de orientação neo-hegeliana do ano de 1887, Dewey ainda havia seguido a trilha da autorrealização progressiva do ser humano até o ponto máximo da identificação com a pessoa absoluta, a saber, com Deus. Porém, na década de 1890, tanto Dewey como Mead começaram a eliminar de suas construções a relação com Deus enquanto dimensão constitutiva da autorrealização humana. Ao fazer isso, aceitaram resolutos as consequências dessas modificações conceituais para a

---

30 Ibid., p.330.

questão da imortalidade. Visto que o movimento integrado pelo seu pensamento fazia parte de um projeto intelectual de secularização, pareceu-lhes ser precisamente necessário superar afinal tais ilusões. Mas, ao proceder assim, eles não reconheceram que, abstraindo totalmente as questões religiosas, acabariam necessariamente aterrissando num dilema bem mundano. O problema que eles não anteviram foi este: o conceito de alma havia comportado uma garantia metafísica para aquilo que denomino sacralidade da pessoa, isto é, a suposição de um cerne sagrado de todo ente humano, não adquirido pelas próprias realizações, mas que tampouco pode ser perdido ou destruído. Ora, quando o conceito de alma é transformado no de si-mesmo, os seres humanos são equiparados à sua capacidade de desenvolver autorreflexividade. Nesse aspecto, a situação constitui um paralelo exato a uma problemática em Max Weber.[31] Quando se descreve, na perspectiva weberiana, a história dos direitos humanos como "carismatização" (ou "sacralização") da razão, o que acontece com aqueles que não são racionais: com as crianças ou os senis e os mentalmente descapacitados? Com referência a Dewey e Mead, pode-se perguntar da mesma maneira: o que acontece com aqueles que não são capazes de autorreflexão?

Esse problema torna necessária uma segunda transformação, a saber, uma teoria dos processos, nos quais se efetua a sacralização. Por que as pessoas vivenciam determinadas coisas como sagradas? E como acontece que se chega a uma sacralização de todas as pessoas e não só daquelas que dispõem de certas capacidades (como "razão" ou "autoconsciência")? A resposta a essas perguntas reside numa teoria da gênese de valores, numa investigação de experiências constitutivas de valores e especialmente de experiências, das quais pode surgir um vínculo afetivo com valores do universalismo moral. No meu livro *Die Enstehung der Werte* [A gênese dos valores], tentei

---

31 Sobre isso, ver Joas, Max Weber und Die Entstehung der Menschenrechte. Eine Studie über kulturelle Innovation, p.252-70, bem como, nesse livro, o capítulo 1.

Hans Joas

mostrar que William James com o seu livro *Varieties of Religious Experience* [Variedades de experiência religiosa] deve ser visto como pioneiro dessa teoria, pioneiro na investigação das experiências de autotranscendência e dos efeitos vinculantes próprios dessas experiências.[32] A sua teoria se concentra na dimensão passiva de tais experiências ("*self-surrender*" – "autoentrega") e na interpretação subjetiva das fontes das forças vinculantes assim experimentadas. Contudo, a abordagem de James tem suas limitações; estas residem na ocupação exclusiva com as experiências de indivíduos "*in their solitude*" [na sua solidão] e numa certa negligência da dimensão interpretativa, isto é, dos processos em que as experiências são interpretadas. Não posso reprisar aqui minha argumentação no referido livro. Só o que eu gostaria de mencionar é que, para suprir a primeira deficiência, busquei auxílio na pesquisa das formas elementares da vida religiosa, de Émile Durkheim. É que o sociólogo francês se concentrou em experiências coletivas. Ele aplicou as suas noções sobre a dinâmica da gênese de valores também aos valores do universalismo moral. Durkheim falou da sacralidade do indivíduo e tentou pensar a crença nos direitos humanos como resultado de uma sacralização do indivíduo.[33]

James certamente não tinha nenhuma teoria comparável elaborada a esse respeito, mas é notável que ele tenha utilizado a mesma expressão ("*the sacredness of individuality*" – a sacralidade da individualidade) mais ou menos na mesma época, a saber, em 1899, no novo prefácio ao seu livro *Talks to Teachers on Psychology; and to Students on Some of Life's Ideals* [Palestras a professores sobre psicologia e a estudantes sobre alguns ideais de vida].[34] Mead jamais

---

32 Joas, *Die Enstehung der Werte*, especialmente o capítulo 3.

33 Sobre isso, cf. o capítulo 2 deste livro. O próprio Durkheim desenvolveu uma teoria sobre a gênese da concepção da alma em sua grande sociologia da religião de 1912. Cf. Durkheim, *Die elementaren Formen des religiösen Lebens*, p.327-69.

34 James, *Talks to Teachers on Psychology; and to Students on Some of Life's Ideals* [1899], p.v.

A sacralidade da pessoa

chegou a avançar até esse ponto e Dewey só chegou aí na década de 1930, ao apresentar o seu livro sobre religião (*A Common Faith*), no qual ele, recorrendo a James e Durkheim (!), analisou a democracia como complexo de ideais sacralizados.

Na transformação do conceito de alma, portanto, era preciso levar em conta não só a autorreflexividade, mas também a sacralidade do ser humano. Só desse modo dois componentes do significado do conceito de alma puderam ingressar na transformação. Entretanto, mais ainda que Durkheim (e Dewey e Mead), James teve sensibilidade para o terceiro componente significativo, a saber, uma continuidade potencial da pessoa para além da sua morte corporal. Teólogos contemporâneos falam de uma antropologia "relacional" em vez de uma metafísica da substância como pressuposição para uma resposta satisfatória para essa questão. Dewey e Mead certamente tinham uma antropologia "relacional", na medida em que concebiam o si-mesmo como constituído em relações sociais. Porém, como já foi mencionado, na sua antropologia desaparece a relação com o divino como elemento necessário das referências do ser humano ao mundo. Uma vez mais, James apresenta outra situação. Até quando trata do si-mesmo social, ele não aborda só a nossa comunicação com os nossos semelhantes humanos, mas também a oração. Ao fazer isso, ele desenvolve o conceito do "si--mesmo social ideal", "um si-mesmo que pelo menos é *digno* do reconhecimento aprovador da parte do parceiro na posição mais elevada *possível*, caso tal parceiro exista". De acordo com James, o ato de orar não pode desaparecer historicamente; ele presume que nós oramos porque "nada podemos fazer além de orar". "O impulso de orar constitui uma consequência necessária do fato de que o ser humano só consegue encontrar um interlocutor adequado para si num mundo ideal porque o mais íntimo do seu si-mesmo empírico é do tipo social".[35]

---

35 Id., *The Principles of Psychology* [1890], p.301.

No ano de 1898, James publicou uma brochura sobre a questão da imortalidade humana, na qual ele perseguiu o objetivo relativamente modesto de provar que essa fé não é incompatível com uma compreensão funcionalista do cérebro e que os que creem na imortalidade não precisariam se deixar desmotivar pela concepção de uma superpopulação no além. Ao primeiro ponto ele dedicou a sua tentativa de diferenciar entre funções "produtivas" e "transmissivas" do cérebro. Nenhum argumento científico permitiria excluir que, no caso de fenômenos como conversões religiosas, orações atendidas e curas milagrosas, prenúncios e aparições na hora da morte, de fato esteja ocorrendo algo com a nossa consciência que não seja obra dela mesma.[36] Na minha linguagem, isso significa que cientificamente não podemos excluir que as nossas experiências de autotranscendência representam um encontro real com algo transcendente. E ao segundo argumento um tanto curioso ele contrapõe o seu pleito para que concebamos o amor de Deus e a sua disposição compreensiva como algo infinito e não segundo a medida de nossa própria empatia e simpatia limitadas e facilmente exauridas – caso não queiramos tomar da "cegueira o critério da visão".[37]

Nesse escrito, porém, o ser humano é apresentado somente como um possível receptor passivo de mensagens de um ser que se sobreleva ao material e não como parte criativa dele. Isso se modifica em escritos posteriores de James, sobretudo em seu livro *A Pluralistic Universe* [Um universo pluralista], de 1909. Não me parece exagerado dizer que a motivação do trabalho de James nessa metafísica tardia é descrever a posição do ser humano no cosmo de tal maneira que a ideia da imortalidade se torne plausível. Essa metafísica precisa preencher três condições. Em primeiro lugar, ela precisa conceber o si-mesmo do ser humano como constituído em todas as suas relações com o mundo, com os seus semelhantes humanos, mas

---

36 Id., Human Immortality [1898], p.93.
37 Ibid., p.101.

A sacralidade da pessoa

precisamente também com o divino. Em segundo lugar, ela não pode admitir qualquer dualismo entre corpo e alma, como se o corpo fosse apenas uma casca que envolve a alma propriamente pessoal. E, em terceiro lugar, ela não pode ter uma estrutura determinista e tampouco levar à desvalorização da liberdade humana de decisão ou à depreciação do tempo de vida como mera aparência frente à eternidade. Foram justamente esses objetivos que propôs James em sua fase tardia: elaborar, em seus traços básicos, uma imagem de mundo não atomística, não dualista, estritamente processual. Centrais para essa imagem se tornam os conceitos de experiência e de campo (ou de "situação"), uma vez que na experiência, se a entendermos no sentido do empirismo radical de James, aquele que experimenta e o que é experimentado estão imbricados, assim como num campo se fala de outras coisas além das relações meramente exteriores de entidades que repousam em si mesmas, idênticas a si mesmas. Nessa metafísica pragmatista, que foi denominada também de "temporalistic form of personalism" [forma temporalista de personalismo],[38] a substância da alma é substituída pela ideia de uma relação constitutiva da pessoa com o divino. A morte física pode significar, então, a transformação dessa relação e não necessariamente o fim dela. Nesse caso, a questão da imortalidade depende da nossa disposição de crer num Deus amoroso que mantém a relação conosco também após a morte física. Exatamente porque James pensa em termos não dualistas, nesse seu modo de ver as coisas, o próprio Deus depende da relação com o humano. Não se trata de um Deus que basta a si mesmo em algum lugar remoto no além, impassível diante do que fazemos com a nossa liberdade visando ao bem ou ao mal, mas de

---

38 Capek, The Reappearance of the Self in the Last Philosophy of William James, *Philosophical Review*, p.544. O estudo mais minucioso sobre essas questões é o de Fontinell, *Self, God, and Immortality. A Jamesian Investigation*. Excelentes também são: Pihlström, William James on Death, Mortality, and Immortality, *Transactions of the Charles Sanders Peirce Society*; Seibert, *Religion im Denken von William James. Eine Interpretation seiner Philosophie*.

um Deus que fez de nós próprios criaturas criativas e que, por essa razão, permanece envolvido o tempo todo no acontecimento do mundo, porque nossas faculdades criativas podem se encontrar em continuidade com a sua criação. A contraposição prometeica de ato criador humano e ato criador divino induz a erro e é desnecessária. Tenho plena consciência de que há leitores que devem ter ficado cada vez mais nervosos no decorrer desta exposição das especulações jamesianas motivadas pela religião. Eles podem estar dizendo que se trata de especulações absurdas que pouco têm a ver com argumentação filosófica racional e nada a ver com ciência social. Esses céticos têm razão na medida em que James de fato nunca tentou fornecer algum tipo de prova racional definitiva da imortalidade do ser humano, da existência de Deus ou de qualquer outro artigo de fé. A sua estratégia sempre foi refutar tentativas científicas que contestavam o direito de crer, de modo que, mediante sua refutação, a vontade de crer fosse encorajada. Essa era a sua compreensão do papel do pensamento pragmatista no âmbito da religião. Ninguém pode ser convencido por meios puramente racionais a aceitar uma crença religiosa em geral ou a considerar justificada uma determinada crença. James apenas tentou reconstruir a lógica interna da experiência religiosa e elaborar os traços básicos de uma imagem de mundo, na qual essa experiência pode coexistir com a ciência de modo reciprocamente fecundo. A fundamentação dessa possibilidade de coexistência acabou sendo para ele o motivo essencial da elaboração do pragmatismo e de sua teoria da verdade.

O tema da morte com frequência é caracterizado como um tabu da nossa época. Não tenho tanta certeza de que isso esteja correto. Concordo com Talcott Parsons que certa vez escreveu que o fato de tanta gente lamentar que a morte seja tabu é um indicativo de que não se trata de nenhum tabu. Porém, falar hoje em dia daquilo que vem após a morte de fato parece ser algo que viola um tabu. Fazer isso provoca reações que vão desde o desconforto silencioso até a indignação verbalizada em alto e bom som, passando por manifestações de constrangimento. Isso não aconteceu com a primeira

A sacralidade da pessoa

geração dos pragmatistas. Peirce e Royce também escreveram sobre essas questões,[39] e os aportes de James eram evidentemente parte de um discurso mais amplo. Também entre os clássicos da sociologia é possível constatar um profundo interesse por compreensões culturais de Deus, da alma, da morte e da vida após a morte. Nas sociologias da religião, tanto de Durkheim como de Weber, esses temas são extensamente abordados. Outros integrantes dessa geração clássica foram ainda mais longe e trataram essas ideias e práticas não só como objeto de pesquisa científica. Max Scheler, por exemplo, escreveu um texto importante intitulado *Tod und Fortleben* [Morte e continuação da vida], que não foi publicado durante a vida do autor, mas a partir do qual ele quis desenvolver uma filosofia abrangente da morte ("O sentido da morte").[40] Nesse escrito, ele tratou da ideia de uma substância psíquica como tentativa equivocada de apreensão conceitual de uma forma fundamental da autoexperiência humana. Georg Simmel e Ernst Troeltsch conectaram esse tema com a questão referente a como pensar a possibilidade de pretensões de verdade absolutas e universais no caso de uma compreensão radical de contingência. Troeltsch afirmou que valores não relativos necessitam de uma presunção metafísica da transcendência e que sem a concepção de uma vida após a morte não haveria como pensar até as últimas consequências a ideia do valor infinito da alma.[41] E Georg Simmel, no seu último livro (*Lebensanschauung* – Visão da vida),[42] com o qual ele exerceria forte influência sobre Heidegger, conectou explicitamente a constituição de valores com a constituição do si-mesmo. Assim como valores duradouros surgem em situações específicas sob condições contingentes, assim também o acaso do nosso nascimento não representaria obstáculo para a fé na imortalidade da alma.

---

39 Peirce, Immortality in the Light of Synechism [1893], p.1-3; Royce, *The Conception of Immortality* [1899].

40 Scheler, Tod und Fortleben, p.9-64.

41 Troeltsch, Der christliche Seelenbegriff, p.279-325.

42 Simmel, *Lebensanschauung. Vier metaphysische Kapitel.*

No final desta seção, gostaria de ressaltar que naturalmente ninguém precisa compartilhar os pontos de vista religiosos ou semirreligiosos desses autores. Porém, levá-los a sério pode ao menos contribuir para a compreensão do significado que um velho conceito teve outrora no âmbito da tradição que dele se valeu. E isso é, no mínimo, um pressuposto necessário de uma reconstrução histórico-sociológica da gênese da tradição judaico-cristã e de sua transformação em sistemas axiológicos modernos como o da crença nos direitos humanos e na dignidade humana universal, e isso quer dizer numa sacralidade da pessoa.

A vida como dom[43]

Numa contribuição sobre o tema "eutanásia",[44] um conhecido e apreciado filósofo berlinense também discute as objeções tradicionais levantadas contra a admissibilidade moral do suicídio e a insistência de doentes incuráveis para serem libertados dos seus sofrimentos. Ao fazer isso, ele dá relevo ao, como ele diz, "argumento frequentemente usado, de que o ser humano não deve privar-se da vida já pelo fato de não ter sido ele que a deu a si mesmo". Ele, porém, não aceita como válida essa objeção em sua argumentação expressamente designada como "guiada pela razão". Para ele, essa objeção vincula "uma limitação fática do fazer com um limite normativo da ação". Isso seria inadmissível já por razões metodológicas. Ao pensar nesses termos, "deveríamos proibir imediatamente [também] a agricultura, a caça e a pesca e, a rigor, não deveríamos nem ficar com o oxigênio do ar que respiramos, caso não pudéssemos dispor de nada que nós mesmos não tenhamos feito". Mas o fato é "que todo e qualquer ser vivo se serve da natureza" e o ser humano não é exceção, a despeito de toda a sua

---

43 Este subcapítulo é uma versão revisada de Joas, Die Logik der Gabe und das Postulat der Menschenwürde, p.16-27.

44 Gerhardt, Letzte Hilfe, *Frankfurter Allgemeine Zeitung*, 19.set.2003, p.8.

A sacralidade da pessoa

produtividade autônoma: "Ele está sempre pegando mais do que possui a partir de si mesmo. Isso vale também para a sua própria existência. E, visto que de fato pode privar-se da sua vida, ele deve decidir isso com base em razões que residem nele próprio e não no fato da simples existência".

"O fato da simples existência": quem fala assim deixa de perceber que o ponto decisivo reside justamente onde se trata da questão referente a se podemos e devemos considerar o fato da nossa vida realmente como simples fato. Inegavelmente já o modo de falar dessa *faticidade* estabelece um contraste agudo com a concepção da *criaturalidade* do ser humano caracterizada pela tradição judaico-cristã. Para esta, a vida justamente não é um simples fato constatável, um estar-jogado casual, mas um *dom*. Contudo, considerar a vida como dom é algo totalmente diferente de conceber que limitações meramente fáticas permitem deduções de algum modo normativas. Até mesmo os dons mais triviais da nossa vida social cotidiana são mais do que apenas dados fáticos; desde sempre eles carregam dentro de si um ar de comprometimento que não tem como emanar de simples fatos. Por exemplo, quem, mediante uma saudação, sinaliza reconhecimento, respeito, atenção, ou seja, quem nos presenteia talvez só por um curto instante a sua atenção e confere expressão simbólica a essa atenção, pode esperar uma saudação em troca. Na saudação está contido um compromisso de corresponder à saudação ou ao menos responder com uma pergunta, e esse compromisso é tão forte que até mesmo a recusa de corresponder à saudação assume um sentido comunicativo. Ao receber a saudação unilateral, não podemos mais "não nos comunicar". Algo análogo vale para convites, presentes e até para gestos de carinho. Em todos esses fenômenos se torna visível uma lógica do dom, que pode ser claramente distinguida da simples facticidade.

No entanto, se tomarmos como sintomática a argumentação filosófica citada, não parece ser fácil para muitos pensadores do nosso tempo levar a sério essa lógica do dom e aplicá-la à nossa vida como

229

um todo. Contudo, ser bem-sucedido em formular a ideia da nossa vida como dom sob as condições atuais de tal modo que seja plausível também para os amigos da "argumentação guiada pela razão" é de importância central para uma compreensão contemporânea de dignidade humana universal e para a diferenciação entre uma sacralização universalista da pessoa, ou seja, de todas as pessoas, e a autossacralização do indivíduo privado, ou seja, da própria pessoa individualmente.

Na discussão pós-moderna, o dom praticamente se tornou um tema da moda, especialmente devido a Jacques Derrida. Teólogos renomados como Jean-Luc Marion e John Milbank ocuparam-se extensamente com a lógica do dom; filósofos da religião de vanguarda da atualidade, como Paul Ricœur e Hent de Vries, estabeleceram conexões com esse tema. Vários desses autores, mas não todos, deixam transparecer a intenção de contrapor a lógica do dom à lógica da troca e esperam de uma reconstrução da lógica do dom também um ponto de apoio crítico frente às atuais tendências de monetarização e comoditização que abrangem tudo. Essas controvérsias teológicas não serão resumidas aqui. Recorrendo a trabalhos sociológicos, é possível, muito antes, passar para outro terreno e assim também proceder, no plano empírico e normativo, a alguns deslocamentos na visão que se tem da importância atual lógica do dom, os quais se mostram fecundos.

Aliás, não é um passo artificial retornar da teologia e filosofia para a sociologia nesse contexto. Com efeito, pelo menos na França, um livro clássico da sociologia se manteve como ponto de referência central para a bibliografia filosófica e teológica sobre o dom. Trata-se do *Ensaio sobre o dom*, publicado em 1924, por Marcel Mauss, sobrinho e estreito colaborador de Émile Durkheim.[45] Nesse ensaio, ele se valeu de uma profusão de pesquisas etnológicas disponíveis,

---

45 Mauss, *Die Gabe. Form und Funktion des Austauschs in archaischen Gesellschaften*. [Título original: *Essai sur le don. Forme et raison de l'échange dans les sociétés archaïques* – Ensaio sobre o dom. Forma e razão da troca nas sociedades arcaicas – N. T.].

A sacralidade da pessoa

dentre elas as de Franz Boas sobre as tribos indígenas do noroeste da América do Norte e as de Bronislav Malinovski sobre os polinésios e melanésios, sobre os famosos "Argonauts of the Western Pacific" [Argonautas do Pacífico Ocidental], e as fez confluir na tese de que, antes da invenção da agricultura e da pecuária, a práxis da troca cerimonial de dons fora universalmente disseminada no intercâmbio entre os grupos sociais. Só com a gênese da agricultura e da pecuária essa rede de reconhecimento mútuo, na qual também estão incluídos os antepassados e espíritos enquanto seres da mesma realidade, converte-se num sistema de práticas sacrificiais. O sacrifício serve para expiar uma culpa ou cancelar uma dívida, que resulta da apropriação da riqueza natural. Essa riqueza é experimentada como precedente e como dependente de seres mais elevados, divindades, que precisam ser saciadas para que a sua ira não seque a fonte da riqueza natural. A observação feita com frequência de que os animais usados no sacrifício sempre são animais domésticos e de criação adquire desse modo um sentido profundo. Mauss acompanhou a "continuidade da vigência desses princípios" nos direitos romano, germânico e hinduísta antigo e já contrastou essa lógica do dom com a mentalidade econômica do capitalismo moderno.

Por mais marcantes que tenham sido as suas análises e por mais que o seu livro tenha conseguido preservar sua força inspiradora até hoje, ele não logrou proteger com clareza conceitual total os dons cerimoniais dos mal-entendidos economicistas e moralistas. Chamo de mal-entendido economicista a concepção de que a troca ritual ou cerimonial de dons seria uma espécie de forma germinal primitiva da troca de mercadorias e, desse modo, do comércio. Como mostrou Hénaff, em seu grandioso livro *Der Preis der Warheit* [O preço da verdade],[46] essa concepção não se sustenta já porque, ao lado da troca cerimonial de dons, sempre houve também a troca profana de

---

46 Hénaff, *Der Preis der Wahrheit. Gabe, Geld und Philosophie.* [Título original: *Le prix de la vérité – le don, l'argent, la philosophie* – O preço da verdade – o dom, o dinheiro e a filosofia – N. T.]

bens, que, portanto, não precisou provir da troca cerimonial de dons. Entretanto, esse mal-entendido se encontra também em cientistas sociais tão importantes quanto Max Weber (em sua *História da economia*) e Karl Polanyi (em *A grande transformação*). O mal-entendido moralista surge de uma inversão do mal-entendido economicista. A observação correta, a saber, de que, na troca cerimonial de dons, o motivo norteador não é o cálculo racional do proveito próprio, desvia aqui para a suposição de que se trata de um dar altruísta, de *caritas*. Uma variante especial, que não pode realmente ser caracterizada como "moralista", surgiu a partir de um exemplo citado no livro de Mauss e que se tornou famoso, a saber, o exemplo do *potlatch* da destruição. Em conexão com as pesquisas de Boas sobre os Kwakiutl da Colúmbia Britânica, Mauss afirmou que, em muitos casos, as tribos seriam forçadas a dar tudo o que possuíam e não podiam ficar literalmente com nada. Em tal "guerra de propriedade" tudo estaria fundado "no princípio do antagonismo e da rivalidade". A "destruição" seria, então, num sentido mais elevado, também a entrega ou gasto. Foi dessas ideias que sabidamente partiram Georges Bataille e Roger Caillois em seus raciocínios espetaculares sobre a violência e a guerra. Essa interpretação, contudo, ruiu em virtude de pesquisa etnológica posterior, que conseguiu demonstrar que o excesso e a destruição só resultaram das condições específicas da vida indígena sob o domínio colonial britânico e de modo algum são inerentes ao fenômeno da troca cerimonial de dons como tal. Mas tampouco se sustenta a interpretação "moralista" propriamente dita, visto que ela desconhece caráter relacional constitutivo da troca cerimonial de dons. Hénaff argumenta de modo plenamente convincente frente a Derrida (e também a Marion) que a concepção de que o doador deveria desaparecer atrás de seu dom, portanto, melhor seria que permanecesse anônimo, talvez seja adequada ao caso de algumas realizações caritativas, mas justamente não ao da troca cerimonial de dons. Nesse caso, o anonimato praticamente impossibilitaria o ato recíproco.

A sacralidade da pessoa

Portanto, na lógica do dom não se trata de modo algum da entrega e da circulação de bens. Por essa razão, saudações e danças rituais devem ser designadas como dons, porque também os objetos usados na troca cerimonial de dons, assim como tais práticas, são apenas meios de acolhimento e estabilização das relações sociais. Estou tentado a ilustrar isso remetendo à análise que William James faz do processo de apaixonamento. Quem espera fria e defensivamente receber outros sinais seguros de amor geralmente esperará em vão. Para ingressar no evento intersubjetivo de formação da confiança mútua, é necessário dar ao outro uma antecipação da confiança e também sinalizar isso. Naturalmente não devemos conceber as formas modernas de presentear simplesmente como ilustrações plenamente válidas da troca cerimonial de dons conforme Mauss; esta se refere à interação de grupos e não de indivíduos e a um fenômeno que marca todo o evento grupal e não a um fenômeno relegado a espaços periféricos. Mas, em contrapartida, na práxis do presentear recíproco, também se torna visível para o ser humano moderno a lógica do dom que Mauss havia designado como *"fait social total"* [fato social total].

Acontece que a *transformação* da lógica do dom na história posterior da religião praticamente não foi tratada por Mauss. Porém, para a minha questão referente à "vida como dom", essa transformação se reveste de importância central. A continuação dessa história foi posta no centro de uma análise do tipo estruturalista dos mitos judeus e cristãos pelo mais importante sociólogo das décadas de 1950 e 1960, Talcott Parsons, em sua obra tardia sobre a sociologia da religião.[47] Tomando expressamente como ponto de partida as análises de Claude Lévi-Strauss sobre mitos indígenas, Parsons quer identificar o cerne da tradição judaico-cristã. Para isso, ele se apoia nos primeiros livros de Moisés (Gênesis e Êxodo), por um lado, nos quatro Evangelhos, por outro, "na medida em que estes se referem

---

47 Cf., sobretudo, Parsons, *Action Theory and the Human Condition*.

ao problema da orientação frente aos aspectos de morte e vida na situação do ser humano". Parsons havia se deparado com essa temática por ter se ocupado minuciosamente com o simbolismo da morte nos EUA e no mundo ocidental e com questões de ética médica. A leitura desses trabalhos sobre uma "sociologia do cristianismo" logo deixa claro que eles também representavam uma discussão daquilo que Parsons chamou de "revolução expressiva". Ele tem em vista o movimento *hippie* e uma renascença generalizada do não racional na cultura ocidental, o interesse crescente pelo esoterismo e pelas religiões não ocidentais, a sacralização também e exatamente do amor erótico – e ele acreditou ser capaz de reconhecer em tudo isso possivelmente os primórdios de uma nova religião em formação. Sua postura frente a esta era totalmente cética. Porém, desse modo, impôs-se a ele a questão referente a como se poderia pensar e articular de maneira nova, sob as condições da individualidade expressiva ou moral altamente desenvolvida, uma ideia tão central para o cristianismo como a da vida como dom. Esse naturalmente também é o horizonte em que recorro a essa ideia. Os trabalhos de Parsons a esse respeito foram de resto completamente ignorados na sociologia. Na teologia eles são igualmente desconhecidos, se abstrairmos de um livro da teóloga Sigrid Brandt,[48] de Heidelberg. E no discurso atual sobre a lógica do dom literalmente não encontrei uma referência sequer a Parsons – mais um testemunho da infeliz compartimentalização dos discursos específicos das disciplinas umas em relação às outras.

Em vista disso, tomemos um novo impulso.[49]

Para a maioria das pessoas de hoje, conceber a própria vida como dom só é relativamente plausível no plano biológico-orgânico. Todos

---

48 Brandt, *Religiöses Handeln in der modernen Welt. Talcott Parsons' Religionssoziologie im Rahmen seiner Handlungs- und Systemtheorie.*

49 No que segue, recorro a formulações de um ensaio mais antigo: Joas, Das Leben als Gabe. Die Religionssoziologie im Spätwerk von Talcott Parsons, *Berliner Journal für Soziologie*, p.505-15.

A sacralidade da pessoa

nós sabemos que não criamos a nós mesmos em nossa existência corporal, mas devemos nossa vida a um ato de geração e a anos de cuidados geralmente da parte de nosso pai e nossa mãe. Em todas as culturas, derivam-se desse fato determinadas normas de gratidão para com os progenitores, a família ou o povo. Porém, nas atitudes de hoje frente à morte, essa compreensão da vida como dom geralmente não ganha mais expressão. A razão disso é que a morte hoje muitas vezes é vista apenas como destruição, como aniquilação, como o fim definitivo da pessoa. Essa atitude precipuamente moderna certamente não é representativa para a maior parte da história humana. Com efeito, todas as religiões dão relevo a que – no linguajar sociológico não tão atraente de Parsons – os seres humanos são "uma síntese de um organismo vivo com um sistema de personalidade", sendo que a personalidade é definida como simbolicamente organizada. Porém, se não reduzirmos a pessoa ao seu corpo, a morte do corpo não é necessariamente a morte da pessoa. Todas as religiões desenvolveram de modo correspondente concepções sobre a vida após a morte, algumas até sobre a vida antes da concepção no sentido de uma preexistência. Essas representações geralmente estão acopladas ao conceito de alma – uma alma da qual se presume que possa ser transmitida para outras pessoas ou outros entes ou que possa continuar a viver em outra dimensão da realidade. Em todos esses sistemas de interpretação religiosos, a morte pode ser concebida como continuação da vida ou como um ato de passar adiante o dom da vida.

Ora, para compreender mais precisamente a especificidade da postura do cristianismo em relação à morte e a ideia da vida como dom, deve-se primeiro retornar ao mito judaico da criação. Como foi enfatizado sobretudo por Gershom Scholem,[50] é na tradição judaica e não na tradição grega antiga que o mundo é pensado como criado por Deus. Devido a isso, o judaísmo antigo não deve ser caracteri-

---

50 Scholem, Schöpfung aus Nichts und Selbstverschränkung Gottes, p.53-89.

zado só pelo seu monoteísmo radical, mas também por assumir que o mundo foi criado do nada (*"creatio ex nihilo"*), concepção essa que se diferencia nitidamente da concepção (grega) de uma substância previamente dada e de ideias eternas. Na tradição judaica e cristã, o mundo inteiro é dom, na medida em que é criação. Até mesmo a lei do povo de Israel é um dom de Deus a esse povo eleito por ele; obedecer à lei é dever, mas a capacidade da obediência é, uma vez mais, um dom. Assim sendo, a morte pode ser pensada como devolução da vida ao Criador da minha vida e de todo o mundo. No judaísmo antigo, todavia, essa interpretação do sentido da morte ainda não estava plenamente desenvolvida. Nas palavras de Parsons: "A expressão bíblica dizia: retorno ao seio de Abraão, o que quer dizer, à semelhança da tradição chinesa, que os mortos assumem o honroso *status* de antepassados no coletivo do 'povo' que engloba as gerações".[51]

O cristianismo passa a radicalizar essa ideia de uma relação dadivosa entre Deus e o indivíduo. Primeiro, o próprio Jesus é designado como filho nascido de Deus. Geração e nascimento não são criação a partir do nada. Aspecto central no mito da anunciação é que Deus não envia ao mundo um ser totalmente divino, mas que um ser humano, a saber, Maria, *presenteia* Jesus no plano humano com a vida. No Evangelho de Mateus, Jesus é inserido por José numa tradição genealógica e simultaneamente introduzido como filho de Deus através da concepção virginal. A vida de Jesus é, assim, um dom de Deus num sentido muito mais radical que a vida dos indivíduos antes dele. Deus deu essa vida por amor ao mundo e aos seres humanos. Por essa razão, Jesus é a corporificação desse amor de Deus e a realização plena de uma vida de amor. Isso culmina na morte sacrificial de Jesus na cruz. Para Parsons, "fica claramente manifesto que o efeito simbólico primordial do autossacrifício de Jesus consistiu em capacitar as pessoas comuns para que cada uma concebesse a sua respectiva vida como dom, que simultaneamente

---

51 Parsons, *Action Theory and the Human Condition*, p.224.

visa expressar amor às outras pessoas (ao próximo) e amor a Deus como retribuição ao amor de Deus pelo mundo. Esses são os dois mandamentos fundamentais do Evangelho".[52] A morte de Jesus é a devolução da vida a Deus. A sua ressurreição é a superação da morte. Para Parsons, isso quer dizer que a morte assume um significado transbiológico, porque o componente que se sobressai é a entrega do dom da vida a Deus no final da vida individual como expressão de amor a ele. Eu gostaria de acrescentar que, já no mito judaico da criação, a morte adquiriu um significado transbiológico quando foi introduzida como castigo pela desobediência de Adão e Eva. Porém, no mito da ressurreição e na ideia de superação da morte, esse significado transbiológico fica bem mais evidente.

Dois pontos carecem de ênfase especial. Na tradição cristã, a morte é transcendida, não negada. Romano Guardini, por exemplo, elaborou isso intensamente no seu livro *Die letzten Dinge* [As últimas coisas].[53] Sob os pressupostos do pensamento cristão, a morte permanece triste e cruel; seria de mau gosto presumir que alguma vez alguém pudesse ter sentido a sua morte como algo totalmente significativo sem qualquer sentimento trágico de perda, mesmo que abstraiamos do fato de que, em muitos casos, a morte vem sem nos dar a chance de vivenciá-la como devolução da vida. Em segundo lugar, inclusive no caso de Jesus Cristo, e justamente no caso dele, a morte foi cruel e cheia de desespero; no mito da crucificação, o filho de Deus justamente não é poupado da morte, ele não entra triunfalmente no céu antes de ser crucificado.

Nos seus trabalhos, Parsons descreve as mutações do mito original do cristianismo na história principalmente do Ocidente. Ele se interessa, por um lado, pelas transformações mais importantes na simbolização cultural desse mito e, por outro lado, pelos pressupostos e pelas consequências socioestruturais e organizacionais

---

52 Ibid., p.274 et seq.
53 Guardini, *Die letzten Dinge. Die christliche Lehre vom Tode.*

dessas transformações. Ele interpreta a compreensão medieval e, temos de acrescentar, católica da igreja como o "corpo místico de Cristo" no sentido de um novo tipo de mediação entre o divino e o humano. Assim como o corpo de Cristo fez a mediação entre essas duas dimensões, também faz a igreja depois de Cristo. Logo, os seres humanos podem fazer parte da ordem divina e, embora a igreja mesma, por sua vez, também tenha uma dimensão temporal e terrena, ela a transcende como instituição e, por essa vida, torna-se supratemporal. Nas palavras de Parsons:

> O indivíduo pode participar já antes da morte da ordem espiritual em distinção à ordem temporal, identificando-se simbolicamente como parte do corpo de Cristo, isto é, da igreja. O velho modelo coletivo do povo se tornou, de certo modo, o modelo para um coletivo espiritual, do qual se passa a fazer parte não pelo parentesco, mas pela fé, pela aceitação de Cristo.[54]

A grande cisão nessa história do simbolismo cristão ocorreu, então, com a Reforma, e Parsons tem plena consciência disso. Em muitos aspectos, ele apenas repete os resultados mais antigos e influentes de Max Weber, Ernst Troeltsch e outros. Também para ele, ativismo e ascese intramundana são tão centrais quanto para os seus precursores. Talvez ele tenha deixado ainda mais claro que estes como foi dramática a reversão na compreensão de igreja do "corpo místico de Cristo" para "a comunhão dos crentes" na Reforma. Parsons vê claramente a ambiguidade dessa nova concepção. Por um lado, houve, por exemplo, nos primórdios da Nova Inglaterra calvinista, uma igreja a que pertenciam só os supostamente eleitos, mas que, não obstante, submetia todos à sua disciplina rigorosa; por outro lado, houve uma união do princípio da membresia voluntária com o do pluralismo, através da qual foram institucionalizados a tolerância religiosa, a separação de igreja e Estado e o pluralismo das denominações. O aspecto mais importante dessa transformação foi a mudança na compreensão dos sacramentos:

---

54 Parsons, *Action Theory and the Human Condition*, p.267.

A sacralidade da pessoa

O clero não era mais o detentor e manipulador da graça divina, mas docente, líder comunitário, missionário, que deveria exortar os leigos ao engajamento e à firmeza na fé. Certamente os sacramentos foram mantidos, mas o seu significado se modificou profundamente. Eles se converteram em reafirmações meramente simbólicas da fé e da adesão à mensagem cristã.[55]

A dissolução das ordens religiosas também teve um efeito semelhante, de modo que se impôs a concepção "de que as obrigações religiosas no seu sentido mais pleno poderiam ser assumidas por leigos e exercidas em 'vocações/profissões' de modo mais efetivo que pelo clero em comunidades monásticas separadas".[56] Para Parsons essa mudança se reveste de suma importância, não por representar uma diminuição do *status* do clero, mas por representar uma valorização dos leigos. Ele chega à mesma conclusão que Charles Taylor em seu livro *As fontes do self*,[57] ou seja, que na Reforma por razões religiosas a própria vida cotidiana se tornou um valor, para o que Taylor descobre a citação marcante da época da Reforma: "Deus gosta de advérbios e não se importa nem um pouco se algo é bom, mas quer saber se a coisa foi bem feita". Ao passo que Max Weber analisou esse processo com profunda ambivalência e vislumbrou na valorização da vida cotidiana o primeiro passo para a secularização, Parsons vê nela uma cristianização progressiva do mundo, que ele chama de "secularização" de modo bastante idiossincrático e divergindo da linguagem usual na sociologia da religião. No caso dele, isso representa uma santificação em etapas mediante a inclusão e atribuição de um valor moral mais elevado a tudo o que antes havia sido concebido como mundo em contraste com a ordem espiritual. Isso corresponde mais a Durkheim que a Weber – Parsons pensa, como Durkheim, numa sacralização contínua do mundo, não como Weber numa história de desencantamento.

---

55 Ibid., p.273.
56 Ibid.
57 Taylor, *Quellen des Selbst*, p.373 et seq., aqui p.396.

Nesse ponto, estranhamente Parsons não entra, de fato, mais fundo do que Max Weber já havia entrado na conexão entre a teologia da graça da Reforma e a economia do dinheiro em surgimento. Se ele tivesse considerado mais seriamente a obra de Marcel Mauss, na qual ele se apoia em toda linha e da qual Max Weber ainda não podia ter conhecimento, e a tivesse vinculado intensamente com as análises de Weber, teria ficado mais claro o grau de radicalização da compreensão de dom representado pela concepção que os reformadores e especialmente Calvino tinham da graça. Como já foi exposto, a concepção genericamente monoteísta do Deus que concede a graça, de qualquer modo, sobrepõe à rede de doação recíproca a concepção de uma divindade dadivosa, frente à qual a reciprocidade só é possível mediante o empenho da pessoa inteira e, mesmo assim, apenas aproximadamente. Como se sabe, Agostinho já exacerbou essa concepção a ponto de dizer que não há propriamente reciprocidade possível frente ao Deus Criador, mas apenas gratidão e confiança crente. Porém, é só na Reforma que a concepção do Deus absolutamente soberano e de sua eleição graciosa totalmente livre é exacerbada a ponto de que, dessa maneira, qualquer relação recíproca baseada no dom em oportunidades individuais da vida aparece como algo chocante e a lógica do dom em geral como empecilho para a conduta metódica da vida e para uma vida social agradável a Deus. Nesse caso, a disputa em torno do assim chamado comércio de indulgências, tão importante para a Reforma alemã, poderia ser interpretada como a colisão entre uma lógica do dom de fato corrompida pela economia do dinheiro em surgimento e uma concepção radicalizada e de sensibilidade aguçada da impossibilidade da reciprocidade na relação com Deus. Visto desse modo, Max Weber teria reconhecido de modo genial as enormes consequências da teologia da graça da Reforma para a conduta de vida e as relações sociais, mas teria sido impedido de chegar a uma visão realmente abrangente do evento e a uma ponderação justa por seus incontestáveis preconceitos anticatólicos e, aliás, também antiluteranos. Embora Mauss permita uma outra visão, Parsons não extraiu dele todo o seu potencial nesse aspecto.

A sacralidade da pessoa

Desse modo, foi suscitada a questão do caráter pró-econômico ou antieconômico da lógica do dom e, de modo geral, a questão das implicações normativas mais exatas da ideia de que a nossa vida seria um dom. Parsons acompanha Mauss ao aceitar que uma relação baseada no dom leva além de todo princípio de reciprocidade imediata e vincula as pessoas mais estreitamente, visto que entre elas brota um senso difuso de compromisso e uma expectativa generalizada de reciprocidade. Quando há uma relação baseada no dom, a reciprocidade imediata não se faz necessária. Nesse caso, as gratificações podem até circular no âmbito das formações sociais, porque alguém que fez algo pode esperar a satisfação de suas necessidades mesmo que ela não proceda diretamente da pessoa pela qual ele fez algo. O ato de dar cria compromissos de reciprocidade, e Parsons ou Mauss certamente têm razão quando assumem que nele repousa o fundamento de uma vida social que não tem como se desenvolver sobre a base da mera reciprocidade imediata e calculista. Mas podemos realmente aplicar a análise que Mauss fez do dom à ideia da vida como dom do modo como Parsons fez reiteradamente na sua obra tardia? À primeira vista, a única diferença parece ser a da grandeza. Ao passo que todos os dons geram compromissos de reciprocidade mais ou menos difusos, o dom da vida é de tal enormidade que é impossível ser recíproco com uma única ação; nesse caso, só "uma vida inteira em sua plenitude constitui uma retribuição plena do dom original da vida".[58] Com essas palavras, Parsons de fato transpõe a teoria de Mauss para a análise do simbolismo cristão. A dificuldade desse raciocínio é que, em nossa vida, há dons que não são bem-vindos e que nos são totalmente abjetos especialmente quando sentimos que o doador só nos concede esses dons para nos comprometer a fazer algo ou forçar uma relação permanente conosco. Podemos nos sentir até mesmo oprimidos por um dom desses e pelos compromissos implicados nesse ato de dar. O próprio

---

58 Parsons, *Action Theory and the Human Condition*, p.267.

Parsons chega a dizer que tais compromissos podem ser pesados e percebidos como "tirânicos", e que há pessoas que consideram a sua vida um dom reles e mesquinho, por exemplo, quando consiste precipuamente de miséria, necessidade e sofrimento. Em seu livro *Funktion der Religion* [Função da religião], de 1977, Niklas Luhmann deu um passo adiante e escreveu uma frase que estou tentado a chamar de blasfêmia, porque nela se atribui a Deus algo diabólico:

> O dom relega à gratidão permanente e à culpa permanente. Dar dessa maneira é algo, no mínimo, moralmente ambivalente. Pode-se até achar bom que a vida seja um bem, mas, por outro lado, é uma maldade requintada relegar o receptor desse modo à culpa permanente, da qual ele próprio não pode se libertar.[59]

Luhmann busca uma saída desse dilema, introduzindo estágios mais elevados de reflexão, de tal modo que não recebemos a nossa vida em função da reciprocidade, mas para que sejamos livres e decidamos se queremos seguir a norma da reciprocidade ou não. Assim, a contingência tem, para Luhmann, a última palavra, também e justamente no tocante à religião, até mesmo no desespero de Jesus Cristo na cruz. Não acredito que Parsons tinha uma consciência tão aguda desse dilema quanto Luhmann; a ideia de um Deus maldoso certamente ele não pensou. Porém, a meu ver, parece que ambos, Parsons e Luhmann, desconhecem um traço decisivo da doutrina cristã, que deve ser acrescentado à aceitação de um Deus bondoso.

Esse traço consiste no entretecimento complexo de amor e justiça que resulta da compreensão cristã de um Deus amoroso, pois o cristianismo não substituiu o princípio da justiça pelo do amor. Derrida, por exemplo, desconhece isso quando pleiteia que o dom ultrapassa total e até "loucamente" (John O'Neill) as coerções da troca. O cristianismo reconhece, muito antes, os dois princípios e o fato de pertencerem a dimensões distintas, não podendo ser facilmente trasladados um no outro. O modo mais rápido de explicar o que quero dizer com isso é fazendo referência ao Sermão do

---

59 Luhmann, *Funktion der Religion*, p.209 et seq.

A sacralidade da pessoa

Monte, por exemplo, na versão do Evangelho de Lucas ("Sermão da Planície"). Nele se encontra diretamente lado a lado a regra áurea e o mandamento de amar o inimigo. A regra áurea é a expressão moral do princípio da reciprocidade, ao passo que a nova mensagem justamente aponta para além da reciprocidade e até critica o princípio da reciprocidade. Quando concebemos até mesmo esse mandamento do amor como princípio moral, incorremos em todas as dificuldades e em todos os paradoxos que são discutidos pelo menos desde Kant. Como pode o amor ser ordenado e como podemos conceber nossa vida como dom sem ter a sensação de sermos objeto de uma "maldade requintada" de quem a deu? A resposta dada, por exemplo, por Max Scheler e Paul Ricœur diz que o amor não incide na dimensão moral.[60] Nessa interpretação da tradição cristã, Deus ama os seres humanos e toda a sua criação, Jesus Cristo é a corporificação de uma superabundância do amor divino e nós, seres humanos, somos convidados a seguir e imitar Cristo, mas não estamos sujeitos a um mandamento que exige obediência de nós e a sentimentos de amor que não temos e que deveríamos forçar-nos a ter contra os nossos impulsos espontâneos. E, visto que o amor incide numa dimensão *supramoral*, ele jamais poderá substituir os princípios da organização da vida social, como, por exemplo, o princípio da justiça. Ele só poderá reinterpretar as regras da moral e nos capacitar a agir moralmente: ele pode estabilizar nossa ligação com a moral, possibilitar graça, generosidade e humildade, impedir um retorno à reciprocidade calculista-utilitarista. Uma reformulação contemporânea adequada da ideia da vida como dom deve acolher esse significado pleno do conceito cristão do amor e da relação entre amor e justiça.

Porém, dessa ênfase num equilíbrio entre amor e justiça e da rejeição de um, como diria Weber, "acosmismo do amor", resulta

---

60 Cf. Scheler, *Der Formalismus in der Ethik und die materielle Wertethik* [1916, principalmente p.227 et seq.; Ricœur, *Liebe und Gerechtigkeit*. Cf. também Joas, *Die Enstehung der Werte*, principalmente os capítulos 6 e 10.

também que a lógica do dom não deveria ser usada como argumento contra uma concepção calculista de justiça como se ela exigisse alguma estigmatização do dinheiro, alguma depreciação da ação econômica e um retrocesso em termos de diferenciações modernas. Trata-se, muito antes, de uma incontornável relação de tensão. Não temos de decidir a favor da lógica do dom *ou* a favor da lógica da troca de mercadorias, mas devemos desenvolver ou preservar formas sociais, nas quais se pode decidir de maneira fundamentada em que âmbitos e em que grau qual das lógicas deve vigorar. É isso que Michael Walzer tinha em mente com as suas *Sphären der Gerechtigkeit* [Esferas da justiça], ao qual se associa Marcel Hénaff quando ressalta o papel emancipador do dinheiro em conexão com a sua reconstrução da lógica do dom. Eu mesmo expressei uma ideia parecida, em trabalhos mais antigos, valendo-me da fórmula da "democratização da questão da diferenciação".[61] Isso quer dizer que deve haver um limite para a monetarização e a comoditização, mas que esses limites não desvelam nenhuma problemática do dinheiro nem da mercadoria como tais. Antes, o limite se evidencia em toda parte onde só o dom livre possibilita conferir sentido a um ato. Amor e amizade são os exemplos mais corriqueiros disso. Mas também a verdade se inclui aí; foi o que levou Hénaff a pôr no seu livro o título de *O preço da verdade*. Em vista disso, conceber a própria vida como dom representa uma das mais fortes muralhas a protegê-la da instrumentalização. Nessa linha, está embutida na ideia da vida como dom a ideia da dignidade humana universal e dos direitos humanos inalienáveis.

Só raramente chama a atenção hoje como de fato foi forte a referência aos discursos do dom e da criação nas declarações históricas dos direitos humanos. Quando ouvimos que *"all men are created equal"* [todos os seres humanos são criados iguais], captamos hoje mais o *"equal"* do que o *"created"*. Porém, até a atualidade, encontram-se – isso foi evidenciado por Wolfgang Vögele[62] – inúmeras

---

61 Walzer, *Sphären der Gerechtigkeit*; Joas, *Die Kreativität des Handelns*, p.326 et seq.

62 Vögele, *Menschenwürde zwischen Recht und Theologie*.

A sacralidade da pessoa

referências a direitos inalienáveis como um dom concedido aos seres humanos por Deus mesmo e não só mais recentemente pelo Estado moderno. Esse fato é expressão do medo muito difundido dos constituintes de que um estatuto humano necessariamente seria menos estável que um estatuto divino. Isso certamente é o que ocorre. O único problema é que supostamente toda asserção a respeito de um estatuto divino é uma asserção humana. Com essa constatação sóbria, não quero pôr em questão nenhum estatuto divino, mas somente a autocerteza com que se fala dele. Por essa razão, sou contrário à afirmação generalizada de que só a fé na alma imortal e a aceitação de nossa criaturalidade permitiriam um enraizamento firme dos direitos humanos e da dignidade humana universal nas atitudes dos seres humanos. Os cristãos não devem excluir de princípio, em termos político-morais, um autêntico consenso de valores com aqueles que não compartilham essa concepção básica da fé cristã. Todas as minhas explanações sobre a vida como dom, assim como as sobre o conceito de alma, não representam uma prova ou a tentativa de provar que *devemos* crer na imortalidade e num criador. Bem no sentido do pragmatismo, o que estava em jogo era tão somente evidenciar que essa crença não é antagônica à razão. A meu ver, a crença na vida como dom e numa alma imortal não representa uma dissimulação ilusória da dura e simples facticidade da nossa existência, mas permite aos que creem com base na confiança cm Dcus um cngajamento em prol da dignidade de todos os seres humanos e a participação arriscada em processos criativos que dependem de tal crença. Quem não compartilha dessa crença deve mostrar, com os seus recursos intelectuais, como se pode justificar a ideia da indisponibilidade e torná-la motivadora.

VI. Generalização de valores
A Declaração Universal dos Direitos Humanos
e a pluralidade das culturas

Na presente tentativa de formular uma genealogia afirmativa dos direitos humanos, foi fortemente ressaltado até aqui o significado da certeza subjetiva, da percepção da evidência e da intensidade afetiva que são características do sagrado. Gênese e desenvolvimento dos direitos humanos foram descritos como história do deslocamento de tal evidência, o qual se desenrola no campo de tensão de práticas, valores e instituições. Por essa razão, experiências desempenham um papel motivador essencial nessa história – experiências cotidianas, mas, antes de tudo, também aquelas além do dia a dia e que enchem os agentes de entusiasmo ou os marcam com seus horrores de tal maneira que esse cotidiano transforma a sua personalidade contra a sua vontade.

A evidência subjetiva é uma marca distintiva importante de adesões a valores num sentido empírico; mas ela naturalmente não é nenhum argumento com o qual outros pudessem ser persuadidos. Tal evidência pode ser compartilhada por pessoas, podendo chegar inclusive a representar uma obviedade cultural. Variações dessa sensação de evidência também podem ser comuns a muitas pessoas: nesse caso, o espírito da época se transformou; o que ainda há pouco era tido como desviante, agora passa a ser exemplar. Porém, ter elementos culturais em comum, velhos ou novos, ainda não é justificativa para aquele que interroga intensamente a si mesmo ou deseja obter respostas de outros. Ademais, frequentemente ocorre que as evidências subjetivas divergem umas das outras ou até colidem frontalmente. Porém, como se deve lidar com tal dissenso em matéria de valores? Para lidar com isso há possibilidades em profusão. Como não são os valores, os sistemas axiológicos ou as religiões que agem, mas só as pessoas e suas organizações, as pessoas podem congregar-se para ações em comum mesmo que seus valores difiram. Também podemos decidir não agir em conjunto e nos limitar a tolerar num sentido positivo as demais pessoas com seus valores estranhos a nós ou que não conseguimos compreender. Podemos inclusive chegar a um consenso parcial com elas e deixar o restante de lado. Podemos assumir algo dos demais e encaixá-lo em nossos próprios sistemas axiológicos, onde de início pode até parecer um corpo estranho, até que talvez, no decorrer do tempo, passe a ser um componente orgânico mediante a adaptação sub-reptícia das nossas convicções. Podemos, por fim, na controvérsia com outros, descobrir pontos comuns surpreendentes, que nos estimulam a reformular nossos próprios valores e a revitalizar as nossas próprias tradições de maneira nova.

Neste capítulo conclusivo, a intenção é mostrar que existe a possibilidade de, em meio à pluralidade de sistemas axiológicos concorrentes, tomar um caminho exitoso de entendimento rumo a um novo tipo de ponto de vista comum e que a Declaração Universal dos Direitos Humanos de 1948 foi o resultado de um entendimento exitoso desse tipo. Para caracterizar com precisão esse caminho, emprego o conceito da generalização de valores, que há décadas foi desenvolvido numa das mais ambiciosas teorias da transformação social, que, a meu ver, no entanto, também parece ter grande importância para a filosofia moral. O significado desse conceito e da concepção a que ele se refere reside num campo que poderia ser denominado lógica de uma comunicação referente a valores. Minha

A sacralidade da pessoa

tese afirma que essa lógica se distingue claramente da de um discurso argumentativo-racional no sentido estrito, mas que ela de fato também descreve um caminho que se diferencia de uma simples colisão de valores, identidades ou culturas divergentes.

Exatamente por serem concebidos aqui como articulações de experiências, os valores não aparecem como resultado de uma seleção infundada, para a qual não pode ser gerada nenhuma plausibilidade intersubjetiva, a exemplo do que ocorre num decisionismo irracionalista. A comprovação da fecundidade dessa concepção será feita em três passos. Após uma reflexão sobre os limites de um discurso puramente racional, será introduzida e aclarada a concepção da generalização de valores e, em seguida, aplicada ao processo da gênese da Declaração Universal dos Direitos Humanos.

Para prevenir mal-entendidos, é preciso acrescentar de imediato que se trata aqui da demonstração de uma possibilidade e não da suposição crédula de que divergências de valores sempre podem ser superadas harmonicamente. A objeção de que frequentemente ocorrem conflitos não é mais eficaz contra essa concepção do que a objeção de que muitas pessoas não argumentam de maneira clara contra uma teoria da argumentação racional. Toda possibilidade, todavia, possui suas próprias condições. Por essa razão, será preciso indagar também quais foram exatamente as condições, nos anos após a Segunda Guerra Mundial, que franquearam o caminho para a Declaração Universal.

A comunicação referente a valores[1]

Para que precisamos mesmo de uma teoria da lógica específica da nossa comunicação referente a valores? Por que não devemos

---

1 Os subcapítulos "A comunicação referente a valores" e "O conceito da generalização de valores" estão baseados em parte em Joas, Value Generalization. Limitations and Possibilities of a Communication about Values, *Zeitschrift für Wirtschafts- und Unternehmensethik*, p.88-96.

contentar-nos com a teoria discursiva da moral, daquela maneira tão diferenciada como ela foi elaborada por Jürgen Habermas, Karl--Otto Apel e seus alunos? Inspirados antes de tudo pelo fundador do pragmatismo norte-americano, Charles Sanders Peirce, mas também por Stephen Toulmin e outros, esses pensadores desenvolveram um modelo abrangente do discurso argumentativo racional referente a pretensões de validade cognitivas, normativas e outras. A ideia básica desse empreendimento é que todo discurso racional tem o seu ponto de partida em atos de fala, nos quais o falante tem como objetivo ilocutório convencer o ouvinte de que a sua pretensão de validade implícita ou explícita é justificada. A expectativa é de que o ouvinte não simplesmente escute, mas aceite a pretensão de validade ou então apresente razões diferentes e melhores para não concordar ou para poder concordar apenas parcialmente. Em caso de objeção da parte do ouvinte, o falante passa a confrontar-se com uma pretensão de validade alternativa. Agora é a vez de ele aceitar essa pretensão ou declarar as razões porque não pode aceitá-la. O processo de ida e volta daí resultante leva, no caso de ser bem-sucedido, a uma modificação recíproca gradativa mediante as razões das pretensões de validade apresentadas. Se não houver restrições exteriores de ordem temporal ou de outra ordem que sejam impeditivas, tal discurso argumentativo-racional pode levar a um fim "orgânico", no qual os participantes se encontrarão livremente num consenso gerado por eles próprios.

Todos os representantes desse modelo estão conscientes de que essa descrição constitui uma idealização de processos reais de argumentação; porém, eles não veem tal idealização como abstração sem valor, mas como ideia reguladora, que de fato nos instrui e assim deve fazer no mundo empírico em nossas controvérsias argumentativas. Por essa razão, a meu ver, não se pode falar de uma idealização ingênua no sentido de um desconhecimento do fato de que as controvérsias reais só raramente correm conforme prescrito pelo modelo.

A sacralidade da pessoa

Porém, isso não quer dizer que, desse modo, já tenha sido dita a última palavra sobre discursos e sua posição na filosofia moral. Com efeito, o modelo silencia sobre a pergunta referente ao que mesmo deve nos motivar a ingressar em tal discurso e também sobre a questão de por que nos sentimos comprometidos a ater-nos ao resultado de tal discurso em nossas ações. A relação entre uma situação discursiva, livre de pressões advindas da ação, e as situações da "aplicação" dos resultados discursivamente obtidos carece de uma elucidação adicional, bem como a diferenciação exata de diversas espécies de pretensões de validade e da verificação discursiva que lhes corresponde em cada caso.[2] Todas essas questões serão deixadas de lado neste ponto. Aqui se trata apenas de perguntar se pode haver tal discurso puramente racional também sobre valores e se, não sendo possível, a única alternativa a ele residiria na simples decisão e confrontação.

A intuição de que deve haver uma terceira via é bastante difundida. Ela está na base, por exemplo, do diálogo inter-religioso. O próprio Jürgen Habermas admite que, no caso dos valores, as questões da gênese e da validade não podem ser tão claramente diferenciadas como supostamente é possível no caso das pretensões de validade cognitivas e normativas[3] – uma noção que deu o impulso para o presente desenvolvimento da ideia de uma "genealogia afirmativa".[4] Para ele, porém, isso apenas significa que valores seriam necessariamente particulares e que, no caso deles, não seria possível a mesma universalização que ele considera possível no caso de pretensões de validade cognitivas e normativas. Visto que, para ele, a particularidade de valores equivale ao seu particularismo, logicamente não pode haver, por isso, valores universalistas; desse

---

2 Listei e discuti detalhadamente esses problemas da teoria do discurso no capítulo final do meu livro *Die Enstehung der Werte*, p.274 et seq.

3 Habermas, *Faktizität und Geltung. Beiträge zur Diskurstheorie des Rechts und des demokratischen Rechtsstaats*, p.202.

4 Cf. o capítulo 4 deste livro.

modo, todas as esperanças de universalização se voltam para a esfera do direito e da moral normativa. Isso, no entanto, é implausível tanto em termos filosóficos como em termos históricos. O fato de os detentores de direitos serem indivíduos e grupos particulares não significa que os destinatários de sua orientação axiológica possam igualmente ser apenas indivíduos e grupos particulares.[5] Pelo contrário, em termos históricos, é possível localizar de modo bastante preciso a gênese de tais valores universalistas em conexão com representações de transcendência, a saber, na assim chamada Era Axial.[6] Devido a essas suposições implausíveis, a tarefa da elaboração de uma lógica específica da comunicação referente a valores nem chegou a ser empreendida por ele.

Três especificidades da comunicação referentes a valores me parecem decisivas:

Primeiro: falar sobre valores pressupõe levar em consideração a intensidade afetiva de nossa adesão a eles. Certamente, todos os valores podem ser reformulados numa forma propositiva como asserções de que algo seria bom ou mau/ruim; também é incontestável que religiões e "visões de mundo" seculares contêm asserções de fatos em profusão, como, por exemplo, que Jesus teria ressuscitado dos mortos ou que Maomé seria um profeta. Porém, nossa adesão [*Bindung*] a valores é diferente da adesão a pretensões de valor puramente cognitivas. Não "temos" valores da mesma maneira que temos opiniões; é isso que expressa o conceito "adesão a valores". Temos de aproximar-nos do caráter dos valores, levando a sério esse aspecto da adesão. Podemos fazer isso se primeiro aclararmos,

---

5 Sobre isso, cf. Joas, *Entstehung der Werte*, p.286 et seq.; e, sobretudo, Bernstein, The Retrieval of the Democratic Ethos, *Cardozo Law Review*, p.1127-46.

6 Em conexão com Karl Jaspers, tem-se em mente aqui o período compreendido entre 800-200 a.C. Cf. Jaspers, *Vom Ursprung und Ziel der Geschichte* [1949]. Sobre isso, do ponto de vista sociológico, cf., sobretudo, os significativos aprofundamentos por Shmuel Eisenstadt e Robert N. Bellah. Cf. Eisenstadt, Die Achsenzeit in der Weltgeschichte, p.40-68; Bellah, What is Axial about the Axial Age?, *Archives européenes de sociologie*, p.69-90; id.; Joas (orgs.), *The Axial Age and Its Consequences*.

pelo exemplo de nosso apego a outras pessoas, o que significa adesão. Como reagimos quando somos perguntados por que amamos uma determinada pessoa (minha esposa, meu filho, meus amigos íntimos)? Afirmo que rápido fica intuitivamente claro para nós que, em muitos casos, a enumeração dos atributos específicos de uma pessoa, como, por exemplo, seu aspecto ou seus talentos, mas também de realizações e distinções específicas, tem pouco valor como fundamentação e, no caso do amor e da amizade, nem mesmo é adequada. É claro que existe a possibilidade de fazer tal enumeração e com certeza o nosso amor também se baseia em assunções cognitivas sobre o caráter e o comportamento de uma pessoa amada no passado, presente e futuro. Nesse nível, podemos tentar tornar plausível a um interlocutor o nosso apego [*Bindung*]. Porém, a nossa expectativa em relação ao ouvinte, nesse caso, é bem diferente daquela de que fala a teoria do discurso. Não temos a expectativa nem é nossa intenção que o ouvinte seja persuadido por nós no sentido de que venha a compartilhar os nossos sentimentos ou subitamente venha a apaixonar-se pela pessoa da qual estamos afirmando que é digna de ser amada. O objetivo só pode, portanto, ser chamado de plausibilidade, não de consenso. Esse objetivo pode até parecer modesto; porém, se ponderarmos que, num diálogo dessa natureza, estamos tematizando sentimentos e experiências profundamente enraizados, ficará evidente que uma comunicação desse tipo pode até ser mais exigente e rica que a argumentação racional.

Uma vez que valores sem adesão são apenas asserções e valores com adesão não podem ser tratados como simples asserções, a primeira característica essencial da lógica de uma comunicação referente a eles é levar em consideração a constituição de nossa adesão a eles.

Segundo: a segunda diferença importante entre pretensões de valor regulares discursivamente levantadas e valores reside no *status* da negação. Com frequência já foi notado que a refutação de uma constatação cognitiva numa imagem de mundo religiosa na grande maioria dos casos não enfraquece a adesão dos crentes a sua fé. Na perspectiva dos crentes, com frequência muita coisa nesse aspecto é flexível e até permutável. Isso se deve justamente ao fato de que a sua adesão não procedeu de um convencimento discursivo. De um ponto de vista empirista, os crentes devem parecer, por causa disso, espíritos dogmáticos obstinados que não estão dispostos a renunciar a sua fé em vista do progresso científico e do pensamento esclarecido. Entretanto, essa percepção está baseada justamente numa representação falsa da fé como o ato de considerar verdadeiras certas proposições de fé.

No mais tardar, desde a publicação póstuma das reflexões de Ludwig Wittgenstein, *Über Gewißheit* [Sobre a certeza], no ano de 1969, começou uma revisão justamente na tradição da filosofia analítica que se reporta a ele. Evidencia-se que todos os sistemas referenciais cognitivos se baseiam em "certezas", que são constitutivas até mesmo para toda e qualquer dúvida específica e para possíveis procedimentos de falsificação. Por essa razão, essas certezas não podem ser falíveis no mesmo sentido que o são todas as proposições individuais em cada sistema referencial assim constituído. Em conexão exatamente com Wittgenstein, estão sendo desenvolvidas propostas de aprofundamento com o intuito de mostrar que não há como reduzir as convicções religiosas a elementos propositivo- -cognitivos sem que, por isso, elas consistissem só de elementos expressivo-reguladores.[7] As convicções religiosas não são imunes ao questionamento comunicativo, mas este deve ser adequado ao *status* daquelas e não reduzi-las a cognições (ou normas).

No caso de adesões a valores, tendemos a reagir ao questionamento destas não com argumentos, mas com a desqualificação de quem questiona. Uma vez que, para nós, o bem possui a qualidade da evidência subjetiva, aquele que por si só não a compartilha incorre por conta própria no âmbito do mal.[8] Desse modo, a segunda

---

7 Cf. os aportes em Joas (org.), *Was sind religiöse Überzeugungen?*
8 Williams, *Ethics and the Limits of Philosophy*, p.185.

A sacralidade da pessoa

diferença em relação ao modelo do discurso decorre do aspecto de adesão inerente aos valores, mas não se refere às condições de sua constituição, mas à sua negação.

Terceiro: do fato de se levar em consideração a constituição das adesões a valores e das especificidades de uma negação decorre uma diferença adicional. Os valores não podem simplesmente ser discutidos atomisticamente, como se nada fossem além de posicionamentos individuais, fechados em si mesmos. Em conexão com um experimento ideal sobre a pergunta se nós sujeitamos meras preferências a um juízo moral, Hilary Putnam[9] apontou para o fato de que juízos de valor formam grupos ou aglomerados [*cluster*] e que somente avaliamos como moralmente indiferentes aquelas preferências que não estão conectadas com outras que consideramos moralmente relevantes.

Essa ideia plausível deve ser ampliada, a meu ver, mediante a dimensão temporal. Juízos de valor remetem a histórias. Tornamos nossas adesões a valores plausíveis, e desse modo também as defendemos, ao narrar como nós ou outros chegaram a eles e o que acontece quando esses valores são violados. Por essa razão, a narrativa biográfica, histórica e mitológica não é mera ilustração para fins didáticos, mas um traço necessário da comunicação referente a valores. Basta remeter, nesse ponto, à extensa fundamentação de uma genealogia afirmativa no quarto capítulo deste livro como forma adequada de fundamentação de valores.

O conceito da generalização de valores

Para além dessa elucidação das possibilidades de uma comunicação referente a valores, necessitamos compreender como, mediante tais processos de comunicação, valores podem ser transformados

---

9 Putnam, *Vernunft, Wahrheit und Geschichte*, p.206 et seq. Sobre Putnam e as questões aqui discutidas, cf. Joas, Werte versus Normen. Das problema der moralischen Objektivität bei Putnam, Habermas und den klassischen Pragmatisten, p.263-79.

em sentido universalista. O conceito de generalização de valores enquanto concepção apropriada para isso já foi mencionado no início. Ele provém da obra de Talcott Parsons, o mais influente dos sociólogos norte-americanos das primeiras décadas após a Segunda Guerra Mundial.[10] Em reação às múltiplas críticas de que a sua assim chamada teoria funcional-estrutural seria incapaz de explicar a mudança social, Talcott Parsons aplicou também ao campo da "dinâmica social" a sua teoria das quatro funções fundamentais que todo sistema social teria de cumprir. As quatro funções nomeadas por ele foram a adaptação ao ambiente do sistema, a consecução dos objetivos do sistema, a integração dos componentes do sistema e a manutenção dos padrões axiológicos constitutivos da identidade do sistema. Isso tudo relacionado com o problema da mudança social significou que também esta ocorre em quatro dimensões: como intensificação da capacidade de adaptação do sistema, como diferenciação interna do sistema, como plena integração crescente dos membros da sociedade e como generalização de valores.

Na obra da vida de Parsons, o conceito de valores teve um lugar central desde o início. Porém, por muito tempo, ele havia tratado "os padrões axiológicos institucionalizados como os componentes estruturais primários, em certo sentido até como os mais importantes, dos sistemas sociais".[11] Esses valores e sistemas axiológicos possuem, a seu ver, uma "estabilidade considerável que ultrapassa a mudança de curto prazo na estrutura das sociedades individuais, no sentido de abranger períodos de tempo que podem durar vários séculos".[12] Mas, acabou ficando mais claro para ele que processos de diferenciação não podem avançar sem influenciar aspectos importantes da dimensão dos valores institucionalizados. Disso ele

---

10 Sobre a significativa obra da vida de Parsons que, na sociologia norte-americana, é hoje amplamente ignorada, cf. Joas; Knöbl, *Sozialtheorie*, p.39-142.

11 A exposição mais detalhada da ideia da generalização de valores encontra-se em Parsons, Comparative Studies and Evolutionary Change, p.307.

12 Ibid.

A sacralidade da pessoa

extraiu a seguinte tese fundamental: "Quanto mais diferenciado for um sistema, tanto mais elevado o nível de generalização no qual o padrão axiológico deve ser 'formulado' para que possa legitimar os valores mais específicos de todas as partes diferenciadas do sistema social".[13] Em outra passagem ele escreve: "com efeito, quando a rede das situações socialmente estruturadas se torna mais complexa [...] o próprio padrão axiológico deve ser fixado num nível mais elevado de generalidade para assegurar a estabilidade social".[14]

Se examinarmos os exemplos dados por Parsons, ficará evidente que ele estava pensando nitidamente na diferenciação entre Igreja e Estado e na institucionalização de uma compreensão moral de comunhão no âmbito de uma sociedade, que "corta tanto as linhas divisórias confessionais – no sentido religioso mais estrito – quanto as culturas étnicas".[15] "Cortar" significa, nesse ponto, – e isso pode ser concebido como definição de generalização de valores – "a inclusão sob um padrão axiológico legitimador único de componentes, que não só são distintos e diferenciados uns dos outros, mas muitos dos quais pretenderam ter historicamente uma espécie de monopólio 'absolutista' da legitimidade moral".[16]

Parsons tem plena consciência de que tal generalização de valores é um processo que se estende por muitas etapas e com muita frequência transcorre cheio de conflitos. Alguns grupos protestarão contra "qualquer modificação em suas adesões concretas" e verão esta como "renúncia à integridade em favor de interesses ilegítimos" – o que Parsons caracteriza como reação "fundamentalista".[17] Outros desacreditarão exatamente nesses fundamentalistas e, com seu pleito por inovação radical, questionarão até mesmo as diferenciações alcançadas.

---

13 Ibid.
14 Id., *Das System moderner Gesellschaften*, p.41.
15 Id., Comparative Studies on Evolutionary Change, p.308.
16 Ibid.
17 Ibid., p.311 et seq.

Para Parsons, essa ideia da generalização de valores constituiu um aporte para uma teoria empírica da mudança social. Porém, numa análise mais precisa, também é possível detectar uma leve ambiguidade em relação ao *status* empírico ou normativo de sua ideia. Na sua autobiografia, ele fala da generalização de valores como um modo da mudança social, "que é requerido para a conclusão de uma fase do desenvolvimento do sistema para que haja perspectiva de que o sistema tenha a capacidade de manter-se vivo".[18] Para ele, a generalização de valores se tornou necessária em função da revolução industrial, da revolução democrática e da revolução da formação. Porém, o que significa exatamente atribuir necessidade a uma mudança? Uma das debilidades centrais do pensamento funcionalista sempre foi derivar um processo de uma exigência funcional. Por que o necessário deveria acontecer de fato? Nesse ponto, Parsons foi vitimado por uma espécie de otimismo evolucionista que, decorrido o século XX, não mais parece ser plausível. Para tornar fecunda a concepção da generalização de valores, ela precisa ser retirada de dentro da moldura funcionalista.

Foi justamente isso que Jürgen Habermas empreendeu em sua interpretação de Parsons na *teoria da ação comunicativa* e, indo além de uma simples crítica ao funcionalismo, fez o seu argumento culminar na afirmação de que a negligência de possíveis tensões entre as diversas dimensões da mudança social chega a manifestar-se como típica de uma compreensão harmonizadora dos processos de modernização.[19] A generalização de valores não só não decorre simplesmente de processos de diferenciação, mas pode ocorrer inclusive que entre a diferenciação progressiva e formas específicas da generalização de valores decorram tensões muito fortes.

Na mesma medida em que essa crítica me parece correta, também fica claro que a intenção de Habermas nesse ponto é totalmente

---

18 Id., *Social Systems and the Evolution of Action Theory*, p.51 (ed. alemã: Die Entstehung der Theorie des sozialen Systems. Ein Bericht zur Person, p.32).

19 Habermas, *Theorie des kommunikativen Handelns*, v.2, p.267 et seq.

A sacralidade da pessoa

diferente da minha. Para ele, a generalização de valores leva a um desacoplamento da ação comunicativa de todos os padrões concretos de ação.[20] Para Habermas, a integração social é produzida cada vez mais pela via do discurso racional e cada vez menos pela via do consenso ancorado na religião. Foi precisamente isso que ele chamou de "linguistificação do sagrado" – a mais radical de todas as teses de secularização. O que Parsons tinha em mente quando desenvolveu a ideia da generalização de valores foi, em contraposição, que as tradições axiológicas podem desenvolver uma compreensão mais geral, na maioria das vezes também mais abstrata, do seu conteúdo, sem perder, nesse processo, o seu enraizamento nas tradições e experiências específicas das quais brota a força afetiva de adesão a elas por parte dos agentes.

Na generalização de valores, a tradição axiológica não é intelectualizada. Se fosse dissociada dos seus aspectos afetivos, ela seria inefetiva. No caso dessa generalização, porém, as próprias pessoas que se sentem ligadas a essa tradição encontram, ao se confrontarem com a mudança social ou com representantes de outras tradições, o caminho para uma nova articulação da sua tradição. Se isso acontecer nos dois lados de um confronto entre diferentes tradições axiológicas, pode levar a um ponto de vista comum novo e autêntico. A generalização de valores não é, portanto, nem um consenso no sentido do discurso argumentativo racional nem uma simples decisão de coexistência pacífica apesar do dissenso axiológico insuperável. Uma vez mais evidencia-se que o resultado de uma comunicação exitosa referente a valores é maior ou menor que o resultado de um discurso racional: não chega a ser um consenso pleno, mas uma modificação recíproca dinâmica e um impulso para a renovação da respectiva tradição própria de cada qual.

Ao lado de Parsons, uma profusão de pensadores mirou numa direção parecida com a dele. A ideia mais conhecida hoje é a de John

---

20 Ibid., p.268.

Rawls, que, em seu desenvolvimento intelectual após a sua obra epocal *Teoria da justiça*, de 1971, criou espaço para uma pluralidade de *"comprehensive doctrines"* [doutrinas abrangentes] e seu *"overlapping consensus"* [consenso sobreposto].[21] Sem dúvida, há aqui uma semelhança com Parsons, mas, a meu ver, a concepção sociológica de Parsons é superior à concepção filosófica de Rawls por duas razões. Por um lado, em Parsons não se trata de uma constelação estática de justaposição, mas de um processo dinâmico de modificação recíproca; por outro lado, a comunicação não é limitada a princípios políticos ou de direito constitucional, mas está aberta justamente para as camadas profundas de sistemas axiológicos e religiões.[22] O *"overlapping consensus"* é obtido mediante a preterição de perguntas e a generalização de valores se volta justamente para aquilo que é preterido por Rawls.

Como quer que isso se processe no detalhe, talvez se possa dizer que toda tentativa teórica que não visa a bases éticas inquestionáveis, como, por exemplo, um direito natural, nem toma como ponto de partida a impossibilidade do discurso racional entre os representantes de diferentes valores ou sistemas axiológicos, deve ter um equivalente ideal à ideia da generalização de valores de Parsons. No entanto, para a presente tentativa de conceitualizar a gênese da Declaração Universal dos Direitos Humanos de 1948, nenhuma concepção me parece mais útil que a de Parsons, embora esta tenha sido concebida primeiramente só para o desafio que a diferenciação funcional progressiva representa para um sistema axiológico e não para o encontro de diferentes sistemas axiológicos.

---

21 Rawls, *Political Liberalism*, p.133 et seq.

22 Winfried Brugger, a exemplo de outros teóricos do direito contemporâneos, como Ronald Dworkin, diferenciou diversos níveis de generalidade na articulação de valores e, desse modo, igualmente visou pensar a fundo uma comunicação a respeito de valores que não se dissocia das bases experienciais de nossas adesões a valores. Cf. Brugger, *Liberalismus, Pluralismus, Kommunitarismus. Studien zur Legitimation des Grundgesetzes*; Dworkin, *Bürgerrechte ernstgenommen*.

A sacralidade da pessoa

A Declaração Universal dos Direitos Humanos: gênese e consequências

Assim como ocorreu com os casos históricos tratados até agora neste livro – o da gênese das declarações dos direitos humanos no final do século XVIII e dos processos que levaram à abolição da tortura e da escravidão –, este não é o lugar para uma ampla exposição narrativa. Como antes, será mostrado aqui tão somente que ainda possuem força considerável na esfera pública em geral representações que há muito já foram refutadas pela pesquisa séria. Desse modo, é possível tornar plausível de uma só vez que uma narrativa passível de ser reduzida à fórmula da sacralização da pessoa serve bem para sintetizar o saber histórico que temos sobre a gênese da Declaração de 1948. A ênfase, nesse ponto, reside no entendimento entre tradições culturais fundamentalmente divergentes, ou seja, tradições com "sacralidades" que à primeira vista divergem fortemente uma da outra.

A cientista política norte-americana Susan Waltz, já em 2002, deu nome a quatro mitos difíceis de extinguir, os quais dominam a compreensão popular da Declaração Universal dos Direitos Humanos.[23] Ela enumera os seguintes quatro mitos: em primeiro lugar, que a Declaração deveria ser concebida inteiramente como reação ao Holocausto; em segundo, que o trabalho na Declaração teria sido sustentado sobretudo pelas superpotências EUA, Grã-Bretanha e União Soviética; em terceiro, que devemos o texto da Declaração a um indivíduo claramente identificável; e, em quarto lugar, que sobretudo os EUA teriam contribuído para o êxito da Declaração. Esses mitos de fato se mostram extremamente persistentes. Assumo aqui a sua refutação, tentando responder três perguntas. Num primeiro momento, será investigado qual foi de fato o pano de fundo dessa Declaração, mediante o que pode surgir uma imagem realista da referência ao nazismo e seus crimes. Em seguida, e sobretudo,

---

23 Waltz, Reclaiming and Rebuilding the History of the Universal Declaration of Human Rights, *Third World Quarterly*, p.437-48.

trata-se do processo coletivo de redação dessa Declaração mediante uma multiplicidade de autores difícil de visualizar e precisamente da "generalização de valores" que foi bem-sucedida nesse processo. E, por fim, deverá ser caracterizado o momento histórico daquela ocasião em toda a sua ambivalência.[24]

Por mais correto que seja afirmar que a rejeição do nazismo e da política belicista e de desprezo pela vida humana que caracterizou a Alemanha de Hitler forneceu uma base consensual para a redação da declaração dos direitos humanos, seria anacrônico pensar, nesse tocante, no assassinato em massa de judeus como elemento central. O mundo não tinha consciência de toda a dimensão do Holocausto durante a guerra. Todavia, as aspirações rumo a uma declaração dos direitos humanos não surgiram só após o fim da guerra. No mais tardar, desde o State of the Union Address [Discurso sobre o estado da União] do presidente Roosevelt, no dia 6 de janeiro de 1941, elas podem ser identificadas como parte da política norte-americana e desde o dia 1º de janeiro de 1942, também como parte dos objetivos de guerra dos aliados.[25] Isso não quer dizer que elas aflorassem em

---

24 A exposição a seguir se baseia nas seguintes análises, excelentes cada uma à sua maneira: Morsink, *The Universal Declarations of Human Rights. Origins, Drafting, and Intent*; Lauren, *The Evolution of International Human Rights. Visions Seen*; Glendon, *A World Made New. Eleanor Roosevelt and the Universal Declaration of Human Rights*; Simpson, *Human Rights and the End of Empire. Britain and the Genesis of the European Convention*. Indispensáveis são também os ensaios de Susan Waltz; além do texto citado na nota anterior, ver principalmente: Waltz, Universal Human Rights: The Contribution of Muslim States, *Human Rights Quarterly*, p.799-844; Id., Universalizing Human Rights: The Role of Small States in the Construction of the Universal Declaration of Human Rights, *Human Rights Quarterly*, p.44-72. Dentre a bibliografia em língua alemã, remeto primeiramente apenas a Vögele, *Menschenwürde zwischen Recht und Theologie. Begründungen von Menschenrechten in der Perspektive öffentlicher Theologie*, p.197 et seq.; Kaufmann, *Die Entstehung sozialer Grundrechte und die wohlfahrtsstaatliche Entwicklung*. Indicações adicionais serão feitas no decorrer da argumentação.

25 Uma visão geral sucinta da pré-história (até 1945) é proporcionada por Burgers, The Road to San Francisco: The Revival of the Human Rights Idea in the Twentieth Century, *Human Rights Quarterly*, p.447-77.

A sacralidade da pessoa

todos os documentos ou que todos as seguissem sem hesitação. Isso teria sido surpreendente, como evidencia uma breve lembrança da situação dos direitos humanos na União Soviética stalinista, da determinação da Grã-Bretanha em manter o seu império colonial e da discriminação racial oficial nos Estados do Sul dos EUA. Nenhuma das três superpotências tinha a intenção de renunciar, depois da guerra, a nenhuma vírgula da sua soberania nacional por causa dos direitos humanos. Para que o chefe de Estado norte-americano ainda assim se prontificasse a conceder tal importância aos direitos humanos, foi importante a pressão exercida nesse sentido principalmente por Organizações Não Governamentais norte-americanas e pequenos países. É grande o número e diversificado o caráter das organizações e dos indivíduos nacionais e internacionais que submeteram propostas à apreciação por meio de publicações, petições ao Ministério do Exterior norte-americano e por outros meios. As recomendações vieram da parte de católicos, protestantes e judeus, de juristas, diplomatas e ativistas pela paz. Em vista disso, parece que uma ampla corrente assomou à superfície durante a guerra porque o presidente Roosevelt lhe deu uma perspectiva realista de verem atendidas as suas aspirações.

Porém, essa corrente já tinha se formado muito antes da guerra. Nos últimos anos, diversos historiadores[26] tentaram dar a entender que o discurso dos direitos humanos teria em grande parte voltado a sumir depois das revoluções do final do século XVIII ou pelo menos teria sido totalmente empurrado para o segundo plano por outros conceitos sociopolíticos do mundo dominado pela Europa, como "civilização", "raça", "nação" ou "classe".[27] Eles chegaram a essa tese

---

26 Cmiel, The Recent History of Human Rights, *American historical Review*, p.117-35; Moyn, *The Last Utopia. Human Rights in History*; Geyer, *The Disappearance of Human Rights post 1800. With an Eye on the Situation post 2000*, manuscrito inédito; Afshari, On Historiography of Human Rights. Reflections on P. G. Lauren's "The Evolution of International Human Rights", *Human Rights Quarterly*, p.1-67.

27 Hoffmann, Einführung. Zur Genealogie der Menschenrechte, p.7.

pelo motivo compreensível de querer contrapor-se a representações de ordem histórico-teleológicas no sentido do desdobramento continuado de uma ideia uma vez concebida e, em vez disso, enfatizar a contingência e o conflito na história dos direitos humanos. Porém, a meu ver, eles atiram longe do alvo e até se enredam em contradições. As grandes controvérsias em torno do livro de Georg Jellinek e a publicação da interpretação norteadora dos direitos humanos por Émile Durkheim no sentido da sacralidade da pessoa – às quais se deu tanta atenção nos dois primeiros capítulos deste livro – de fato se situam no final do século XIX. O nacionalismo da Primeira Guerra Mundial realmente voltou a reprimir o discurso, mas após a guerra ele voltou a intensificar-se em variantes muito diversificadas no nível nacional.[28] Foram justamente também as restrições aos direitos de liberdade durante a guerra que incitaram a uma retomada mais intensa dos esforços intelectuais e organizacionais em muitos países.[29] O intervalo entreguerras é rico em esforços desse tipo. Isso pode ser claramente percebido em especial quando não se escolhe um ângulo de visão eurocêntrico, mas se inclui o discurso dos afro-americanos nos EUA e a luta contra o linchamento nesse país, a resistência contra a discriminação racial na África do Sul que gradativamente estava se tornando total, as reações latino-

---

28 Hoffmann chega a mencionar (ibid., p.18) a reversão com o desenvolvimento que começou com o escândalo em torno de Dreyfus (na França), mas não continua investigando o que ocorreu (no plano internacional) após 1918. Na Alemanha – para mencionar um exemplo –, Ernst Troeltsch publicou a sua conferência *Naturrecht und Humanität in der Weltpolitik* [Direito natural e humanitarismo na política mundial], na qual ele preparou o terreno para a junção da tradição ocidental dos direitos humanos com a tradição "expressivista" alemã da compreensão da individualidade, produzindo, desse modo, um dos textos filosóficos mais importantes sobre o tema dos direitos humanos. Cf. Troeltsch, Naturrecht und Humanität in der Weltpolitik [1923], p.493-512; sobre isso, cf. Joas, Eine deutsche Idee von der Freiheit? Cassirer und Troeltsch zwischen Deutschland und dem Westen, p.288-316.

29 Sobre isso há bastante informações em Lauren, *The Evolution of International Human Rights*, p. ex., p.106 et seq., com referência a Carl von Ossietzky.

A sacralidade da pessoa

-americanas à guerra civil espanhola e, então, a partir da década de 1930, as reações à perseguição nazista aos judeus.[30] É controvertido em que medida os esforços por autodeterminação coletiva podem ser encarados como parte do discurso dos direitos humanos. No intervalo entreguerras, a Liga das Nações havia instalado um regime de autodeterminação nacional e de proteção a minorias étnicas na Europa Central e na Europa Oriental, mas só aí: não nos Estados ocidentais, não para a população do Império Osmânico, com certeza não nas colônias. Nem todo argumento a favor da autodeterminação nacional, nem toda a luta anticolonialista podem ser qualificados como parte da história dos direitos humanos; mas a sua exclusão indiferenciada dessa história tampouco é convincente.

De resto, o discurso dos direitos humanos havia se propagado, já no século XIX, pela Ásia, América Latina e África – sendo acolhido, entre outros, com grande entusiasmo em países como a China, que os essencialistas culturais ainda hoje imputam certa dificuldade de acesso à mera compreensão dos direitos humanos.[31] Com razão, são enumeradas a luta contra a escravidão, as tentativas de proteger os cristãos no Império Osmânico e naturalmente a gênese de um movimento internacional pelos direitos das mulheres, mas igualmente com razão se lamenta, então, que não tenha havido movimentos ou campanhas similares contra a destruição dos indígenas nos EUA, contra os *pogroms* antijudeus na Rússia, contra o colonialismo enquanto tal.[32] Alguns movimentos existentes foram

---

30 Também a esse respeito, cf. Lauren, *The Evolution of International Human Rights*, em que há indicações bibliográficas em profusão. Todavia aqui também ainda há um vasto campo de pesquisa que precisa ser desbravado.

31 Cf. sobretudo o livro de Marina Svensson, *Debating Human Rights in China. A Conceptual and Political History*. Ela aponta para o fato de que o livro de Jellinek fora traduzido para a língua chinesa já em 1908. Uma tradução japonesa foi publicada em 1929 (devo essa informação ao professor Pekka Korhonen da Universidade de Jyväskylä, Finlândia).

32 Cmiel, The Recent History of Human Rights, p.127.

diretamente usados pelo colonialismo para seus próprios fins, sendo o caso mais cínico certamente o do rei belga Leopoldo II, que fundamentou a colonização do Congo com a eliminação do comércio (árabe) de escravos.[33]

Portanto, não se pode dizer – e essa é a razão de se ter mencionado tudo isso – que o discurso dos direitos humanos, após um século e meio de prostração, tenha brotado como que totalmente renovado da reação ao nazismo ou ao Holocausto. Embora muitas das publicações e petições do período da guerra e muitas das iniciativas e propostas do entreguerras não tiveram uma influência comprovável sobre a Declaração Universal dos Direitos Humanos de 1948, pode-se dizer que esta tem uma pré-história extensa e profunda. Sem as múltiplas possibilidades de conexão maturadas por essa pré-história, é difícil imaginar o seu êxito após 1948. Essa pré-história já mostra que deve ser difícil encarar uma única cultura, religião ou filosofia como fundamento exclusivo da Declaração.

A pluralidade de seus autores e a renúncia consciente por parte dos cooperadores a insistir na sua versão específica de fundamentação evidencia com especial nitidez o caráter desse documento como resultado de uma generalização de valores. Porém, para que se veja isso, é preciso, como foi mencionado, destruir primeiro o mito da autoria única. A duas pessoas ocasionalmente se atribuiu o mérito principal ou até exclusivo: a Eleanor Roosevelt, viúva do presidente norte-americano, e ao jurista francês René Cassin, que, por causa disso, chegou a ser agraciado com o Prêmio Nobel da Paz de 1968. Quanto a Eleanor Roosevelt, todas as pesquisas são unânimes em afirmar que ela moderou com grande habilidade diplomática o processo de redação, contribuindo, assim, para o seu êxito, mas certamente sob nenhum aspecto pode ser considerada o *spiritus rector*. O caso de René Cassin é diferente, no sentido de que a sua *expertise*

---

33 Hochschild, *Schatten über dem Kongo. Die Geschichte eines fast vergessenen Menschheitsverbrechens.*

A sacralidade da pessoa

jurídica pareceu predestiná-lo para o papel de redator e existe um rascunho em sua caligrafia que chega muito perto do texto definitivo da Declaração. Entretanto, como se sabe hoje, o próprio texto manuscrito é uma cópia, o que levou à afirmação oposta de que Cassin não só não é o pai da Declaração, como também só teria entrado na sala de parto depois que o bebê já viera ao mundo.[34] Cassin era filho de família judaica, de pai republicano secularista, de mãe crente. Gravemente ferido na Primeira Guerra Mundial, foi cofundador de um movimento de veteranos franceses de orientação pacifista. Por suas funções nesse movimento e no movimento internacional dos veteranos, tornou-se membro da delegação francesa na Liga das Nações, da qual ele fez parte de 1924 a 1938. Por ocasião da derrota francesa na Segunda Guerra Mundial, ele era conselheiro jurídico do Ministério do Interior. Decidiu aderir à resistência organizada por Charles de Gaulle e fugiu para Londres no ano de 1940, onde assumiu papéis importantes tanto em termos jurídicos como em termos propagandísticos. Assim, ele acabou se tornando delegado francês na comissão encarregada da redação da Declaração. Embora os direitos humanos reiteradamente tenham sido alçados à condição de componente da identidade nacional francesa, não é possível verificar isso no ideário da *Résistance* nem no de Cassin pessoalmente. Sendo assim, ele de modo algum entrou nas negociações com uma concepção bem preparada. O seu papel parece ter sido o de um sistematizador lógico juridicamente escolado mais do que o de um idealizador. Digna de menção é, ademais, a sua abertura para influências religiosas, a despeito de ter sido fortemente marcada pelo secularismo. Ângelo Roncalli, que depois se tornaria o papa João XXIII e desempenharia um papel muito importante na abertura da

---

34 Morsink, *The Universal Declaration of Human Rights*, p.29. Surpreendentemente, a tese da autoria de Cassin e, em consequência, das origens republicanas francesas da Declaração, voltou a ser sustentada, sem qualquer refutação da literatura a esse respeito, por Winter, *Dreams of Peace and Freedom. Utopian Moments in the Twentieth Century*, p.99-120.

Igreja Católica para os direitos humanos, encontrou-se várias vezes discretamente com ele no outono de 1948 – segundo informações do próprio Cassin[35] – na qualidade de núncio apostólico na França para transmitir-lhe palavras de encorajamento. Porém, um texto que não possui um autor principal claro, naturalmente, tampouco surge sem autoria nenhuma. A comissão era composta de delegados de 18 países. Parece ter sido muito diferenciado de caso para caso em que medida eles estavam sujeitos às diretivas de seus governos nacionais e inclusive em que medida recebiam tais diretivas. Alguns, como o representante libanês e o representante chinês, parecem ter agido de modo bastante independente. Na pesquisa, ressalta-se o importante papel redacional do secretário da comissão, o canadense John Humphrey. Porém, dois indivíduos são destacados como especialmente influentes em termos intelectuais e o desempenho de ambos praticamente não chegou a adentrar a consciência pública. Trata-se dos recém-mencionados representantes do Líbano e da China, Charles Malik e Peng-chun Chang.

Charles Malik, árabe e, como porta-voz do mundo árabe, respeitado justamente também na questão da Palestina, era cristão ortodoxo. Ele havia estudado na American University em Beirute e feito a pós-graduação em filosofia em Harvard com Alfred North Whitehead, depois disso, fora estudar com Martin Heidegger na Universidade de Freiburg, onde, em 1935, os nazistas o espancaram por acharem que se tratava de um judeu. Como diplomata e filósofo, ele estava duplamente qualificado para a tarefa. A sua orientação pessoal é designada frequentemente como "tomista". Porém, parece ser mais acertado ressaltar[36] que ele tinha uma compreensão personalista e não individualista dos direitos humanos e da dignidade humana.

---

35 Glendon, *A World Made New*, p.132; Vögele, *Menschenwürde zwischen Recht und Theologie*, p.220.

36 Glendon, *A World Made New*, p.227 passim.

A sacralidade da pessoa

Peng-chun Chang foi um fenômeno ainda mais notável. Ele era filósofo e pedagogo, dramaturgo, crítico literário e diplomata. O seu pano de fundo, ao qual ele repetidamente aludia, era o confucionismo. Ao obter uma bolsa norte-americana, ele pôde fazer a sua pós--graduação em 1921 no Columbia Teachers' College com o grande filósofo pragmatista e pedagogo norte-americano John Dewey. Por ocasião da invasão da China pelo Japão em 1937, ele detinha um alto posto acadêmico. Ele aderiu à resistência contra os japoneses e, depois de escapar da força de ocupação, ele assumiu a tarefa de divulgar para o mundo inteiro os massacres de Nanquim.[37] Como diplomata na Turquia, ele fez conferências comparando o confucionismo com o islamismo; como diplomata no Chile, ele entrou em contato com o discurso efetivo dos direitos humanos na América Latina. Durante as negociações, ele advertia continuamente contra uma fundamentação racionalisticamente afunilada dos direitos humanos, assim como contra a concepção de que devesse ser enfatizada nela especificamente uma tradição religiosa única. Uma de suas preocupações centrais era a sintetização de tradições fundamentadoras.

Não serão mencionados nominalmente aqui todos os atores envolvidos, até porque o papel da maioria dos demais foi menos destacado que o dos recém-mencionados. Mas é importante aludir ainda ao delegado indiano Hansa Mehta, a quem se deve a linguagem neutra em questão de gênero usada na Declaração (não "todos os homens", mas "todos os seres humanos"), e a Hernán Santa Cruz, juiz chileno, amigo de infância de Salvador Allende e especialmente engajado na menção dos direitos socioeconômicos.

A menção dos atores envolvidos já dá uma ideia da pluralidade das tradições intelectuais e culturais envolvidas. O esquema "ocidental-não ocidental" mostra-se incapaz de abranger essa pluralidade. As potências ocidentais não concordavam politicamente (sobretudo na questão colonialista), seus representantes também diferiam em

---

37 Extraio a maior parte desses dados do livro de Glendon.

termos filosóficos e religiosos. Muito menos havia um consenso "não ocidental" contraposto a eles. Nesse tocante, o espectro ia dos stalinistas até os representantes das demais religiões mundiais. Mais importante que a pluralidade representada foi a resolução mais ou menos consciente dos atores que deram o tom de se unirem num texto lógico em si mesmo, mas não na sua derivação e fundamentação. Em 1947, a Unesco até designou um grupo de filósofos de alto nível para discutir os fundamentos teóricos dos direitos humanos. Porém, a publicação daí resultante foi simplesmente posta de lado pela comissão que se ocupou da Declaração dos Direitos Humanos, pois o seu trabalho não incluía, justamente, a fundamentação filosófica. A postura da comissão em relação ao grupo de filósofos foi injusta na medida em que este havia chegado à mesma conclusão. Nas palavras de Jacques Maritain,[38] evidenciou-se como o único caminho que poderia levar ao objetivo como o de lograr um entendimento, "não com base em ideias especulativas comuns, mas com base em ideias práticas, não pelo assentimento a uma imagem compartilhada do mundo, da humanidade e do conhecimento, mas pelo assentimento a um único corpo de concepções direcionadas para a ação".

Isso se evidenciou nos debates de modo particularmente marcante no ponto em que se evitou conscientemente conceitos que teriam impossibilitado a aprovação do texto por parte de algum grupo de pensadores ou crentes. Assim, falta no texto qualquer referência a Deus, mas também qualquer referência a um conceito de natureza com intenção de expressar um conteúdo normativo.[39] Johannes Morsink, que descreveu de modo detalhado e impressivo as negociações sobre esse ponto, extrai daí a legitimidade para chamar a Declaração de secular. Isso é correto caso signifique que uma declaração fundamentada em termos religiosos teria de conter uma referência a Deus. Porém, não é correto caso signifique que, na Declaração Uni-

---

38 Maritain, em sua introdução ao volume *Human Rights: Comments and Interpretations*, p.10 apud Glendon, *A World Made New*, p.77 et seq.

39 Morsink, *The Universal Declaration of Human Rights*, p.284 et seq.

A sacralidade da pessoa

versal, não teria sido admitida nenhuma fundamentação religiosa e o seu lugar tivesse sido tomado por uma fundamentação derivada de uma cosmovisão ou filosofia puramente secular, pois esse de modo algum é o caso. Nas palavras de Charles Malik, um dos seus mais importantes autores, a Declaração é uma *"composite synthesis"* [síntese composta],[40] o resultado de um "processo dinâmico, no qual muitos espíritos, interesses, panos de fundo, sistemas legais e convicções ideológicas desempenharam seus respectivos papéis determinantes" (*"dynamic process in which many minds, interests, backgrounds, legal systems and ideological persuasions played their respective determining roles"*),[41] o resultado de um processo bem-sucedido de generalização de valores.

No entanto, a intenção também não é pintar um quadro idealizado desse processo. Obviamente, houve muitas "desavenças, mal-entendidos, humores pessoais, rivalidades nacionais e ressentimentos coloniais".[42] A esse respeito pode-se muito bem silenciar em vista da conclusão exitosa. Mais importante que isso é que o consenso, de antemão, tinha uma deficiência grave. Houve acordo numa declaração totalmente ou em grande parte não obrigatória em termos legais. Não foram previstos quaisquer procedimentos de implementação. Nem a União Soviética nem o Senado dos EUA teriam aprovado esses procedimentos, e isso a representante do governo norte-americano, Eleanor Roosevelt, logo deixou inequivocamente claro. A não obrigatoriedade foi um preço muito alto pelo consenso? Essa pelo menos parecia ser a esperança nutrida pelos países que haviam concordado e, tanto mais, daqueles que se abstiveram. Por ocasião da votação na Assembleia Geral das Nações Unidas, abstiveram-se, além da União Soviética, também a África do Sul, seu aliado (compulsório) – que, no ano da proclamação, radicalizou a política do *apartheid* – e a Arábia Saudita, como

---

40 Glendon, *A World Made New*, p.164.
41 Vögele, *Menschenrechte zwischen Recht und Theologie*, p.235.
42 Glendon, *A World Made New*, p.50.

único país com população islâmica. Nem a questão da situação da mulher, nem a de uma conversão para outra religião impediram os demais países com grandes parcelas de população islâmica a dar a sua aprovação naquela época.[43] Não há como aclarar em que medida e para quem os motivos políticos oportunistas foram os principais responsáveis pela aprovação dada. Porém, é evidente que, no caso da Declaração, não se tratou de uma imposição do Ocidente. Justamente também nos EUA logo se levantou, inclusive nos mais altos círculos governamentais, forte resistência contra a Declaração dos Direitos Humanos como um documento perigoso inspirado pelo socialismo de Estado.[44] Certamente, não contra as intenções dos seus autores, mas totalmente contra as da maioria dos governos envolvidos, a Declaração de 1948 se tornou um texto central de referência para lutas políticas e o ponto de partida para regulações legais. "Entrementes, ela ganhou uma importância que, na época de sua elaboração, propositalmente não lhe foi atribuída".[45]

Com essa ênfase no *status* intencionado da Declaração, inicia--se um processo de desencantamento, que se intensifica ainda mais quando examinamos mais de perto a *"window of opportunity"* [janela de oportunidade] que tornou a Declaração possível. Como foi mesmo que os indivíduos envolvidos conseguiram um espaço de manobra e uma influência tão grandes? No intervalo entre o fim da Segunda Guerra Mundial e a irrupção definitiva da Guerra Fria, os

---

43 Há uma primorosa exposição sobre esse tema em Waltz, Universal Human Rights: The Contribution of Muslim States. Sobre o comportamento da União Soviética, cf. Amos, Unterstützen und Unterlaufen. Die Sowjetunion und die Allgemeine Erklärung der Menschenrechte, 1948-1958, p.142-68.

44 Cf. as citações do ministro do Exterior John Foster Dulles, do ano de 1953, e do presidente da American Bar Association, Frank E. Holman, de janeiro de 1949, em Glendon, *A World Made New*, p.205, 199 respectivamente. Ainda mais longe foi o senador republicano John Bricker, de Ohio, que tentou aprovar uma emenda constitucional que proíbe toda e qualquer restrição da soberania. Cf. sobre isso Simpson, *Human Rights and the End of Empire*, p.461.

45 Glendon, *A World Made New*, p.11.

A sacralidade da pessoa

governos das potências vitoriosas tinham se tornado prisioneiros da forma como apresentavam a si próprios. Quando eles faziam menção de conter novamente o *páthos* dos direitos humanos universais, rapidamente se levantava uma onda de críticas por parte de Organizações Não Governamentais e de todos os decepcionados. Contudo, parecia ser possível conviver com uma mera declaração sem correr riscos. No entanto, nesse ponto aparece outra área de pouca profundidade. A Declaração dos Direitos Humanos pareceu não ser de nenhuma ajuda nem para os povos colonizados nem para os milhões de pessoas que, ao final da Segunda Guerra Mundial e no período do pós-guerra, perderam a sua pátria no contexto de uma política de expulsões e reassentamentos étnicos desencadeada pela União Soviética e endossada pelos aliados no Leste e no Centro-Leste da Europa. A partir do exemplo de dois indivíduos, pode-se esclarecer bem em que consiste esse problema. Eduard Beneš, presidente do governo tchecoslovaco no exílio e do período pós-guerra, já havia se engajado na causa dos direitos humanos na década de 1920 e, durante a guerra, atuado de muitas formas em prol de uma garantia internacionalmente compromissiva para os direitos humanos,[46] pois ele foi o principal responsável, conforme os decretos que levam seu nome, pela expulsão de alemães e húngaros do território da Tchecoslováquia após a guerra. O outro indivíduo, Jan Smuts, foi diversas vezes chefe de governo da África do Sul, principal responsável pela política racista do *apartheid* em seu país, a quem inexplicavelmente coube a honrosa tarefa de formular o preâmbulo da Carta das Nações, no ano de 1945, para o qual ele rapidamente encontrou belas palavras – *"the sanctity and ultimate value of human personality"* ("a santidade e o valor terminante da pessoa humana") etc.[47] Trata-se, no caso de ambos, simplesmente de hipócritas especialmente

---

46 Ibid., p.160 et seq., com indicações das publicações e atividades de Beneš nesse sentido.

47 Sobre Smuts, cf. o estudo de Mazower, Jan Smuts and Imperial Internationalism, p.28-65.

refinados ou eles dispunham de interpretações do mundo – asseguração da paz mediante separação clara dos povos, desdobramento da personalidade associado com segregação racial estrita – que os induziam a acreditar na possibilidade de coadunar direitos humanos com expulsão étnica ou segregação racial?[48] Independentemente de qual tenha sido o caso desses dois personagens mencionados, fica evidente que a renúncia consciente da Declaração dos Direitos Humanos à proteção das minorias étnicas[49] até aumentou o espaço de manobra dos Estados em comparação com a época da Liga das Nações e piorou a proteção das minorias. "Em meio à bruma dos direitos individuais [...] foi possível sepultar silenciosamente o cadáver da política de minorias".[50] De fato, é correto dizer que o "Terceiro Reich" abusou das regulações referentes às minorias, mas isso pode mesmo justificar o que aconteceu após 1945?

Afortunadamente, o período posterior à promulgação da Declaração Universal no dia 10 de dezembro de 1948 mostrou que valores e uma declaração de direitos baseada num processo de generalização de valores podem exercer considerável influência sobre discussões intelectuais, práticas vividas e instituições legais e políticas. A continuação dessa história com suas próprias contingências não será reconstituída aqui. Novamente, não se trata de uma maturação que tenha acontecido com naturalidade, da frutificação de uma ideia por suas próprias forças. Muita coisa concorreu para que essa Declaração se tornasse o monumento que sobressai a todos os demais textos.

---

48 Simpson, *Human Rights and the End of Empire*, p.161, chega até mesmo a pensar "que o entusiasmo pelos direitos humanos e a hipocrisia não raramente andam de mãos dadas".

49 Ibid., p.442, sobre as argumentações referentes a essa resolução.

50 Mazower, The Strange Triumph of Human Rights, 1933-1950, *The Historical Journal*, p.389. Cf. também, do mesmo autor, os seguintes ensaios relevantes: Id., An International Civilization? Empire, Internationalism and the Crisis of the Mid-twentieth Century, *International Affairs*, p.533-66; Id., Ende der Zivilisation und Aufstieg der Menschenrechte. Die konzeptionelle Trennung Mitte des 20. Jahrhunderts, p.41-62.

A sacralidade da pessoa

Neste ponto, voltemos nosso olhar da "genealogia afirmativa" para o aspecto programático, do passado para o futuro. Já se falou da constante concorrência à sacralização da pessoa que advém de sacralizações de outros conteúdos seculares como a nação,[51] assim como do perigo de que os direitos humanos se transformem, pela vida de um triunfalismo nacionalista, cultural ou religioso, em elemento ideológico de uma nova autossacralização social. Não se pode falar de uma asseguração tranquilizadora das conquistas da sacralização da pessoa nem prever uma disseminação cada vez mais ampla destas. Se considerarmos seriamente os obstáculos e as ameaças, veremos que, falando nos termos do meu triângulo composto de práticas, valores e instituições, a estabilização das conquistas alcançadas no processo de sacralização da pessoa só poderá ser bem-sucedida se acontecerem três coisas. No campo das práticas, trata-se da sensibilização para as experiências de injustiça e violência e de sua articulação. No âmbito dos valores, trata-se da fundamentação argumentativa da pretensão de validade universal, que, no entanto – como se pretendeu mostrar aqui –, não será possível sem que seja permeada com narração. E, no plano das instituições, trata-se de codificações nacionais bem como globais permitindo que pessoas de culturas bem diferentes se reportem aos mesmos direitos. Nenhum dos três âmbitos possui uma prioridade óbvia. No longo prazo, os direitos humanos, a sacralização da pessoa, só terão alguma chance se todos os três atuarem em conjunto: se os direitos humanos tiverem o suporte das instituições e da sociedade civil, forem defendidos argumentativamente e se encarnarem nas práticas da vida cotidiana.

---

51 Cf. capítulo 2, subcapítulo 4, ou então o final do capítulo 3 deste livro.

Referências bibliográficas

AFSHARI, R. On historiography of human rights. Reflections on Paul Gordon Lauren's "The Evolution of International Human Rights". *Human Rights Quarterly*, v.29, n.1, p.1-67, fev. 2007.

ALEXANDER, J. C. On the social construction of moral universals: the holocaust from war crime to trauma drama. *European Journal of Social Theory*, v.5, n.1, p.5-85, 2002.

ALEXANDER, J. C. et al. *Cultural Trauma and Collective Identity*. Berkeley: University of California Press, 2004.

AMOS, J. Unterstützen und Unterlaufen. Die Sowjetunion und die Allgemeine Erklärung der Menschenrechte, 1948-1958. In: HOFF-MANN, S.-L. (Org.). *Moralpolitik*: Geschichte der Menschenrechte im 20. Jahrhundert. Göttingen: Wallstein, 2010. p.142-68.

ANGENENDT, A. *Toleranz und Gewalt*: Das Christentum zwischen Bibel und Schwert. Münster: Aschendorff, 2008.

ARENDT, H. *Elemente und Ursprünge totaler Herrschaft*. München: Piper, 1986 [1951].

BABEROWSKI, J.; DOERING-MANTEUFFEL, A. *Ordnung durch Terror*: Gewaltexzesse und Vernichtung im nationalsozialistischen und im stalinistischen Imperium. Bonn: J.H.W. Dietz, 2006.

BECCARIA, C. *Über Verbrechen und Strafen*. Frankfurt am Main: Insel, 1998. Tradução da edição de 1776. [Ed. bras.: *Dos delitos e das penas*. São Paulo: Revista dos Tribunais, 2011.]

BELLAH, R. N. Introduction. In: DURKHEIM, E. *On Morality and Society*. Chicago: University of Chicago Press, 1973. p.i-lv.

_____. Durkheim and ritual. In: ALEXANDER, J.; SMITH, P. (Orgs.). *The Cambridge Companion to Durkheim*. Cambridge: Cambridge University Press, 2005. p.183-210.

_____. What is axial about the axial age? *Archives Européennes de Sociologie*, v.46, n.1, p.69-89, abr. 2005.

BELLAH, R. N.; JOAS, H. (Orgs.). *The Axial Age and Its Consequences*. Cambridge, Mass.: Belknap Press of Harvard University Press, 2012.

BENDER, T. (Org.). *The Antislavery Debate*: Capitalism and Abolitionism as a Problem in Historical Interpretation. Berkeley: University of California Press, 1992.

BENDIX, R.; ROTH, G. *Scholarship and Partisanship*: Essays on Max Weber. Berkeley: University of California Press, 1971.

BENTHAM, J. Anarchical fallacies. Being an examination of the Declaration of Rights issued during the French Revolution [1792]. In: BENTHAM, J. *The Works of Jeremy Bentham*: v.2, Judicial Procedure, Anarchical Fallacies, works on Taxation. Edinburgh: William Tait, 1843. p.489-534.

BERNSTEIN, R. The retrieval of the democratic ethos. *Cardozo Law Review*, v.17, n.4-5, p.1127-46, mar. 1996.

BIRNBAUM, P. *Géographie de l'espoir*. L'exil, les Lumières, la assimilation. Paris: Gallimard, 2004.

BOUTMY, E. Die Erklärung der Menschen- und Bürgerrechte und Georg Jellinek. In: SCHNUR, R. (Org.). *Zur Geschichte der Erklärung der Menschenrechte*. Darmstadt: Wissenschaftliche Buchgesellschaft, 1964. p.78-112.

BRANCH, T. *Parting the Waters*: America in the King Years 1954-63. New York: Simon and Schuster, 1988.

BRANDT, S. *Religiöses Handeln in der Modernen Welt*: Talcott Parsons' Religionssoziologie im Rahmen seiner Handlungs- und Systemtheorie. Frankfurt am Main: Suhrkamp, 1993.

BREUER, S. *Georg Jellinek und Max Weber*: Von der sozialen zur soziologischen Staatslehre. Baden-Baden: Nomos, 1999.

_____. Das Charisma der Vernunft. In: GEBHARDT, W.; ZINGERLE, A.; EBERTZ, M. N. (Orgs.). *Charisma*: Theorie, Religion, Politik. Berlin: Gruyter, 1993. p.154-84.

BROWN, C. L. Christianity and the campaign against slavery and the slave trade. In: BROWN, S. J.; TACKETT, T. (Orgs.). *The Cambridge History of Christianity*: v.7, Enlightenment, Reawakening and Revolution 1660-1815. Cambridge: Cambridge University Press, 2006. p.517-35.

BRUGGER, W. *Menschenrechtsethos und Verantwortungspolitik*. Max Webers Beitrag zur Analyse und Begründung der Menschenrechte. Freiburg i. Br.: Alber, 1980.

_____. Sozialwissenschaftliche Analyse und menschenrechtliches Begründungsdenken. Eine Skizze im Anschluß an Max Webers Werk. *Rechtstheorie*, v.11, p.356-77, 1980.

_____. *Liberalismus, Pluralismus, Kommunitarismus*: Studien zur Legitimation des Grundgesetzes. Baden-Baden: Nomos, 1999. 470p. (Interdisziplinare Studien zu Recht und Staat; 12.)

_____. Historismus und Pragmatismus in Georg Jellineks "Erklärung der Menschen- und Bürgerrechte". In: HOLLSTEIN, B.; JUNG, M.; KNÖBL, W. (Orgs.). *Handlung und Erfahrung*: Das Erbe von Pragmatismus und Historismus und die Zukunft der Sozialtheorie. Frankfurt am Main: Campus, 2011. p.217-46.

BURGERS, J. H. The road to San Francisco: the revival of the human rights idea in the twentieth century. *Human Rights Quarterly*, v.14, p.447-77, 1992.

CAPEK, M. The reappearance of the self in the last philosophy of William James. *Philosophical Review*, v.62, n.4, p.526-44, 1953.

CASSIRER, E. *Die Philosophie der Aufklärung*. Hamburg: Felix Meiner, 2007 [1932]. [Ed. bras.: *A filosofia do iluminismo*. 3.ed. Campinas, SP: Editora da Unicamp, 1997.]

CHO, J. M. The German debate over civilization: Troeltsch's Europeanism and Jaspers' Cosmopolitanism. *History of European Ideas*, v.25, n.6, p.305-19, nov. 1999.

CMIEL, K. The recent history of Human Rights. *American Historical Review*, v.109, n.1, p.117-35, fev. 2004.

COLLIOT-THÉLÈNE, C. *Études wéberiennes*: rationalités, histoires, droits. Paris: Presses universitaires de France, c2001.

COLPE, C. (Org.). *Die Diskussion um das Heilige*. Darmstadt: Wissenschaftliche Buchgesellschaft, 1977.

_____. *Über das Heilige*: Versuch, seiner Verkennung kritisch vorzubeugen. Frankfurt am Main: Anton Hain, 1990.

DAVIES, R. *Murther and Walking Spirits*. New York: Viking, 1991.

DAVIS, D. B. *Inhuman Bondage*: The Rise und Fall of Slavery in the New World. Oxford: Oxford University Press, 2006.

DAVIS, D. H. Religious dimensions of the Declaration of Independence: fact and fiction. *Journal of Church and State*, v.36, n.3, p.469-82, 1994.

DEWEY, J. The reflex arc concept in psychology [1896]. In: DEWEY, J. *The Early Works, 1882-1898*. Carbondale: Southern Illinois University Press, 1972. v.5, p.96-110.

DILTHEY, W. Rede zum 70. Geburtstag [1903]. In: _____. *Gesammelte Schriften*. Leipzig: Teubner, 1924. v.5, p.7-9.

DONZELOT, J. Die Mißgeschicke der Theorie. Über Michel Foucaults Überwachen und Strafen. In: SCHMID, W. (Org.). *Denken und Existenz bei Michel Foucault*. Frankfurt am Main: Suhrkamp, 1991. p.140-58.

DÖBLIN, A. *Hamlet oder Die lange Nacht nimmt ein Ende*. Berlin: Rultten & Loening, 1986 [1956].

DRESCHER, S. Trends in der Historiographie des Abolitionismus. *Geschichte und Gesellschaft*, v.16, p.187-211, 1990.

DURKHEIM, E. *L'Allemagne au-dessus de tout*: la mentalité allemande et la guerre. Paris: A. Collin, 1915.

_____. Deux lois de l'évolution penale. *L'Anné sociologique*, v.4, p.65-95, 1899/1900. [Reeditado em *Journal sociologique*, p.244-73, 1969.]

_____. Sacré. In: _____. *Textes*, v.2. Paris: Minuit, 1975. 3v. [Originalmente publicado em: *Bulletin de la Société Française de Philosophie*, v.15, 1917.]

_____. Antisémitisme et crise sociale. In: _____. *Textes*, v.2. Paris: Minuit, 1975. p.252-4. [Originalmente publicado em: DAGAN, H. *Enquête sur et l'antisémitisme*. Paris, 1899. p.59-63.]

DURKHEIM, E. *Die Entwicklung der Pädagogik*: Zur Geschichte und Soziologie des gelehrten Unterrichts in Frankreich. Weinheim/ Basel: Beltz, 1977.

_____. *Die elementaren Formen des religiösen Lebens*. Frankfurt am Main: Suhrkamp, 1981 [1912]. [Ed. bras.: *As formas elementares da vida religiosa*: o sistema totêmico na Austrália. São Paulo: Martins Fontes, 2009.]

_____. Der Individualismus und die Intellektuellen. In: BERTRAM, H. (Org.). *Gesellschaftlicher Zwang und moralische Autonomie*. Frankfurt am Main: Suhrkamp, 1986 [1898]. p.54-70.

_____. Einführung in die Moral [1917]. In: BERTRAM, H. (Org.). *Gesellschaftlicher Zwang und moralische Autonomie*. Frankfurt am Main: Suhrkamp, 1986.

_____. *Über soziale Arbeitsteilung*. Frankfurt am Main: Suhrkamp, 1992 [1893].

_____. *Physik der Sitten und des Rechts*: Vorlesungen zur Soziologie der Moral. Frankfurt am Main: Suhrkamp, 1998.

DWORKIN, R. *Bürgerrechte ernstgenommen*. Frankfurt am Main: Suhrkamp, 1990. [Ed. bras.: *Levando os direitos a sério*. São Paulo: WMF Martins Fontes, 2011.]

_____. *Life's Dominion*: An Argument about Abortion, Euthanasia, and Individual Freedom. New York: Vintage, 1993. [Ed. bras.: *Domínio da vida*: aborto, eutanásia e liberdades individuais. São Paulo: Martins Fontes, 2009.]

EISENSTADT, S. Die Achsenzeit in der Weltgeschichte. In: JOAS, H.; WIEGANDT, K. (Orgs.). *Die kulturellen Werte Europas*. Frankfurt am Main: Fischer Taschenbuch, 2005. p.40-68.

ELLINGSON, S. Understanding the dialectic of discourse and collective action: public debate and rioting in antebellum Cincinnati. *American Journal of Sociology*, v.101, n.1, p.100-44, 1995.

FERRO, M. (Org.). *Le livre noir du colonialisme*: XVIe-XXIe siècle, de l'extermination à la repentance. Paris: Laffont, 2003. [Ed. bras.: *O livro negro do colonialismo*. Rio de Janeiro: Ediouro, 2004.]

FILLOUX, J. C. Personne et sacré chez Durkheim. *Archives de Sciences Sociales des Religions*, v.35, n.69, p.41-53, jan.-mar. 1990.

FONTINELL, E. *Self, God, and Immortality*: A Jamesian Investigation. Philadelphia: Temple University Press, 1986.

FORST, R. *Toleranz im Konflikt*: Geschichte, Gehalt und Gegenwart eines umstrittenen Begriffs. Frankfurt am Main: Suhrkamp, 2003.

FOUCAULT, M. *Überwachen und Strafen*: Die Geburt des Gefängnisses. Frankfurt am Main: Suhrkamp, 1976. [Ed. original: *Surveiller et punir*: Naissance de la prison. Paris: Gallimard, 1975; Ed. bras.: *Vigiar e punir*: nascimento da prisão. Trad. Raquel Ramalhete. 20.ed. Petrópolis: Vozes, 1987.]

FOURNIER, M. *Émile Durkheim (1858-1917)*. Paris: Fayard, 2007.

FURET, F.; OZOUF, M. (Orgs.). *Kritisches Wörterbuch der Französischen Revolution*. Frankfurt am Main: Suhrkamp, 1996. 2v.

GADAMER, H.-G. *Wahrheit und Methode*: Grundzüge einer philosophischen Hermeneutik. 4.ed. Tübingen: Morh, 1975. [Ed. bras.: *Verdade e método*: v.1, Traços fundamentais de uma hermenêutica filosófica. Petrópolis: Vozes, 1997.]

GARLAND, D. *Punishment and Modern Society*: a Study in Social Theory. Chicago: University of Chicago Press, 1990.

GAUCHET, M. *Die Erklärung der Menschenrechte*: Die Debatte um die bürgerlichen Freiheiten 1789. Reinbek: Rowohlt, 1991.

_____. A la recherche d'une autre histoire de la folie. In: GAUCHET, M.; SWAIN, G. *Dialogue avec l'insensé*: essais d'histoire de la psychiatrie. Paris: Gallimard, 1994. p.ix-lviii.

_____. Menschenrechte. In: FURET, F.; OZOUF, M. (Orgs.). *Kritisches Wörterbuch der Französischen Revolution*. Frankfurt am Main: Suhrkamp, 1996. v.2, p.818-28.

GAY, P. *The Enlightenment*: An Interpretation, v.1: The Rise of Modern Paganism. New York: Knopf, 1966.

GEPHART, W. *Gesellschaftstheorie und Recht*: Das Recht im soziologischen Diskurs der Moderne. Frankfurt am Main: Suhrkamp, 1993.

GERHARDT, V. Letzte Hilfe. *Frankfurter Allgemeine Zeitung*, p.8. 19 set. 2003.

GESTRICH, A. Die Antisklavereibewegung im ausgehenden 18. und 19. Jahrhundert. Forschungsstand und Forschungsperspektiven. In:

HERRMANN-OTTO, E. (Org.). *Unfreie Arbeits- und Lebensverhältnisse von der Antike bis in die Gegenwart. Eine Einführung*. Hildesheim: Georg Olms, 2005. p.237-57.

GEYER, M. *The Disappearance of Human Rights post 1800*: With an Eye on the Situation post 2000. Chicago, 2009. Manuscrito inédito.

GHOSH, P. Max Weber and Georg Jellinek: two divergent conceptions of law. *Saeculum*, v.59, p.299-347, 2008.

GLENDON, M. A. *A World Made New*: Eleanor Roosevelt and the Universal Declaration of Human Rights. New York: Random House, 2001.

GRAF, F. W. Puritanische Sektenfreiheit versus lutherische Volkskirche. Zum Einfluß Georg Jellineks auf religionsdiagnostische Deutungsmuster Max Webers und Ernst Troeltschs. *Zeitschrift für neuere Theologiegeschichte*, v.9, n.1, p.42-69, fev. 2008.

GRIMM, D. Europäisches Naturrecht und amerikanische Revolution. *Ius Commune. Veröffentlichungen des Max-Planck-Instituts für Europäische Rechtsgeschichte*, v.3, p.120-51, 1970.

GUARDINI, R. *Die letzten Dinge*: Die christliche Lehre vom Tode. Würzburg: Werkbund, 1952.

GUYER, P. *Kant on Freedom, Law, and Happiness*. Cambridge, UK: Cambridge University Press, 2000.

_____. In praktischer Absicht: Kants Begriff der Postulate der reinen praktischen Vernunft. *Philosophisches Jahrbuch*, v.104, p.1-18, 1997.

HABERMAS, J. *Theorie des kommunikativen Handelns*: v.2, Zur Kritik der funktionalistischen Vernunft. Frankfurt am Main: Suhrkamp, 1981. [Ed. bras.: *Teoria do agir comunicativo*. São Paulo: WMF Martins Fontes, 2012.]

_____. *Faktizität und Geltung*: Beiträge zur Diskurstheorie des Rechts und des demokratischen Rechtsstaats. Frankfurt am Main: Suhrkamp, 1992. [Ed. bras.: *Direito e democracia*: entre facticidade e validade. Rio de Janeiro: Tempo Brasileiro, 2003.]

_____. *Die Einbeziehung des Anderen Studien zur politischen Theorie*. Frankfurt am Main: Suhrkamp, 1996. [Ed. bras.: *A inclusão do outro*: estudos de teoria política. São Paulo: Loyola, 2007.]

HALL, T. L. *Separating Church and State*: Roger Williams and Religious Liberty. Urbana: University of Illinois Press, 1998.

HAMBURGER, P. *Separation of Church and State*. Cambridge, Mass.: Harvard University Press, 2002.

HASKELL, T. Capitalism and the origins of the humanitarian sensibility. In: _____. *Objectivity is not Neutrality*: Explanatory Schemes in History. Baltimore: Johns Hopkins University Press, 1998. p.235-79.

HÉNAFF, M. *Der Preis der Wahrheit*: Gabe, Geld und Philosophie. Frankfurt am Main: Suhrkamp, 2009.

HOCHSCHILD, A. *Schatten über dem Kongo*: Die Geschichte eines fast vergessenen Menschheitsverbrechens. Reinbek: Rowohlt, 2000.

HOFFMANN, S.-L. (Org.). *Moralpolitik*: Geschichte der Menschenrechte im 20. Jahrhundert. Göttingen: Wallstein, 2010.

_____. Einführung. Zur Genealogie der Menschenrechte. In: HOFFMANN, S.-L. (Org.). *Moralpolitik*: Geschichte der Menschenrechte im 20. Jahrhundert. Göttingen: Wallstein, 2010. p.7-37.

HOFMANN, H. Zur Herkunft der Erklärungen der Menschenrechte. *Juristische Schulung*, v.28, p.841-8, 1988.

HOLLSTEIN, B.; JUNG, M.; KNÖBL, W. (Orgs.). *Handlung und Erfahrung*: Das Erbe von Pragmatismus und Historismus und die Zukunft der Sozialtheorie. Frankfurt am Main: Campus, 2011.

HONNETH, A. *Kritik der Macht*: Reflexionsstufen einer kritischen Gesellschaftstheorie. 2.ed. Frankfurt am Main: Suhrkamp, 1986.

HOYE, W. J. *Demokratie und Christentum*: Die christliche Verantwortung für demokratische Prinzipien. Münster: Aschendorff, 1999.

HÜBINGER, G. Staatstheorie und Politik als Wissenschaft im Kaiserreich: Georg Jellinek, Otto Hintze, Max Weber. In: MAIER, H. et al. (Orgs.). *Politik, Philosophie, Praxis*: Festschrift für Wilhelm Hennis. Stuttgart: Klett-Cotta, 1988. p.143-61.

HUNT, L. (Org.). *The French Revolution and Human Rights*: A Brief Documentary History. Boston; New York: Bedford Books of St. Martin's Press, 1996.

_____. *Inventing Human Rights*: A History. New York: WW. Norton, c2007.

_____. The sacred and the French Revolution. In: ALEXANDER, J. C. (Org.). *Durkheimian Sociology*: Cultural Studies. Cambridge; New York: Cambridge University Press, 1988. p.25-43.

HUNT, L. Introduction: The revolutionary origins of Human Rights. In: _____. (Org.). *The French Revolution and Human Rights*: A Brief Documentary History. Boston; New York: Bedford Books of St. Martin's Press, 1996. p.1-32.

_____. The Paradoxical Origins of Human Rights. In: WASSERSTROM, J.; HUNT, L.; YOUNG, M. (Orgs.). *Human Rights and Revolutions*. Lanham: Rowman & Littlefield, c2000. p.3-17.

ISENSEE, J. Die katholische Kritik an den Menschenrechte. Der liberale Freiheitsentwurf in der Sicht der Päpste des 19. Jahrhunderts. In: BÖCKENFÖRDE, E.-W.; SPAEMANN, R. (Orgs.). *Menschenrechte und Menschenwürde*: Historische Voraussetzungen säkulare Gestalt, christliches Verständnis. Stuttgart: Klett-Cotta, c1987.

JAEGER, F. Ernst Troeltsch und John Dewey: Religionsphilosophie im Umfeld von Historismus und Pragmatismus. In: HOLLSTEIN, B.; JUNG, M.; KNÖBL, W. (Orgs.). *Handlung und Erfahrung*: Das Erbe von Pragmatismus und Historismus und die Zukunft der Sozialtheorie. Frankfurt am Main: Campus, 2011. p.107-30.

JAMES, H. (Org.). *The Letters of William James*. Boston: The Atlantic Monthly Press, 1920. 2v.

JAMES, W. *Talks to Teachers on Psychology and to Students on Some of Life's Ideals*. New York: H. Holt, 1910 [1899].

_____. Der Wille zum Glauben [1897]. In: JAMES, W.; PERRY, R. B.; FLÖTTMANN, W. *Essays über Glaube und Ethik*. Gütersloh: Bertelsmann, 1948. p.40-67.

_____. *The Principles of Psychology*. Cambridge, Mass.: Harvard University Press, 1981 [1890].

_____. Human Immortality [1898]. In: _____. *Essays in Religion and Morality*. Cambridge, Mass.: Harvard University Press, 1982. p.75-101.

_____. Bain and Renouvier [1876]. In: _____. *Essays, Comments, and Reviews*. Cambridge, Mass.: Harvard University Press, 1987. p.321-4.

JASPERS, K. *Vom Ursprung und Ziel der Geschichte*. Frankfurt am Main: Fischer Bücherei, 1956 [1949].

JELLINEK, G. *Die Erklärung der Menschen- und Bürgerrechte*: Ein Beitrag zur modernen Verfassungsgeschichte. 3.ed. München: Duncker & Humblot, 1919 [1895].

JELLINEK, G. Antwort an Boutmy. In: SCHNUR, R. (Org.). *Zur Geschichte der Erklärung der Menschenrechte*. Darmstadt: Wissenschaftliche Buchgesellschaft, 1964. p.113-28.

JOAS, H. Rezension zu William S. Pickering Durkheim's Sociology of Religion, London, 1984. *American Journal of Sociology*, v.92, n.3, p.740-1, 1986.

_____. *Die Kreativität des Handelns*. Frankfurt am Main: Suhrkamp, 1992.

_____. *Die Enstehung der Werte*. Frankfurt am Main: Suhrkamp, 1997.

_____. Globalisierung und Wertentstehung, Oder: Warum Marx und Engels doch nicht recht hatten. *Berliner Journal für Soziologie*, v.8, p.329-32, 1998.

_____. *Praktische Intersubjektivität*. Die Entwicklung des Werkes von George Herbert Mead. 3.ed. Frankfurt am Main: Suhrkamp, 2000.

_____. *Kriege und Werte*. Studien zur Gewaltgeschichte des 20. Jahrhunderts. Weilerswist: Velbrück Wissenschaft, 2000.

_____. Werte versus Normen. Das Problem der moralischen Objektivität bei Putnam, Habermas und den klassischen Pragmatisten. In: RATERS, M.-L.; WILLASCHEK, M. (Orgs.). *Hilary Putnam und die Tradition des Pragmatismus*. Frankfurt am Main: Suhrkamp, 2002. p.263-79.

_____. Wertevermittlung in einer fragmentierten Gesellschaft. In: KILIUS, N.; KLUGE, J.; REISCH, L. (Orgs.). *Die Zukunft der Bildung*. Frankfurt am Main: Suhrkamp, 2002. p.58-77.

_____. Das Leben als Gabe. Die Religionssoziologie im Spätwerk von Talcott Parsons. *Berliner Journal für Soziologie*, v.12, n.4, p.505-15, 2002.

_____. (Org.). *Was sind religiöse Überzeugungen?* Göttingen: Wallstein, 2003.

_____. Max Weber und die Entstehung der Menschenrechte. Eine Studie über kulturelle Innovation. In: ALBERT, G. et al. (Orgs.). *Das Weber Paradigma*: Studien zur Weiterentwicklung von Max Webers Forschungsprogramm. Tübingen: Mohr Siebeck, 2003. p.252-70.

_____. Die Logik der Gabe und das Postulat der Menschenwürde. In: GESTRICH, C. (Org.). *Gott, Geld und Gabe*: Zur Geldförmigkeit des Denkens in Religon und Gesellschaft. Berlin: Wicher, 2004. p.16-27. Suplemento de 2004 da *Berliner Theologischen Zeitschrift*.

A sacralidade da pessoa

JOAS, H. Der Glaube an die Menschenwürde als Religion der Moderne?. In: _____. *Braucht der Mensch Religion?*: Über Erfahrungen der Selbsttranszendenz. Freiburg i. Br.: Herder, 2004. p.151-68.

_____. Die Soziologie und das Heilige. In: _____. *Braucht der Mensch Religion?* Über Erfahrungen der Selbsttranszendenz. Freiburg i. Br.: Herder, 2004. p.64-77.

_____. *Braucht der Mensch Religion?*: Über Erfahrungen der Selbsttranszendenz. Freiburg i. Br.: Herder, 2004.

_____. Gibt es kulturelle Traumata? Zur jüngsten Wendung der Kultursoziologie von Jeffrey Alexander. In: ARETZ, H. J.; LAHUSEN, C. (Orgs.). *Die Ordnung der Gesellschaft*: Festschrift Zum 60. Frankfurt am Main: Lang, 2005. p.257-69.

_____. Strafe und Respekt. *Leviathan*, v.34, p.15-29, 2006.

_____. Mit prophetischem Schwung. Rezension zu Tine Stein, Himmlische Quellen und irdisches Recht. *Frankfurter Allgemeine Zeitung*, n.291, p.37, 14 dez. 2007.

_____. Von der Seele zum Selbst. In: HINGST, K.-M.; LIATSI, M. (Orgs.). *Pragmata*: Festschrift für Klaus Oehler. Tübingen: Gunter Narr, 2008. p.216-29.

_____. Value Generalization. Limitations and Possibilities of a Communication about Values. *Zeitschrift für Wirtschafts- und Unternehmensethik*, v.9, n.1, p.88-96, 2008.

_____. Eine deutsche Idee von der Freiheit? Cassirer und Troeltsch zwischen Deutschland und dem Westen. In: FORST, R. et al. (Orgs.). *Sozialphilosophie und Kritik*. Frankfurt am Main: Suhrkamp, 2009. p.288-316.

JOAS, H.; KNÖBL, W. *Sozialtheorie*. 2.ed. Frankfurt am Main: Suhrkamp, 2010.

JOAS, H.; WIEGANDT, K. (Orgs.). *Die kulturellen Werte Europas*. Frankfurt am Main: Fischer Taschenbuch, 2005.

KALUPNER, S. Vom Schutz der Ehre zum Schutz körperlicher Unversehrtheit. Die Entdeckung des Körpers im modernen Strafrecht. *Paragrana*, v.15, p.114-35, 2004.

KANSTEINER, W. Menschheitstrauma, Holocausttrauma, kulturelles Trauma: Eine kritische Genealogie der philosophischen, psycholo-

287

gischen und kulturwissenschaftlichen Traumaforschung seit 1945. In: JAEGER, F.; RÜSEN, J. (Orgs.). *Handbuch der Kulturwissenschaften*: v.3, Themen und Tendenzen. Stuttgart: Metzler, 2004. p.109-38.

KANT, I. Grundlegung zur Metaphysik der Sitten [1785]. In: _____. *Werke*. Frankfurt am Main: Suhrkamp, 1982. v.7, p.11-102.

KARSENTI, B. *La société en personnes*: Études durkheimiennes. Paris: Economica, 2006.

KAUFMANN, F. X. *Die Entstehung sozialer Grundrechte und die wohlfahrtsstaatliche Entwicklung*. Paderborn: Schöningh, 2003.

KECK, M. E.; SIKKINK, K. *Activists beyond Borders*: Advocacy Networks in International Politics. Ithaca: Cornell University Press, 1998.

KELLY, D. Revisiting the rights of man: Georg Jellinek on rights and the State. *Law and History Review*, v.22, n.3, p.493-530, 2004.

KERSTEN, J. *Georg Jellinek und die klassische Staatslehre*. Tübingen: Mohr Siebeck, 2000.

KIESEL, H. *Literarische Trauerarbeit*. Das Exil- und Spätwerk Alfred Döblins. Tübingen: Max Niemeyer, 1986.

KING, H. C. *Theology and the Social Consciousness*: A Study of the Relations of the Social Consciousness to Theology. London: Macmillan, 1902.

KING, M. L. The ethical demands of integration [1962]. In: _____. *A Testament of Hope*: The Essential Writings and Speeches of Martin Luther King. Jr. San Francisco: Harper San Francisco, 1991.

KNÖBL, W. Makrotheorie zwischen Pragmatismus und Historismus. In: HOLLSTEIN, B.; JUNG, M.; KNÖBL, W. (Orgs.). *Handlung und Erfahrung*: Das Erbe von Pragmatismus und Historismus und die Zukunft der Sozialtheorie. Frankfurt am Main: Campus, 2011. p.273-315.

KOHEN, A. *In Defense of Human Rights*: A Non-religious Grounding in a Pluralistic World. London: Routledge, 2007.

KÖNIG, M. *Menschenrechte bei Durkheim und Weber*. Frankfurt am Main, Campus Fachbuch, 2002.

KRAKAU, K. *Missionsbewußtsein und Völkerrechtsdoktrin in den Vereinigten Staaten von Amerika*. Frankfurt am Main: Metzner, 1967.

KRÄMER, G. *Gottes Staat als Republik*: Reflexionen zeitgenössischer Muslime zu Islam, Menschenrechten und Demokratie. Baden-Baden: Nomos, 1999.

KRÄMER, G. Wettstreit der Werte: Anmerkungen zum zeitgenössischen islamischen Diskurs. In: JOAS, H.; WIEGANDT, K. (Orgs.). *Die kulturellen Werte Europas*. Frankfurt am Main: Fischer Taschenbuch, 2005. p.469-93.

LANGBEIN, J. *Torture and the Law of Proof*: Europe and England in the Ancien Régime. Chicago: University of Chicago Press, 1977.

LAQUEUR, T. W. Bodies, Details, and the Humanitarian Narrative. In: HUNT, L. (Org.). *The New Cultural History*. Berkeley: University of California Press, 1989. p.176-204.

LAUREN, P. G. *The Evolution of International Human Rights*: Visions Seen. Philadelphia: University of Pennsylvania Press, 1998.

LEINER, M. Menschenwürde und Reformation. In: GRÖSCHNER, R.; KIRSTE, S.; LEMBCKE, O. (Orgs.). *Des Menschen Würde entdeckt und erfunden im Humanismus der italienischen Renaissance*. Tübingen: Mohr Siebeck, 2008. p.49-62.

LÉONARD, J. L'historien et le philosophe. A propos de Surveiller et punir. Naissance de la prison. *Annales historiques de la Révolution française*, v.49, n.228, p.163-81, 1977.

LEYS, R. *Trauma*: A Genealogy. Chicago: University of Chicago Press, 2000.

LUHMANN, N. *Funktion der Religion*. Frankfurt am Main: Suhrkamp, 1977.

LUTTERBACH, H. *Gotteskindschaft. Kultur und Sozialgeschichte eines christlichen Ideals*. Freiburg i. Br.: Helder, 2003.

MACINTYRE, A. *Der Verlust der Tugend*: Zur Moralischen Krise der Genenwart. Frankfurt am Main [Suhrkamp], 1987.

_____. *Three Rival Versions of Moral Enquiry*: Encyclopaedia, Genealogy, and Tradition: being Gifford lectures delivered in the University of Edinburgh in 1988. Notre Dame: University of Notre Dame Press, 1990.

MAIER, P. *American Scripture*: Making the Declaration of Independence. New York: Hnopf, 1997.

MALINOWSKI, S.; GERWARTH, R. Der Holocaust als kolonialer Genozid? Europäische Kolonialgewalt und nationalsozialistischer Vernichtungskrieg. *Geschichte und Gesellschaft*, v.33, p.439-66, 2007.

MANN, M. *The Dark Side of Democracy*: Explaining Ethnic Cleansing. Cambridge: Cambridge University Press, 2005.

MANNHEIM, K. Historismus [1924]. In: _____. *Wissenssoziologie*. [Berlin]: Luchterhannd, 1964. p.246-307.

MARITAIN, J. *The Rights of Man and Natural Law*. London: G. Bles: The Centenary Press, 1944.

MARSKE, C. Durkheim's Cult of the Individual and the Moral Reconstitution of Society. *Sociological Theory*, v.5, p.1-14, 1987.

MARTY, M. The American Revolution and religion, 1765-1815. In: BROWN, S. J.; TACKETT, T. (Orgs.). *The Cambridge History of Christianity*: v.7, Enlightenment, Reawakening and Revolution 1660-1815. Cambridge: Cambridge University Press, 2006. p.497-516.

MAUSS, M. *Die Gabe. Form und Funktion des Austauschs in archaischen Gesellschaften*. Frankfurt am Main: Suhrkamp, 1968 [1924].

MAYER, H. *All on Fire*: William Lloyd Garrison and the Abolition of Slavery. New York: St. Martin's Press, 1998.

MAZOWER, M. Gewalt und Staat im Zwanzigsten Jahrhundert. *Mittelweg*, v.36, n.12, p.21-44, 2003. Suplemento bibliográfico.

_____. The strange triumph of Human Rights, 1933-1950. *The Historical Journal*, v.47, p.379-98, 2004.

_____. An international civilization? Empire, internationalism and the crisis of the mid-twentieth century. *International Affairs*, v.82, p.533-66, 2006.

_____. Jan Smuts and imperial internationalism. In: _____. *No Enchanted Palace*: The End of Empire and the Ideological Origins of the United Nations. Princeton: Princeton University Press, 2009. p.28-65.

_____. Ende der Zivilisation und Aufstieg der Menschenrechte. Die konzeptionelle Trennung Mitte des 20. Jahrhunderts. In: HOFFMANN, S.-L. (Org.). *Moralpolitik*: Geschichte der Menschenrechte im 20. Jahrhundert. Göttingen: Wallstein, 2010. p.41-62.

MCLEOD, H. *Religion and the People of Western Europe 1789-1989*. 2.ed. Oxford: Oxford University Press, 1997.

MCLOUGHLIN, W. G. *Revivals, Awakenings, and Reform*: An Essay on Religion and Social Change in America, 1607-1977. Chicago: University of Chicago, 1978.

MEAD, G. H. *Philosophy of the Present*. Chicago; London: Open Court, 1932.

MEAD, G. H. *Geist, Identität und Gesellschaft*. Frankfurt am Main: Suhrkamp, 1968 [1934].

_____. The definition of the psychical. In: _____. *The Decennial Publications of the University of Chicago*. Chicago: University of Chicago, 1903. p.77-112. (Primeira série, 3). [Ed. alemã: Die Definition des Psychischen. In: _____. *Gesammelte Aufsätze*. Org. por Hans Joas. Frankfurt am Main: Suhrkamp, 1980. v.1, p.83-148.]

_____. Psychologie der Strafjustiz. In: _____. *Gesammelte Aufsätze*. Org. por Hans Joas. Frankfurt am Main: Suhrkamp, 1980. v.1, p.253-84. [Originalmente publicado em *American Journal of Sociology*, v.23, p.577-602, 1917/1918.]

_____. Cooleys Beitrag zum soziologischen Denken in Amerika [1930]. In: _____. *Gesammelte Aufsätze*. Org. por Hans Joas. Frankfurt am Main: Suhrkamp, 1980. v.1.

_____. Die objektive Realität der Perspektiven [1926]. In: _____. *Gesammelte Aufsätze*. Org. por Hans Joas. Frankfurt am Main: Suhrkamp, 1983. v.2, p.211-24.

MELOT, R. *La Notion de droit subjectif dans l'œuvre de Max Weber*. Sorbonne: Université de Paris I, 2000. (Mémoire de DEA).

MOLENDIJK, A. L. The Notion of the Sacred. In: POST, P.; MOLENDIJK, A. L. (Orgs.). *Holy Ground*: Re-inventing Ritual Space in Modern Western Culture. Lueven; Walpole, MA: Peeters, 2010. p.55-89.

MOMMSEN, W. Einleitung. In: WEBER, M. *Zur Russischen Revolution von 1905*: Schriften und Reden 1905-1912. Tübingen: J.C.B. Mohr, 1989.

MORSINK, J. World War Two and the Universal Declaration. *Human Rights Quarterly*, v.15, n.2, p.357-405, 1993.

_____. *The Universal Declaration of Human Rights*: Origins, Drafting, and Intent. Philadelphia: University of Pennsylvania Press, 1999.

MOYN, S. *The Last Utopia*. Human Rights in History. Cambridge, Mass.: Belknap Press of Harvard University Press, 2010.

_____. Personalismus, Gemeinschaft und die Ursprünge der Menschenrechte. In: HOFFMANN, S.-L. (Org.). *Moralpolitik*: Geschichte der Menschenrechte im 20. Jahrhundert. Göttingen: Wallstein, 2010. p.63-91.

MURRAY, J. C. *We Hold These Truths*: Catholic Reflections on the American Proposition. New York: Sheed and Ward, 1960.

NELSON, B. Max Weber, Ernst Troeltsch, Georg Jellinek as comparative historical sociologists. *Sociological Analysis*, v.36, p.229-40, 1975.

NIETZSCHE, F. Vom Nutzen und Nachteil der Historie für das Leben, Unzeitgemäße Betrachtungen. Zweites Stück. In: _____. *Sämtliche Werke*: Kritische Studienausgabe. Ed. por Giorgio Colli, Mazzino Montinari. München: Deutscher Taschenbuch; Berlin; New York: De Gruyter, 1969. v.1, p.209-85.

NUSSBAUM, M. C. *Liberty of Conscience*: in Defense of America's Tradition of Religious Equality. New York: Basic Books, 2008.

OEHLER, K. *Sachen und Zeichen*: Zur Philosophie des Pragmatismus. Frankfurt am Main: V. Klostermann, 1995.

OSTERHAMMEL, J. *Die Verwandlung der Welt*: Eine Geschichte des 19. Jahrhunderts. München: Beck, 2009.

OTTO, R. *Das Heilige, Über das Irrationale in der Idee des Göttlichen und sein Verhältnis zum Rationalen*. München: Beck, 1979 [1917]. [Ed. bras.: *O sagrado*: os aspectos irracionais na noção do divino e sua relação com o racional. São Leopoldo/Petrópolis: Sinodal/Vozes, 2007.]

OUÉDRAOGO, J. M. Sociologie religieuse et modernité politique chez Max Weber. *Revue européenne des sciences sociales*, v.34, p.25-49, 1996.

OWEN, D. *Nietzsche's Genealogy of Morality*. Stocksfield, UK: Acumen, 2007.

OZOUF, M. Dechristianisierung. In: FURET, F.; OZOUF, M. (Orgs.). *Kritisches Wörterbuch der Französischen Revolution*. Frankfurt am Main: Suhrkamp, 1996. v.1, p.27-48.

PARSONS, T. Comparative studies and evolutionary change. In: VALLIER, I. (Org.). *Comparative Methods in Sociology*: Essays on Trends and Appications. Berkeley: University of California Press, 1971. p.97-139. [Reimpresso em: PARSONS, T. *Social Systems and the Evolution of Action Theory*. New York: Free Press, 1977. p.279-320.]

_____. *Das System moderner Gesellschaften*. München: Juventa, 1972.

_____. Die Entstehung der Theorie des sozialen Systems: Ein Bericht zur Person. In: PARSONS, T.; SHILS, E.; LAZARSFELF, P. F. *Soziologie autobiographisch*. Stuttgart: Deutscher Taschenbuch, 1975. p.1-68.

A sacralidade da pessoa

PARSONS, T. *Social Systems and the Evolution of Action Theory*. New York: Free Press, 1977.

_____. *Action Theory and the Human Condition*. New York: Free Press, 1978.

PAUL, G. E. Der Historismus in North America. In: GRAF, F. W. (Org.). *Ernst Troeltschs Historismus*. 2.ed. Gütersloh: Gütersloher Verlagshaus, 2003. p.200-17. (*Troeltsch-Studien*, 11).

PEIRCE, C. S. Immortality in the light of synechism [1893]. In: _____. *The Essential Peirce*, v.2: 1893-1913. Bloomington: Indiana University Press, 1998. p.1-3.

PERRY, M. *The Idea of Human Rights*: Four Inquiries. Oxford: Oxford University Press, 1998.

PETTENKOFER, A. *Radikaler Protest*: Zur soziologischen Theorie politischer Bewegungen. Frankfurt am Main: Campus, 2010.

PICKERING, W. S. *Durkheim's Sociology of Religion*: Themes and Theories. London: Routledge & Kegan Paul, 1984.

PIHLSTRÖM, S. William James on death, mortality, and immortality. *Transactions of the Charles Sanders Peirce Society*, v.38, p.605-28, 2002.

PIPES, R. *Struve, Liberal on the Left, 1870-1905*. Cambridge, Mass.: Harvard University Press, 1970.

_____. Max Weber und Rußland. *Außenpolitik*, v.6, p.627-39, 1955.

PUTNAM, H. *Vernunft, Wahrheit und Geschichte*. Frankfurt am Main: Suhrkamp, 1990.

_____. *The Collapse of the Fact/Value Dichotomy and Other Essays*. Cambridge, Mass.: Harvard University Press, 2002.

RAMP, W. Durkheim and Foucault on the Genesis of the Disciplinary Society. In: CLADIS, M. (Org.). *Durkheim and Foucault*: Perspectives on Education and Punishment. Oxford: Durkheim Press, 1999. p.71-103.

RAWLS, J. *Political Liberalism*. New York: Columbia University Press, 1996. [Ed. alemã: *Politischer Liberalismus*. Frankfurt am Main: Suhrkamp, 1998; Ed. bras.: *O liberalismo político*. São Paulo: Ática, 2000.]

REINER, R. Crime, Law and Deviance: The Durkheim Legacy. In: FENTON, S.; REINER, R; HAMNETT, I. *Durkheim and Modern Sociology*. Cambridge; New York: Cambridge University Press, 1984. p.175-201.

REINHARD, M. *Paris, pendant la Révolution*. Paris, 1966. 2v.

RENDTORFF, T. Geschichte durch Geschichte überwinden. Beobachtungen zur methodischen Struktur des Historismus. In: GRAF, F. W. (Org.). *Geschichte durch Geschichte überwinden*: Ernst Troeltsch in Berlin. Gütersloh: Gütersloher Verlagshaus, 2006. p.285-325. (Troeltsch-Studien. Neue Folge, 1).

RESICK, P. A. *Stress und Trauma*: Grundlagen der Psychotraumatologie. Bern: Huber, 2003.

RICŒUR, P. *Das Selbst als ein Anderer*. München: W. Fink, 1996.

ROHLS, J. *Protestantische Theologie der Neuzeit*: v.2, Das 20. Jahrhundert. Tübingen: Mohr Siebeck, 1997.

RORTY, R. Response to Richard Bernstein. In: SAATKAMP, H. J. (Org.). *Rorty and Pragmatism*: The Philosopher Responds to His Critics. Nashville: Vanderbilt University Press, 1995.

_____. Menschenrechte, Vernunft und Empfindsamkeit [1993]. In: _____. *Wahrheit und Fortschritt*. Frankfurt am Main: Suhrkamp, 2000. p.241-68.

ROSENBERG, H. Zur sozialen Funktion der Agrarpolitik im Zweiten Reich. In: _____. *Machteliten und Wirtschaftskonjunkturen*. Göttingen: Vandenhoeck und Ruprecht, 1978. p.102-17.

ROTH, G. *Politische Herrschaft und persönliche Freiheit*. Heidelberg: Suhrkamp, 1987.

ROYCE, J. *The Conception of Immortality*. New York: Greenwood Press, 1968 [1899].

RUDDIES, H. Geschichte durch Geschichte überwinden. Historismuskonzept und Geschichtsdeutung bei Ernst Troeltsch. In: BIALAS, W.; RAULET, G. (Orgs.). *Die Historismusdebatte in der Weimarer Republik*. Frankfurt am Main: P. Lang, 1996. p.198-217.

SAAR, M. *Genealogie als Kritik*. Geschichte und Theorie des Subjekts nach Nietzsche und Foucault. Frankfurt am Main: Campus, 2007.

SAMWER, S.-J. *Die französische Erklärung der Menschen- und Bürgerrechte von 1789/91*. Hamburg: Heitman, 1970.

SANDEL, M. *Plädoyer gegen die Perfektion*: Ethik im Zeitalter der genetischen Technik. Berlin: Berlin University Press, 2008.

SANDER, G. *Alfred Döblin*. Stuttgart: Reclam, 2001.

A sacralidade da pessoa

SANDWEG, J. *Rationales Naturrecht als revolutionäre Praxis*: Untersuchungen zur Erklärung der Menschen- und Bürgerrechte von 1789. Berlin: Duncker & Humblot, 1972.

SCHELER, M. *Der Formalismus in der Ethik und die materiale Werteethik*. 7.ed. Bonn: Bouvier, 2000 [1916].

_____. Tod und Fortleben. In: _____. *Schriften aus dem Nachlaß*, v.1: *Zur Ethik und Erkenntnislehre*. Bern: Der Neue Geist, 1957. p.9-64.

SCHLUCHTER, W. *Die Entwicklung des okzidentalen Rationalismus*: Eine Analyse von Mar Webers. Tübingen: Mohr, 1979.

_____. Rechtssoziologie als empirische Geltungstheorie. In: _____. *Individualismus, Verantwortungsethik und Vielfalt*. Weilerswist: Velbrück Wissenschaft, 2000. p.59-85.

SCHMALE, W. *Archäologie der Grund- und Menschenrechte in der Frühen Neuzeit*: Ein deutsch-französisches Paradigma. München: Oldenbourg Wissenschaftsverlag, 1997.

SCHMOECKEL, M. *Humanität und Staatsraison*: Die Abschaffung der Folter in Europa und die Entwicklung des gemeinen Strafprozeß- und Beweisrechts seit dem hohen Mittelalter. Köln: Böhlau Verlag Köln Weimar, 2000.

SCHNEEWIND, J. B. Autonomy, Obligation, and Virtue: An Overview of Kant's Moral Philosophy. In: GUYER, P. (Org.). *The Cambridge Companion to Kant*. Cambridge: Cambridge University Press, 1992. p.309-41.

SCHNUR, R. (Org.). *Zur Geschichte der Erklärung der Menschenrechte*. Darmstadt: Wissenschaftliche Buchgesellschaft, 1964.

SCHOLEM, G. G. Schöpfung aus Nichts und Selbstverschränkung Gottes. In: _____. *Über einige Grundbegriffe des Judentums*. Frankfurt am Main: Suhrkamp, 1970. p.53-89.

SCHWÖBEL, C. Die Idee des Aufbaus heißt Geschichte durch Geschichte überwinden. Theologischer Wahrheitsanspruch und das Problem des sogenannten Historismus. In: GRAF, F. W. (Org.). *Ernst Troeltschs Historismus*. 2.ed. Gütersloh: Gütersloher Verlagshaus, 2003. p.261-84. (*Troeltsch-Studien*, 11).

SEIBERT, C. *Religion im Denken von William James*: Eine Interpretation seiner Philosophie. Tübingen: Mohr Siebeck, 2009.

SELLMANN, M. *Religion und soziale Ordnung*: Gesellschaftstheoretische Analysen. Frankfurt am Main: Campus, 2007.

SHEEHAN, J. Enlightenment, religion, and the enigma of secularization: a review essay. *American Historical Review*, v.108, n.4, p.1061-80, out. 2003.

SIEBERG, H. Französischen Revolution und die Sklavenfrage in Westindien. *Geschichte in Wissenschaft und Unterricht*, v.42, n.7, p.405-16, 1991.

SIMMEL, G. *Lebensanschauung*: Vier metaphysische Kapitel. München/ Leipzig: Duncker & Humblot, 1918.

SIMPSON, A. W. B. *Human Rights and the End of Empire*: Britain and the Genesis of the European Convention. Oxford: Oxford University Press, 2001.

SMITH, P. *Punishment and Culture*. Chicago: University of Chicago Press, 2008.

_____. Meaning and Military Power: Moving on from Foucault. *Journal of Power*, v.1, n.3, p.275-93, dez. 2008.

SORKIN, D. J. *The Religious Enlightenment*: Protestants, Jews, and Catholics from London, to Vienna. Princeton: Princeton University Press, 2008.

SPRANGER, E. Das Historismusproblem an der Universität Berlin seit 1900. In: LEUSSINK, H.; NEUMANN, E.; KOTOWSKI, G. (Orgs.). *Studium Berolinense. Aufsätze und Beiträge zu Problemen der Wissenschaft und zur Geschichte der Friedrich-Wilhelms-Universität zu Berlin*. Berlin: De Gruyter, 1960. p.425-43.

STACKHOUSE, M. *Creeds, Society, and Human Rights*. Grand Rapids, Mich.: W. B. Eerdmans, 1984.

STEIN, T. *Himmlische Quellen und irdisches Recht*: Religiöse Voraussetzungen des freiheitlichen Verfassungsstaates. Frankfurt am Main: Campus, 2007.

STOLLEIS, M. Georg Jellineks Beitrag zur Entwicklung der Menschenund Bürgerrechte. In: PAULSON, S. L.; SCHULTE, M. (Orgs.). *Georg Jellinek*: Beiträge zu Leben und Werk. Tübingen: Mohr Siebeck, 2000. p.103-16.

SVENSSON, M. *Debating Human Rights in China*: A Conceptual and Political History. Lanham: Rowman & Littlefield, 2002.

TACKETT, T. The French Revolution and Religion to 1794. In: BROWN, S. J.; TACKETT, T. (Orgs.). *The Cambridge History of Christianity*: v.7, Enlightenment, Reawakening and Revolution 1660-1815. Cambridge: Cambridge University Press, 2006. p.536-55.

TAROT, C. *Le symbolique et le sacré*: théories de la religion. Paris: La Découverte, 2008.

_____. Émile Durkheim and after: the war over the sacred in French sociology in the 20th century. *Distinktion: Scandinavian Journal of Social Theory*, v.10, n.2, p.11-30, 2009.

TAYLOR, C. *Quellen des Selbst*: Die Entstehung der neuzeitlichen Identität. Frankfurt am Main: Suhrkamp, 1994.

_____. *A Secular Age*. Cambridge, Mass.: Belknap Press of Harvard University Press, 2007. [Ed. alemã: *Ein säkulares Zeitalter*. Frankfurt am Main, 2009; Ed. bras.: *Uma era secular*. São Leopoldo, RS: Editora Unisinos, 2010.]

TÉTAZ, J.-M. Identité culturelle et reflexion critique. Le problème de l'universalité des droits de l'homme aux prises avec l'affirmation e culturaliste. La stratégie argumentative d'Ernst Troeltsch. *Études théologiques et religieuses*, v.74, n.2, p.213-33, 1999.

THOMAS, G. *Implizite Religion*: Theoriegeschichtliche und theoretische Untersuchungen zum Problem ihrer Identifikation. Würzburg: Ergon, 2001.

TILLY, C. Comment on Young: Buried Gold. *American Sociological Review*, v.67, p.689-92, 2002.

TIRYAKIAN, E. *For Durkheim*: Essays in Historical and Cultural Sociology. Farnham: Ashgate, 2009.

TOCQUEVILLE, A. *Der alte Staat und die Revolution*. München: Deutscher Taschenbuch, 1978.

TOLE, L. A. Durkheim on religion and moral community in modernity. *Sociological Inquiry*, v.63, n.1, p.1-29, jan. 1993.

TOURAINE, A. *Critique de la modernité*. Paris: Fayard, 1992. [Ed. bras.: *Crítica da modernidade*. Petrópolis: Vozes, 1997.]

TROELTSCH, E. *Die Soziallehren der christlichen Kirchen und Gruppen*. Tübingen: Mohr, 1912.

Hans Joas

TROELTSCH, E. Rezension von Jellineks Ausgewählte Schriften und Reden. *Zeitschrift für das Privat- und öffentliche Recht in der Gegenwart*, v.39, p.273-8, 1912.

_____. *Der Historismus und seine Überwindung*. Berlin: R. Heise, 1924.

_____. Politik, Patriotismus, Religion. In: _____. *Der Historismus und seine Überwindung*. Berlin: R. Heise, 1924. p.84-103.

_____. *Aufsätze zur Geistesgeschichte und Religionssoziologie*. Ed. por Hans Baron. Tübingen: Mohr, 1925.

_____. Der christliche Seelenbegriff. In: _____. *Glaubenslehre*. München: Leipzig, 1925. p.279-325.

_____. Naturrecht und Humanität in der Weltpolitik [1923]. In: _____. *Schriften zur Politik und Kulturphilosophie, 1918-23*. Berlin: Walter de Gruyter, 2008. p.493-512. (*Kritische Gesamtausgabe*, 15).

_____. *Fünf Vorträge zu Religion und Geschichtsphilosophie für England und Schottland*: Der Historismus und seine Überwindung (1924). Berlin: Walter de Gruyter, 2006. (*Kritische Gesamtausgabe, 17*). [Publicado em 1924 como *Der Historismus und seine Überwindung.*]

_____. Die Zufälligkeit der Geschichtswahrheiten [1923]. In: _____. *Schriften zur Politik und Kulturphilosophie, 1918-23*. Berlin: Walter de Gruyter, 2008. p.551-67. (*Kritische Gesamtausgabe*, 15).

_____. *Der Historismus und seine Probleme*: Erstes Buch, Das logische Problem der Geschichtsphilosophie (1922). Berlin: W. de Gruyter, 2008 [1922]. 2v. (*Kritische Gesamtausgabe*, 16.1-16.2).

VAN KLEY, D. K. Christianity as casualty and chrysalis of modernity: the problem of dechristianization in the French Revolution. *American Historical Review*, v.108, n.4, p.1081-104, out. 2003.

VERRI, P. Vorwort. In: BECCARIA, C. *Über Verbrechen und Strafen*. Frankfurt am Main: Insel, 1998. Tradução da edição de 1776.

VÖGELE, W. *Menschenwürde zwischen Recht und Theologie*: Begründungen von Menschenrechte in der Perspektive öffentlicher Theologie. Gütersloh: Chr. Kaiser: Gütersloher Verlagshaus, 2000.

WALTZ, S. E. Universalizing human rights: the role of small states in the construction of the Universal Declaration of Human Rights. *Human Rights Quarterly*, v.23, n.1, p.44-72, fev. 2001.

WALTZ, S. E. Reclaiming and rebuilding the history of the Universal Declaration of Human Rights. *Third World Quarterly*, v.23, n.3, p.437-48, jun. 2002.

_____. Universal Human Rights: the contribution of Muslim states. *Human Rights Quarterly*, v.26, n.4, p.799-844, nov. 2004.

WALZER, M. *Sphären der Gerechtigkeit*: Ein Plädoyer für Pluralität und Gleichheit. Frankfurt am Main: Campus, 1992.

WEBER, M. *Max Weber*: Ein Lebensbild. Heidelberg: L. Schneider, 1950.

_____. *Gesammelte Aufsätze zur Religionssoziologie*: v.1, Die protestantische Ethik und der Geist des Kapitalismus. Tübingen: Mohr, 1920. [Ed. bras.: *A ética protestante e o espírito do capitalismo*. São Paulo: Cengage, c2001.]

_____. *Wirtschaft und Gesellschaft*. Tübingen: Mohr, 1922. [Ed. bras.: *Economia e sociedade*: fundamentos da sociologia compreensiva. Brasília, DF: UnB, 1999.]

_____. *Gesammelte politische Schriften*. 4.ed. Tübingen: Mohr, 1980 [1921].

_____. *Religiöse Gemeinschaften*. Tübingen: Mohr Siebeck, 2005. (*Studienausgabe* MWGA I, 22.2)

WELLS, G.; BAEHR, P. Editors' Introduction. In: WEBER, M. *The Russian Revolutions*. Cambridge: Polity Press, 1995. p.1-39.

WILLIAMS, B. *Ethics and the Limits of Philosophy*. London: Fontana, 1985.

WILLIAMS, E. E. *Capitalism and Slavery*. Chapel Hill: University of North Carolina Press, 1944. [Ed. bras.: *Capitalismo e escravidão*. Rio de Janeiro: Americana, 1975.]

WINTER, J. M. *Dreams of Peace and Freedom*: Utopian Moments in the Twentieth Century. New Haven: Yale University Press, 2006.

YOUNG, M. P. Confessional protest: the religious birth of U.S. National social movements. *American Sociological Review*, v.67, n.5, p.660-88, out. 2002.

_____. Reply to Tilly: contention and confession. *American Sociological Review*, v.67, n.5, p.693-5, out. 2002.

YOUNG, M. P. *Bearing Witness against Sin*: The Evangelical Birth of the American Social Movement. Chicago: University of Chicago Press, 2006.

ZAGORIN, P. *How the Idea of Religious Toleration Came to the West*. Princeton: Princeton University Press, 2003.

_____. Christianity and Freedom: In Response to Martha C. Nussbaum, Liberty of Conscience. *The New York, Review of Books*, 25 nov. 2008. Disponível em: <http://www.nybooks.com/articles/archives/2008/sep/25/christianity-freedom/?pagination=false>. Acesso em: 22 out. 2012.

ZIMMERER, J. *Von Windhuk nach Auschwitz*: Beiträge zum Verhältnis von Kolonialismus und Holocaust. Münster: LIT, 2007.

Índice onomástico

d'Alembert, Jean-Baptiste le Rond, 64
Alexander, Jeffrey, 79n.38, 121-2, 124-8
Allende, Salvador, 269
Apel, Karl-Otto, 250
Arendt, Hannah, 114

Baberowksi, Jörg, 113n.9, 115
Baldwin, James Mark, 211
Bataille, Georges, 232
Beccaria, Cesare, 61, 67 70, 72, 74, 76-7, 95-6
Bell, George, 83
Beneš, Eduard, 273
Bentham, Jeremy, 74, 204
Bergson, Henri, 146, 165, 173
Boas, Franz, 231-2
Brandt, Sigrid, 234
Bricker, John, 205n.9, 272
Brugger, Winfried, 40-1n.25, 53n.41, 100, 260n.22
Bücher, Karl Wilhelm, 196
Bush, George Herbert Walker, 101

Caillois, Roger, 232
Calas, Jean, 96
Calkins, Mary Whiton, 211
Calvino, João, 240
Cassin, René, 266-8
Chang, Peng-chun, 268-9
Colliot-Thélène, Cathérine, 57
Comte, Auguste, 84, 177
Cooley, Charles Horton, 211, 217-8n.25
Croce, Benedetto, 178

Dalai Lama (Tendzin Gyatsho), 24
Damiens, Robert François, 74
Dante Alighieri, 209
Darwin, Charles, 165
Davies, Robertson, 208-9
De Gaulle, Charles, 267
Delbrück, Hans, 196
Derrida, Jacques, 230, 232, 242
Dewey, John, 167, 211-2, 215, 218, 220-1, 223, 269
Diderot, Denis, 64

Dilthey, Wilhelm, 146-8, 162-3, 168, 173, 175, 177, 185
Döblin, Alfred, 117, 119
Donzelot, Jacques, 78
Dreyfus, Alfred, 80, 85, 98, 264
Dukakis, Michael, 101
Durkheim, Émile, 10, 53n.41, 79-98, 102-3, 127-8, 158n.36, 165n.57, 204n.6, 222-3, 227, 230, 239, 264

Engels, Friedrich, 193-5
Erikson, Erik, 212
Eucken, Rudolf, 158

Feuerbach, Ludwig, 187, 192
Fichte, Johann Gottlieb, 211
Foucault, Michel, 73-9, 94-6, 99, 104, 144-5
Franklin, Benjamin, 38
Frederico II (Prússia), 46, 69, 71-2
Freud, Sigmund, 117, 192

Gandhi, Mahatma, 24
Garrison, William Lloyd, 133, 135
Gauchet, Marcel, 35n.17, 36n.18-9, 38n.21, 41-2, 77
Gay, Peter, 27
Gerhardt, Volker, 228n.44
Goethe, Johann Wolfgang von, 209
Guardini, Romano, 10, 237

Habermas, Jürgen, 13, 92-3, 141-2, 144, 212, 250-1, 255n.9, 258-9
Haskell, Thomas, 138-9
Hegel, Georg Wilhelm Friedrich, 21, 156-8, 175, 177-8, 191, 193, 195, 197-8, 211
Heidegger, Martin, 227, 268
Hénaff, Marcel, 231-2, 244
Herder, Johann Gottfried, 177
Highsmith, Patricia, 208
Hofmann, Hasso, 44
Humboldt, Wilhelm von, 158, 178

Humphrey, John, 268
Hunt, Lynn, 30n.10, 37n.20, 69n.20, 96-7

James, William, 82-3n.48, 90, 165n.57, 180n.111, 206, 210-27, 233
Jefferson, Thomas, 38, 49-51, 59, 132
Jellinek, Georg, 39-48, 51-59, 264-5
João XXIII (papa; ver Roncalli), 267

Kant, Immanuel, 13, 21, 26n.3, 43, 59-60, 81-2, 109, 141, 143-5, 151-3, 154-6, 158-60, 173, 190-1, 210, 213-4, 216-7, 243
Kierkegaard, Søren, 59, 180
King, Henry Churchill, 82-3n.48

Lafayette, Marquês de, 38, 46
Leibniz, Gottfried Wilhelm, 169
Leopoldo II (Bélgica), 266
Lévi-Strauss, Claude, 91n.65, 233
Lincoln, Abraham, 141
Locke, John, 210, 213-4, 220
Lotze, Hermann, 82-3n.48, 163, 214
Löwith, Karl, 170
Luhmann, Niklas, 96n.74, 242
Luís XVI (França), 97
Lukács, Georg, 195-6n.154
Luther King, Martin, 82-3n.48

MacIntyre, Alasdair, 145n.3, 169
Malik, Charles, 268, 271
Malinovski, Bronislaw, 114-5n.11, 231
Mannheim, Karl, 195-6n.154
Marion, Jean-Luc, 230, 232
Maritain, Jacques, 203, 270
Marx, Karl, 21, 157-8, 187, 191-4, 210
Maurras, Charles, 98
Mauss, Marcel, 82-3n.48, 230-3, 240-1
Mazower, Mark, 113-4, 273n.47, 274n.50
Mead, George Herbert, 99, 101, 123, 169n.74, 211-2, 215, 217-8, 220-3

Mehta, Hansa, 269
Milbank, John, 230
Milton, John, 209
Morsink, Johannes, 110, 262n.24, 267 n.34, 270
Murray, John Courtney, 203

Napoleão Bonaparte, 132
Nietzsche, Friedrich, 16, 21, 143-5, 158n.36, 175, 181, 186-7, 191-3
Novick, Peter, 126-7

O'Neill, John Patrick, 242
Osterhammel, Jürgen, 131n.28, 134n.33, 140
Otto, Rudolf, 91n.66, 106, 250

Parsons, Talcott, 10, 206, 226, 233-42, 256-60
Peirce, Charles Sanders, 211, 227n.39, 250
Pio VI (papa), 31
Plenge, Johann, 196
Polanyi, Karl, 232
Putnam, Hilary, 183n.21, 255

Ranke, Leopold von, 151, 168, 178
Rawls, John, 13, 260
Renouvier, Charles Bernard, 82n.47, 165
Resick, Patricia, 116
Rickert, Heinrich, 163, 172, 175, 178
Ricœur, Paul, 154-5, 169, 230, 243
Robespierre, Maximilien de, 53
Roncalli, Angelo, 267
Roosevelt, Eleanor, 266, 271
Roosevelt, Franklin Delano, 262-3
Rorty, Richard, 167-8n.68, 211
Rosenberg, Hans, 197n.158
Rousseau, Jean-Jacques, 35, 40, 44-5, 81
Royce, Josiah, 227

Sandel, Michael, 207
Santa Cruz, Hernán, 269

Scheler, Max, 160n.42, 174-5, 227, 243
Schluchter, Wolfgang, 57, 174n.93
Scholem, Gershom, 235
Schopenhauer, Arthur, 187
Shakespeare, William, 119
Sieyès, Emmanuel Joseph, 45
Simmel, Georg, 146, 160n.42, 162, 174-5, 178, 227
Smuts, Jan, 273
Sombart, Werner, 196
Spencer, Herbert, 171
Spranger, Eduard, 180
Struve, Peter, 55

Taylor, Charles, 169-70, 179n.106, 239
Thomas, William Isaac, 123
Tocqueville, Alexis de, 28, 31
Tönnies, Ferdinand, 196
Toulmin, Stephen, 250
Troeltsch, Ernst, 10, 21, 24n.2, 40n.25, 42n.28, 47-8, 53, 59, 146-200, 204, 227, 238, 264n.38

Verri, Pietro, 64
Virchow, Rudolf, 210
Vögele, Wolfgang, 52n.40, 82-3n.40, 108, 203n.2-3, 244, 262n.24, 268n.35, 271n.41
Voltaire (François Marie Arouet), 64, 96
Vries, Hent de, 230

Waltz, Susan, 261-2, 272n.43
Walzer, Michael, 244
Weber, Max, 10-1, 20-1, 39n.22, 40, 53-60, 88, 112, 127, 146, 150, 153, 163, 172-4, 178, 196-7, 221, 227, 232, 238-40, 243
Whitehead, Alfred North, 268
Williams, Eric, 136
Williams, Roger, 46, 52n.40
Windelband, Wilhelm, 162-3, 175
Wittgenstein, Ludwig, 254
Wundt, Wilhelm, 214

SOBRE O LIVRO

Formato: 14 x 21 cm
Mancha: 24,5 x 38,7 paicas
Tipologia: Iowan Old Style 10/14
Papel: Off-white 80g/m² (miolo)
Cartão Supremo 250g/m² (capa)
1ª edição: 2012

EQUIPE DE REALIZAÇÃO

Capa
Estúdio Bogari

Edição de texto
Fred Ventura (Copidesque)
Camila Bazzoni (Revisão)

Editoração Eletrônica
Vicente Pimenta (Diagramação)

Assistência Editorial
Alberto Bononi

Rua Xavier Curado, 388 • Ipiranga - SP • 04210 100
Tel.: (11) 2063 7000 • Fax: (11) 2061 8709
rettec@rettec.com.br • www.rettec.com.br